Carl-Auer

Die Reihe »Beratung, Coaching, Supervision«

Die Bücher der petrolfarbenen Reihe *Beratung, Coaching, Supervision* haben etwas gemeinsam: Sie beschreiben das weite Feld des »Counselling«. Sie fokussieren zwar unterschiedliche Kontexte – lebensweltliche wie arbeitsweltliche –, deren Trennung uns aber z. B. bei dem Begriff »Work-Life-Balance« schon irritieren muss. Es gibt gemeinsame Haltungen, Prinzipien und Grundlagen, Theorien und Modelle, ähnliche Interventionen und Methoden – und eben unterschiedliche Kontexte, Aufträge und Ziele. Der Sinn dieser Reihe besteht darin, innovative bis irritierende Schriften zu veröffentlichen: neue oder vertiefende Modelle von – teils internationalen – erfahrenen Autoren, aber auch von Erstautoren.

In den Kontexten von Beratung, Coaching und auch Supervision hat sich der systemische Ansatz inzwischen durchgesetzt. Drei Viertel der Weiterbildungen haben eine systemische Orientierung. Zum Dogma darf der Ansatz nicht werden. Die Reihe verfolgt deshalb eine systemisch-integrative Profilierung von Beratung, Coaching und Supervision: Humanistische Grundhaltungen (z. B. eine klare Werte-, Gefühls- und Beziehungsorientierung), analytisch-tiefenpsychologisches Verstehen (das z. B. der Bedeutung unserer Kindheit sowie der Bewusstheit von Übertragungen und Gegenübertragungen im Hier und Jetzt Rechnung trägt) wie auch die »dritte Welle« des verhaltenstherapeutischen Konzeptes (mit Stichworten wie Achtsamkeit, Akzeptanz, Metakognition und Schemata) sollen in den systemischen Ansatz integriert werden.

Wenn Counselling in der Gesellschaft etabliert werden soll, bedarf es dreierlei: der Emanzipierung von Therapie(-Schulen), der Beschreibung von konkreten Kompetenzen der Profession und der Erarbeitung von Qualitätsstandards. Psychosoziale Beratung muss in das Gesundheits- und Bildungssystem integriert werden. Vom Arbeitgeber finanziertes Coaching muss ebenso wie Team- und Fallsupervisionen zum Arbeitnehmerrecht werden (wie Urlaub und Krankengeld). Das ist die Vision – und die politische Seite dieser Reihe.

Wie Counselling die Zufriedenheit vergrößern kann, das steht in diesen Büchern; das heißt, die Bücher werden praxistauglich und praxisrelevant sein. Im Sinne der systemischen Grundhaltung des Nicht-Wissens bzw. des Nicht-Besserwissens sind sie nur zum Teil »Beratungsratgeber«. Sie sind hilfreich für die Selbstreflexion, und sie helfen Beratern, Coachs und Supervisoren dabei, hilfreich zu sein. Und nicht zuletzt laden sie alle *Counsellors* zum Dialog und zum Experimentieren ein.

Dr. Dirk Rohr
Herausgeber der Reihe »Beratung, Coaching, Supervision«

Michael Rautenberg

Zen in der Kunst des Coachings

Mit einem Vorwort von Wolfgang Looss und
Illustrationen von Marie Hübner

2020

Mitglieder des wissenschaftlichen Beirats des Carl-Auer Verlags:

Prof. Dr. Rolf Arnold (Kaiserslautern)
Prof. Dr. Dirk Baecker (Witten/Herdecke)
Prof. Dr. Ulrich Clement (Heidelberg)
Prof. Dr. Jörg Fengler (Köln)
Dr. Barbara Heitger (Wien)
Prof. Dr. Johannes Herwig-Lempp (Merseburg)
Prof. Dr. Bruno Hildenbrand (Jena)
Prof. Dr. Karl L. Holtz (Heidelberg)
Prof. Dr. Heiko Kleve (Witten/Herdecke)
Dr. Roswita Königswieser (Wien)
Prof. Dr. Jürgen Kriz (Osnabrück)
Prof. Dr. Friedebert Kröger (Heidelberg)
Tom Levold (Köln)
Dr. Kurt Ludewig (Münster)
Dr. Burkhard Peter (München)
Prof. Dr. Bernhard Pörksen (Tübingen)
Prof. Dr. Kersten Reich (Köln)
Dr. Rüdiger Retzlaff (Heidelberg)

Prof. Dr. Wolf Ritscher (Esslingen)
Dr. Wilhelm Rotthaus (Bergheim bei Köln)
Prof. Dr. Arist von Schlippe (Witten/Herdecke)
Dr. Gunther Schmidt (Heidelberg)
Prof. Dr. Siegfried J. Schmidt (Münster)
Jakob R. Schneider (München)
Prof. Dr. Jochen Schweitzer (Heidelberg)
Prof. Dr. Fritz B. Simon (Berlin)
Dr. Therese Steiner (Embrach)
Prof. Dr. Dr. Helm Stierlin (Heidelberg)
Karsten Trebesch (Berlin)
Bernhard Trenkle (Rottweil)
Prof. Dr. Sigrid Tschöpe-Scheffler (Köln)
Prof. Dr. Reinhard Voß (Koblenz)
Dr. Gunthard Weber (Wiesloch)
Prof. Dr. Rudolf Wimmer (Wien)
Prof. Dr. Michael Wirsching (Freiburg)
Prof. Dr. Jan V. Wirth (Meerbusch)

Themenreihe »Beratung, Coaching, Supervision«
hrsg. von Dirk Rohr
Reihengestaltung: Uwe Göbel
Umschlagmotiv: Nimy Wang
Satz: Drißner-Design u. DTP, Meßstetten
Illustrationen: Marie Hübner
Printed in Germany
Druck und Bindung: CPI books GmbH, Leck

Erste Auflage, 2020
ISBN 978-3-8497-0354-7 (Printausgabe)
ISBN 978-3-8497-8246-7 (ePUB)
© 2020 Carl-Auer-Systeme Verlag
und Verlagsbuchhandlung GmbH, Heidelberg
Alle Rechte vorbehalten

Bibliografische Information der Deutschen Nationalbibliothek:
Die Deutsche Nationalbibliothek verzeichnet diese Publikation
in der Deutschen Nationalbibliografie; detaillierte bibliografische
Daten sind im Internet über http://dnb.d-nb.de abrufbar.

Informationen zu unserem gesamten Programm, unseren Autoren
und zum Verlag finden Sie unter: https://www.carl-auer.de/
Wenn Sie Interesse an unseren monatlichen Nachrichten haben,
können Sie dort auch den Newsletter abonnieren.

Carl-Auer Verlag GmbH
Vangerowstraße 14 • 69115 Heidelberg
Tel. +49 6221 6438-0 • Fax +49 6221 6438-22
info@carl-auer.de

Inhalt

Vorwort 7
Vorbemerkung 9

1 Einführung 15
Wie peinlich! – Schopenhauer als Retter aus der Not 15
Es begann vor 30 Jahren 19
Coaching macht (nicht immer) Spaß 22
»Erstens kommt es anders, zweitens als man denkt« 24
Vorschau: Beratermut ist Demut 28

2 Der innere Zusammenhang zwischen Zen und Systemtheorie .. 35
Zen ist praktisches Haltungstraining 35
Unsere Haltung macht den Unterschied 37
VUCA makes the world go round 41
Autopoiesis des Bewusstseins 44
Die Ich-Identität als Sackgasse der persönlichen Entwicklung 50
Stell dir vor: Du bist authentisch, und keiner merkt es 54
Das Entscheiden des Entscheiders:
Manager sind Metaphysiker 59
Lösungen sind da, wenn sich etwas gelöst hat 64
Dahinter steckt eine strategische Haltung 70
Lass bloß los! 72
Unmittelbarkeit: Sisyphus, der Bergarbeiter im Jetzt 78
Das Absurde und das Jetzt 82
Tugend der Gedankenlosigkeit 86
Ruhe des Geistes 88
Des Beobachters Verantwortung 91
Die radikale Subjektivität allen Erkennens 95
Einheit und Differenz 99

3 Beziehung und Dialog 105
Das grundlegend Dialogische in der Beziehungs-
gestaltung spielt sich zwischen Polaritäten ab 105
   Nähe und Distanz 107
   Augenblick und Dauer 109

Inhalt

Verschiedenheit und Gleichheit 112
Befriedigung und Versagen 115
Stimulierung und Stabilisierung 116
Der Dialog und das dialogische Prinzip 119
Der systemisch-konstruktivistische Charakter
des dialogischen Prinzips 121

4 Zwischenfazit: No guru, no method, no teacher **134**

5 Eine etwas andere Coachingwelt **138**
Kultivierungshilfe leisten 139
Das Bewusstsein als Wahrgeber unseres Seins anerkennen 141
Autotelisch praktizieren 146
Berührungsqualität zulassen und »Zwischen« entfalten 148
Achtsamkeit üben und präsent werden 152
Den historischen Moment in der Präsenz ergreifen 153
Spiel ermöglichen, in Bewegung kommen und
Beweglichkeit steigern 156
Lateral schauen 162
Der Stille Raum geben 164
Der Situation ihren Willen lassen 165
Dem Klienten einen gelegentlichen Stockschlag versetzen 168
Die Lösung sich ergeben lassen 170
Sprache bewusst und sorgsam gestalten 174
Schrittfolge des Vorgehens im »Zen-Coaching« 177
  1. Schritt: Sich sammeln und logopsychosomatische Balance
  herstellen 177
  2. Schritt: Den Klienten zu sich kommen lassen und
  Augenhöhe herstellen 180
  3. Schritt: Tiefenkontakt herstellen und in den Dialog kommen 182
  4. Schritt: Mit allen Sinnen breitbandig wahrnehmen und
  Lateralität praktizieren 184
  5. Schritt: Der Situation ihren Willen und Interventionen
  geschehen lassen 185
  6. Schritt: Wirkungen überprüfen und verankern 187
  7. Schritt: Ausstieg und Abschied 188

Jetzt ist Schluss! **190**
Literatur **196**
Über den Autor **200**

Vorwort

Es gibt wohl kaum ein deutlicheres Anzeichen für den fortgeschrittenen Reifegrad eines Handlungsfeldes oder Wissensgebietes als das Erscheinen von Büchern wie das vorliegende. Wenn Fachautoren sich in ihrer eigenen Praxis so weit entwickelt haben, dass Sie konzeptionelle Grenzen leichtfüßig überwinden, unangestrengt und elegant Metaperspektiven auf das professionelle Handeln entwickeln und damit im besten Sinne integrierend wirken, dann wissen wir: Die mit der Arbeitsform »Coaching« verbundene Innovation von einst ist längst im Praxisalltag angekommen. Und ungeachtet aller Einmaligkeit jedes Beratungsfalles: Wir haben als reflektierende Praktiker inzwischen in unseren Konzepten auch einige handwerkliche Routinen, sie ermöglichen die Weitergabe von ersten Kompetenzen und erleichtern den beraterischen Alltag. Und auch die Phase bausteinhaften Proklamierens immer neuer methodischer Varianten und Werkzeuge in der beraterischen Fachliteratur geht langsam dem Ende entgegen, jetzt offenbar auch im Arbeitsfeld Coaching. Die professionelle Praxis ist nicht nur erwachsen, sondern zeigt Anzeichen von Reife, sonst könnte ein solches Buch nicht geschrieben worden sein.

Dass ein Buch mit diesem Titel und ohne jedes esoterische G'schmäckle erscheint, das lässt doch hoffen: Nun können wir uns als arrivierte professional community qualitativ neuen Fragen unseres Handelns zuwenden. Fragen, die sich viel stärker um das Kontextuelle und die Rahmung drehen, weniger um lehrbare Praktiken des Intervenierens. Damit ist neue Relevanz in Sicht, der professionelle Blick wird deutlich ausgeweitet. So viel grundlegend Operatives ist inzwischen erarbeitet und vielfältig dargestellt, jetzt geht es eher um das Einordnen, Vergleichen, Abstimmen, um die Suche nach Entsprechungen und Kontrasten. Die Flughöhe unserer Beobachtung nimmt zu, wir sehen das Gelände und nicht mehr die Grashalme der Wiese. »Endlich!«, könnte man ausrufen.

Dabei dürfte dieses Buch bei Anfängern im Arbeitsfeld Coaching durchaus ambivalente Reaktionen hervorrufen, also seien sie schon mal etwas gewarnt: Hier schreibt ein Könner seines Faches. Es werden spielerisch und im schnellen Wechsel verschiedene Ebenen berateríschen Vorgehens angesprochen, der Verfasser jongliert gekonnt mit diversen konzeptionellen Zugängen und methodischen Mustern. Es wird also durchaus auch einiges vorausgesetzt, man lasse sich durch die illustrativen Beispiele und Fallvignetten nicht täuschen, inhaltlich wird hier Vollkornkost gereicht. Solche Opulenz muss nicht verschrecken. Wer sich selbst als professionell jung und lernend versteht, sich aber hinreichend intensiv für dieses faszinierende Arbeitsfeld mit dem – etwas unglücklichen – Namen »Coaching« interessiert, wird gerne und gelassen akzeptieren, bei der Lektüre gelegentlich auch überfordert zu sein. Nur Mut, den Ulysses von James Joyce liest man ja auch nicht mal eben so durch. Und vielleicht macht es Sinn, erst mal mit Einführungsliteratur einzusteigen, sie ist reichlich und erprobt vorhanden.

Wer hingegen schon einigermaßen in unserem beraterischen Zirkus zu Hause ist, wer seinen Luhmann und Buber etwas kennt, von Aurobindo und Pirsig schon mal was gehört hat, der wird beim Lesen sicherlich Freude haben. Spaß an gedanklichen Abenteuern beim Tanz durch Psychologie, Philosophie, Literatur und Transzendenz sei unterstellt. Auf erfahrene Praktikerinnen warten allerlei Aha-Erfahrungen, beglückende Einsichten im Sinne »einer Sicht« auf Verstreutes, auch wohl ein wiedererkennendes Lächeln bei den kleinen Fallgeschichten. Und am Ende keimt beim Lesen sogar die Hoffnung, dass aus all den Mühen beim ungewohnten Querschnittsblick irgendwann sogar eine handlungsleitende Theorie der Beratung hervorgehen könnte.

Selbstredend wünsche ich dem Buch eine breite Rezeption auch und gerade bei den arrivierten Praktikern unserer Professionswelt. Und dass es andere zu ähnlichen originellen Gesamtschauen ermutigen möge, damit unser fachlicher Diskurs wieder etwas saftiger wird. Die Ereignisse entlang der Corona-Krise zeigen, dass wir künftig substanzreiche Orientierungsproduktion werden betreiben müssen.

Wolfgang Looss
Darmstadt, im März 2020

Vorbemerkung

Kennen Sie den Film *Twelve Angry Men* (dt.: *Die zwölf Geschworenen*) von Sidney Lumet? Falls nicht, bitte anschauen! Es ist ein brillantes, äußerst lehrreiches Kammerspiel aus dem Schwarz-Weiß-Kino der 1950er-Jahre. Der Plot ist schnell erzählt. Am Ende eines Gerichtsverfahrens versammeln sich die Geschworenen, um über Schuld oder Unschuld des Angeklagten zu befinden. Die Jury besteht aus zwölf weißen Männern, die sich in den besten Jahren befinden. Der Angeklagte ist ein junger Puerto Ricaner und wird beschuldigt, seinen Vater mit einem Messer erstochen zu haben. Ein Schuldspruch müsste einstimmig erfolgen, denn im Falle eines Schuldspruchs droht dem Delinquenten der elektrische Stuhl. Der Film handelt fast ausschließlich von der nun beginnenden Verhandlung der Geschworenen. Kaum haben alle Geschworenen ihren Platz eingenommen, wird ohne große Beratung deutlich, dass sie sich einig zu sein scheinen. Und schon schlägt der Vorsitzende vor abzustimmen. Die schlichte Dramaturgie der Stimmzettelauszählung ist der erste Höhepunkt der Geschichte. Das Ergebnis lautet elf zu eins für »schuldig«. Und nun entwickelt sich eine Kommunikation unter den Jurymitgliedern, die allen Gruppendynamikern das Wasser im Munde zusammenlaufen lässt. Der kollektive Druck führt schließlich dazu, dass der Abweichler sich outet und das Argument ins Feld führt, begründete Zweifel zu haben. Nun kann der Zuschauer beobachten, was es bedeutet, Zivilcourage zu praktizieren. Die Rolle des tapferen Zweiflers wird von Henry Fonda nach allen Regeln der Schauspielkunst ausgefüllt. Er drängt sich nicht in den Vordergrund und trägt seine Gedanken ruhig, ja beinahe demütig vor, indem er sie nicht im Gestus des Wissenden formuliert. Nach und nach gelingt es ihm, weitere Geschworene dazu zu bewegen, den Fall und seine Umstände zu explorieren. Eher Introvertierte trauen sich, eigene Gedanken zu artikulieren. Nun bekommen auch Ideen ihren Anwalt, die weitere Zweifel an der Schuld des Angeklagten entstehen lassen und vorher nicht kommuniziert wurden. Der Zuschauer erlebt, wie auch »Hardliner« immer weicher in ihrer Einschätzung werden. Es entsteht eine Atmosphäre, in der schließlich Selbstreflexion und Selbstoffenbarungen der Geschworenen deutlich machen,

Vorbemerkung

mit welchen Vorurteilen oder sonstigen Verständigungs-»Killern« sie ursprünglich in die Beratung gegangen waren.

Gruppendynamik und Tiefenpsychologie erzeugen die Spannung der Geschichte, aber es ist etwas anderes, das die subtile Bewegung der Geschworenenkommunikation in ein zunehmend konstruktives Miteinander bewirkt. Dieses Element tritt immer dann in Erscheinung, wenn in der Interaktion eine echte Zuwendung stattfindet, wenn davon ausgegangen wird, dass der andere recht haben könnte, wenn respektvoll auf Augenhöhe kommuniziert wird, wenn exploriert statt geurteilt wird, wenn aufmerksam zugehört wird, wenn Vorurteile ihren Tatsachenstatus verlieren und wenn selbstreflexive Selbstoffenbarungen in Erscheinung treten. Dies sind lauter Verhaltensweisen, die einen dialogischen Charakter haben. Sie haben in *Twelve Angry Men* bewirkt, dass aus einer regelrecht gewaltvollen Kommunikation ein Miteinander entstehen konnte, in welchem immer mehr so etwas wie ein Dialog stattfinden konnte. Eine Gruppe von weißen Männern, die in ihrer Rolle als Geschworene zusammengekommen waren, gehen am Ende des Films als Menschen auseinander, die sich nähergekommen sind, deren Bewusstsein sich verändert hat und die alle eine neue Perspektive auf ihr Leben gewonnen haben. Dadurch, dass die Geschworenen einen dialogischen Weg eingeschlagen haben, hat sich, fast nebenbei, mit dem Freispruch des jungen Puerto Ricaners ein gerechtes Urteil ergeben.

Mit *Zen in der Kunst des Coachings* erfülle ich mir den seit einigen Jahren gehegten Wunsch, dem reichen Spektrum an Möglichkeiten, wie man Coaching auffasst und mit welcher Haltung man die Profession des Beraters ausübt, eine Facette ganz eigenen Charakters hinzuzufügen. Das Besondere an dieser Facette entsteht dadurch, dass ich die dialogische Philosophie mit der Systemtheorie neuerer Ausprägung und damit auch mit der Erkenntnistheorie des Konstruktivismus gedanklich zusammenführe und das Ganze zur Philosophie des Zen in Beziehung setze. Damit entsteht ein Ansatz, der nicht in erster Linie psychologisch bzw. psychotherapeutisch begründet ist. Denn das kann man wohl guten Gewissens über die etablierten Coachingkonzepte im Großen und Ganzen sagen: Sie wurzeln, sicher aus gutem Grund, in bewährten psychotherapeutischen Schulen.[1] Tiefenpsychologische

---

[1] Einen gut strukturierten Überblick über die psychologischen und psychotherapeutischen Denkschulen, die das Coaching beeinflusst haben, bietet Drath (2012).

Ansätze haben zum Beispiel die Arbeit mit Glaubenssätzen inspiriert oder, durch C. G. Jungs Archetypenforschung, die Entwicklung von Persönlichkeitsmodellen und entsprechenden Verfahren, die im Coaching sehr beliebt sind, gefördert. Aus den humanistischen Psychotherapieformen stammen Modelle, wie zum Beispiel die lange Zeit sehr populäre Transaktionsanalyse oder Begleittechniken wie Rapport, Pacing und Leading. Die systemische Psychologie hat dafür gesorgt, dass zeitgemäße Kommunikations- und Erkenntnistheorien sich immer mehr durchsetzen konnten und darüber hinaus dem Coaching zahllose, inzwischen zum Allgemeingut gehörende Interventionen beschert, wie zum Beispiel das zirkuläre Fragen, die Appreciative Inquiry oder die Wunderfrage. Verhaltenspsychologische Ausrichtungen haben das Coaching sehr grundsätzlich mit ihrer pragmatischen Lösungsorientierung durch Klientenverhalten beeinflusst.

Konsequent zu Ende gedacht, mündet unser hier vertretener Ansatz in das Abenteuer des Loslassens um einer neuen Qualität des Sicheinlassens willen. Dabei geht es vor allem auch um das Loslassen von Tools und Konzepten zugunsten einer Haltung, die vom Geist des Zen und des Dialogs geprägt ist.[2] Damit sollen die bestehenden und bewährten Coachingkonzepte nicht hinterfragt oder gar ersetzt werden. Die hier zusammengefassten Anregungen sind als – hoffentlich interessante – Ergänzung für die Praxis des Coachings im Besonderen, gegebenenfalls auch der Beratung allgemein, zu verstehen. Möglicherweise werden erfahrenere Coachs und Berater eher in der Lage sein, diese Anregungen zu nutzen. Wer über keine substanziellen Coachingerfahrungen verfügt, könnte sich in dem frei improvisierenden Wesen dieses Ansatzes unter Umständen leicht verloren fühlen. Die mir vorschwebenden Möglichkeiten lassen sich in jede seriöse Coachingpraxis integrieren und stehen ihr nicht entgegen. Sie sollen zum Ausprobieren einladen und Freude machen.

Unser Ansatz soll auch ein Ausdruck der Ehrlichkeit uns selbst gegenüber und in der Ausübung unseres Berufes sein. Die moderne Kommunikationstheorie gehört inzwischen zum Standard und damit auch die Erkenntnis, dass gelingende Kommunikation ganz und gar nicht trivial ist. Wie konsequent sind wir denn, diese Erkenntnis auch in unsere Praxis zu übertragen? Wie gut gelingt es uns, im Alltag nicht

---

2 Dirk Rohr kommt in seiner Beratungsforschung auch zu dem Schluss, »nicht eine Methode zu entwickeln und zu beschreiben, sondern ein Menschenbild, eine Philosophie und eine grundlegende Einstellung« (Rohr 2016, S. 69).

Vorbemerkung

den verführerischen Mustern des konventionellen Sender-Empfänger-Modells mit seiner Metapher des Informationstransports zu folgen? Wenn wir es als Executive Coachs mit Managern zu tun haben, deren Betätigungs- und Wirkungsfeld eine Organisation ist, stellt sich die Frage nach unserem eigenen Organisationsverständnis. Was unterstellen wir denn in unserer Beratungsarbeit hinsichtlich Konstruktionslogik sowie Wirk- und Funktionsweisen von Organisationen? Es gibt zahlreiche mehr oder weniger plausible Organisationstheorien. Mit welcher oder welchen Theorien arbeiten wir, wenn wir als »Systemiker«, und das ist inzwischen auch Standard, den Kontext des Klienten in das Beratungsgeschehen einbeziehen? Wenn ich diese und andere Fragen aufrichtig beantworte, kommen viele sehr interessante Aspekte zum Vorschein. Besonders auffällig ist die Einsicht, dass unsere Möglichkeiten, beraterisch wirksam zu werden und Erfolge zu erzielen, zunächst einmal ziemlich begrenzt sind. Diese Einsicht nötigt mir Demut ab, eine Haltung, die ich nach vielem Nachdenken jedem Berater und Coach nur wärmstens empfehlen kann.

Im *ersten*, einführenden Teil des Buches gebe ich zunächst einen Überblick über einige der Quellen, aus denen ich seit vielen Jahren schöpfe und die deshalb eine wesentliche Grundlage für die Entstehung des vorliegenden Ansatzes bilden. In ihm widme ich mich dieser besonderen beratenden Form, die wir »Coaching« nennen. Vor allem liegt mir am Herzen, ihren von Ungewissheit geprägten Charakter aufzuzeigen. Denn daraus leitet sich für mich die bereits erwähnte Demutshaltung ab, die meiner Meinung nach eine beraterische Primärtugend sein sollte. Der *zweite* Teil dient der Darstellung der Zusammenhänge zwischen Zen und Systemtheorie. Aspekte wie die prinzipielle Nichtkontrollierbarkeit von Umwelt, das Zurückgeworfenwerden auf unser Selbst, die Unmöglichkeit der direkten Einwirkung auf andere, die Bedeutung der Unmittelbarkeit und des Jetzt, die Bedeutung von Unvoreingenommenheit und Verantwortung werden im Kontext des Beratungsgeschehens beleuchtet. Damit möchte ich deutlich machen, dass Systemtheorie und Konstruktivismus sehr gut mit der Philosophie des Zen vereinbar sind und dass wir als Berater aus dem Zen Haltung, Kraft und Inspiration gewinnen können. Im *dritten* Teil widme ich mich der vertieften Betrachtung von Beziehungsgestaltung und Dialog, weil sie einen Schwerpunkt für Haltung und Handeln des Beraters im Geiste des vorliegenden Ansatzes bilden. Mit einer konzentrierten Betrachtung zehn wesentlicher Konsequenzen aus den bisherigen Überlegungen schließe ich diesen Teil des Buches zusammenfassend ab. Im *vierten* Teil geht es dann um konkrete Ableitungen und Hinweise für die tägliche Coachingpraxis. Und abschließend biete ich einige Überlegungen an, die über das Feld der Beratung hinausgehen.

Das Buch enthält zahlreiche Fallbeispiele, die nicht dazu dienen sollen, meine beraterischen Heldengeschichten zu verbreiten. Vielmehr möchte ich mit ihnen einzelne Aspekte eines Coachings im Geiste des Dialogs und des Zen illustrieren und damit den Theorie-Praxis-Bezug veranschaulichen. Teilweise handelt es sich um Zufälle und teilweise sogar um Misserfolge. Aber allen Beispielen ist gemeinsam, dass ich aus ihnen lernen konnte und dass sie kleine Mosaiksteine im Gesamtbild des hier dargelegten Ansatzes sind. Ich hoffe, dass sie auch die tiefe, innere Freude vermitteln, die unser Beruf als Berater und Coach für uns bereithält.[3]

---

[3] Um der besseren Lesbarkeit willen wird in diesem Buch nur eine Form des grammatischen Geschlechts verwendet, diesenfalls (naheliegenderweise) die männliche. Aber es sind immer die weibliche Form und gegebenenfalls noch diverse Formen mitgemeint.

1 Einführung

Wie peinlich! – Schopenhauer als Retter aus der Not

Karin E.[4], Geschäftsführerin einer Kommunikationsberatung, kam schon seit einigen Monaten zu mir ins Coaching. Sie war eine fachlich versierte, erfahrene Frau mit Charme, die ihr Handwerk verstand und ein gutes Auftreten hatte. Ihr Anliegen kreiste rund um die Frage, wie sie sich in der männerdominierten Topmanagementwelt ihrer Kundenunternehmen noch besser behaupten konnte. Allzu oft erfuhr sie trotz aller Wertschätzung für ihre Professionalität eine wenn auch subtile Herablassung durch ihre männlichen Klienten. Dann lief sie Gefahr, in die Rolle des kleinen Mädchens zu verfallen und nur noch in geringem Maße über ihre professionellen Ressourcen zu verfügen. In der Coachingsitzung, über die ich hier berichten möchte, geschah etwas sehr Unangenehmes. Ich hatte einen längeren Konzentrationsabriss. Etwa 20 Minuten, nachdem wir begonnen hatten, konnte ich mich nur noch daran erinnern, dass sie mir diesmal von zwei Ereignissen erzählen wollte, die kurz hintereinander stattgefunden hatten – eines war super gelaufen und das andere ziemlich schlecht. Davon abgesehen, hatte ich keine Erinnerung mehr, außer an den Small Talk zu Beginn der Sitzung. Sie war diesmal sehr aufgekratzt und redete praktisch ohne Punkt und Komma. Und ich hatte seit geraumer Zeit nichts, aber auch gar nichts mitbekommen. Ich hatte keine Ahnung, wie das geschah. Es war weder Langeweile, noch war es Desinteresse meinerseits. Ich war einfach irgendwie weggetreten. Welch eine peinliche Situation!

Mein Bewusstsein wurde von einem wahren Gedankengewitter heimgesucht. Wie sollte ich mich denn nun mit ihrem Anliegen auseinandersetzen? Wie konnte ich inhaltlich wieder den Faden aufnehmen? Sollte ich versuchen, ihr meine Unaufmerksamkeit zu verheimlichen, oder sollte ich sie gestehen und darum bitten, noch einmal von vorne anzufangen? Oder sollte ich meinen Lapsus verarbeiten, indem ich die Frage aufwarf, ob ihr so etwas öfter passiere? Mir war schnell klar, dass ich ihr offen erklären musste, was passiert war. Jedoch – etwas war merkwürdig. Mein Verstand sagte mir zwar, dass ich mich mit

---
4 Alle Klientennamen sind zum Zweck der Anonymisierung abgewandelt.

meinem Verhalten in eine unmögliche Situation manövriert hatte, aber innerlich fühlte ich mich ganz ruhig und hatte auch nicht das Gefühl, mich falsch verhalten zu haben. Es lag also eine auffällige Diskrepanz zwischen innerer und äußerer Wahrnehmung der Situation vor. Meine verstandesmäßige Einsicht sagte mir, dass mir etwas Unprofessionelles passiert war, und gleichzeitig signalisierte meine Gefühlslage, dass alles okay sei. Etwas in dieser Situation Ungewöhnliches kam hinzu, das meine seelisch-emotionale Ausgeglichenheit unterstützte. Denn trotz aller situativen Desorientierung war ich mir gewiss, einen hilfreichen Rat für meine Klientin zu haben. Diese Gewissheit speiste sich aus zwei Beobachtungen, die ich aus der Phase meiner Unaufmerksamkeit in Erinnerung hatte. Karin E.s Oberkörper sackte gelegentlich fast unmerklich ein wenig ein, um sich dann nach kurzer Zeit wieder kerzengerade aufzurichten. Immer wenn der Oberkörper einsackte, blinzelte sie häufiger mit den Augen, während sich ihre Augenblinzelfrequenz mit dem Aufrichten des Oberkörpers wieder normalisierte. Zunächst war mir nicht klar, warum, aber ich »wusste«, dass in diesem beobachteten Phänomen eine wichtige Botschaft steckte. Außerdem war klar, dass ich die subtilen Unterschiede ihrer Körperkoordination nicht bemerkt hätte, wenn ich, wie es sich gehört, konzentriert ihrer Erzählung zugehört hätte. So entschloss ich mich, Karin E. zu bitten, von ihrem Stuhl aufzustehen, und auch ich stand auf. Daraufhin imitierte ich etwas übertrieben mit meinem Oberkörper und meinen Augen, was ich zuvor bei ihr beobachtet hatte. Sie schaute mich mit großen Augen an und schien sich zu fragen, was das Ganze solle. Bevor mich nun der Mut verließ, forderte ich sie auf, ihrerseits meine Augen- und Oberkörperbewegungen zu imitieren und mir zu erzählen, was sie dabei empfinde.

Diese Intervention schlug ein wie ein Blitz. Mit eingesunkenem Oberkörper fühlte sie sich genau wie in dem kürzlich erlebten Misserfolgserlebnis. Mit aufgerichtetem Oberkörper fühlte sie sich generell besser, und sie meinte, dass diese Haltung gut zu dem kürzlichen Erfolgserlebnis passe. Selbstverständlich ist diese Erkenntnis als solche vollkommen unspektakulär. Jeder einigermaßen erfahrene Coach kennt die Zusammenhänge zwischen Körperkoordination und Gefühlen. Darum ging es aber auch nicht. Der entscheidende Punkt war, dass mir die subtilen Unterschiede in ihrer Oberkörperhaltung und ihrem Blinzeln wahrscheinlich entgangen wären, wenn ich den Worten ihrer lebhaften Erzählung aufmerksam gefolgt wäre. Nur das

Abschweifen meiner Aufmerksamkeit, die vermeintliche Unaufmerksamkeit also, ermöglichte diese wichtigen Beobachtungen, die Karin E.s Oberkörper und Augen erzählten. Heute verstehe ich, dass mein damaliger Konzentrationsabriss kein beraterisches Fehlverhalten darstellte. Ich war in einen anderen Arbeitsmodus »gerutscht«, den man durchaus als Trance beschreiben könnte. Meine Aufmerksamkeit hatte sich von der Fokussierung auf das gesprochene Wort meiner Kundin gelöst, was dazu führte, dass ich ihr vordergründig nicht mehr zuhörte. Aber eigentlich, nämlich hintergründig, hatte ich doch in einem ganz tiefen Sinne gelauscht. In dieser Trance habe ich mich nicht von Karin E. abgewendet, sondern bin in eine dialogisch-kontemplative Versenkung »gefallen«. Diese Versenkung hat sich letztlich als besonders intensive Form der Zuwendung erwiesen. Die Art der Zuwendung hat es mir ermöglicht, viel mehr zu verstehen, als die bloßen Wörter ihrer Erzählung zum Ausdruck bringen konnten. Das eigentlich Relevante konnte ich also auf ganz andere Weise als durch aufmerksames Zuhören und Nachdenken erfassen. All das geschah allerdings nicht absichtlich, sondern im besten Sinne des Wortes absichtslos. Ich wollte nichts, ich verfolgte kein Ziel, ich wendete keine Methode an. *Es geschah!* Die Lösung kam mir intuitiv in den Sinn. Ihre Tragfähigkeit war weniger rational, sondern eher emotional begründet.

Später musste ich an diese Coachingsession immer mit gemischten Gefühlen denken. Schließlich hatte sich das Ganze auch ein wenig wie ein Zufallstreffer angefühlt, der mir glücklicherweise aus der Patsche geholfen hatte. Gleichzeitig dachte ich, dass der Lösungsweg ziemlich effizient war. Ohne langes Nachdenken, Analysieren und Erörtern zeigte sich eine Lösung, die mir intuitiv als schlüssig erschien. Mein Hin- und Hergerissensein hörte schlagartig auf, als ich nach langer Zeit eines Tages mal wieder Schopenhauers *Welt als Wille und Vorstellung* in die Hand nahm und auf folgende Textstelle stieß:

»Wenn man, durch die Kraft des Geistes gehoben, die gewöhnliche Betrachtungsart der Dinge fahren lässt [...], nicht mehr das Wo, das Wann, das Warum und das Wozu an den Dingen betrachtet; sondern einzig und allein das W a s ; auch nicht das abstrakte Denken, die Begriffe der Vernunft, das Bewusstsein einnehmen lässt [...], die ganze Macht seines Geistes der Anschauung hingibt, sich ganz in diese versenkt und das ganze Bewusstsein ausfüllen lässt durch die ruhige Kontemplation des gerade gegenwärtigen natürlichen Gegenstandes, sei es eine Land-

1 Einführung

schaft, ein Baum, ein Fels, ein Gebäude [...], sich gänzlich in diesen Gegenstand v e r l i e r t , d. h. eben sein Individuum, seinen Willen, vergisst und nur noch als reines Subjekt, als klarer Spiegel des Objekts bestehend bleibt [...], man also nicht mehr den Anschauenden von der Anschauung trennen kann, sondern beide eines geworden sind [...], wenn also solchermaßen das Objekt aus aller Relation zu etwas außer ihm, das Subjekt aus aller Relation zum Willen getreten ist: Dann ist, was also erkannt wird, nicht mehr das einzelne Ding als solches; sondern es ist die I d e e , die ewige Form [...]« (Schopenhauer 1977, S. 231 f.; Hervorh. im Orig.).

Diese Worte des kauzigen Philosophen aus dem frühen 19. Jahrhundert trafen mich wie der Stockschlag eines Zen-Meisters. Plötzlich erkannte ich Versenkung oder Kontemplation als methodische Option im Coaching und die zitierte Textstelle als wenngleich nicht profan durchoperationalisierte Instruktion zur Erreichung dieses Zustandes. Der von Schopenhauer verwendete Begriff der »Idee« ließ mich außerdem ahnen, dass neben das Denken und Fühlen eine dritte Quelle der Erkenntnis in Erscheinung treten könnte. Dieser kontemplative Weg verschafft uns Zugang zu etwas Grundlegendem, zu einer Art Idee. Ich fragte mich, ob es neben kognitiver und emotionaler Erkenntnis so etwas wie eine in diesem Sinne »ideelle Erkenntnis« gibt. Mir ist natürlich klar, dass Schopenhauer wenig ferner lag, als Handreichungen für Berater zu verfassen. Der entscheidende Punkt ist für mich auch nicht, ob meine Lesart die korrekte Interpretation dieses Abschnitts aus der *Welt als Wille und Vorstellung* ist. Da halte ich es mit Paul Valéry, der sinngemäß gesagt hat, dass, wenn ein Text erst mal veröffentlicht sei, man nicht mehr kontrollieren könne, wie er verstanden werde. Das bedeutet praktisch: Jeder kann nur »seinen« Schopenhauer lesen, und wie man ihn oder jeden beliebigen anderen Text liest, hängt von der jeweils eigenen Lebenssituation mit all ihren Facetten ab. Meine Lektüre des Schopenhauer-Textes hat mich jedenfalls das Geschehen im Coaching mit Karin E. besser verstehen lassen. Dieses hilfreiche Verständnis hat sich wiederum intuitiv eingestellt. Die vermeintliche Unaufmerksamkeit während des Coachings hat sich als kontemplative Versenkung erwiesen, die im Grunde eine tiefe dialogische Beziehungsgestaltung ohne Worte war. Aus der hat sich dann eine neue, wenn man so will: ideelle Erkenntnismöglichkeit ergeben.

Irgendwann ist mir aufgegangen, dass diese Coachingerfahrung bei mir auf einen inneren Boden gefallen ist, der durch die langjährige

Beschäftigung mit drei großen Themenfeldern bereitet war. Dabei handelt es sich um einen äußerst merkwürdigen Themenmix, nämlich den Zen-Buddhismus, die soziologische Systemtheorie inklusive der konstruktivistischen Erkenntnistheorie sowie den Dialog. Im nächsten Abschnitt möchte ich diese Vorgeschichte im Zeitraffer nacherzählen.

Es begann vor 30 Jahren

Die erste Hälfte der 1990-Jahre war für mich eine Zeit der Entdeckung des Zen-Buddhismus. Erste Jahre der Berufserfahrung nach dem Studium der Volkswirtschaftslehre hatte ich hinter mir, und ich spürte das Bedürfnis nach neuen geistigen Anregungen. Die Berufspraxis bot mir dafür anscheinend nicht genug Stoff. Warum gerade Zen? Im Grunde war es ein Zufall, der dadurch begünstigt wurde, dass ich ein gewisses Faible für alles Japanische hatte. Woher diese Neigung wiederum kam, entzieht sich meiner bewussten Kenntnis. Jedenfalls stieß ich beim Stöbern in einer Kölner Buchhandlung auf zwei Bücher von Alan Watts. Sie hießen bzw. heißen *Der Lauf des Wassers* (Watts 1983) und *Vom Geist des Zen* (Watts 1986). Von Taoismus oder Zen-Buddhismus hatte ich bis zu dem Zeitpunkt nicht die geringste Ahnung. Aber ich erinnere mich noch genau, dass die schlichte Suhrkamp-Aufmachung der beiden Bücher mit ihren einfachen Einbänden, braun und blau, mich beinahe magisch angezogen hatte. Was für ein merkwürdiger Anfang! Diese beiden Schriften von Alan Watts haben mir den ersten, entscheidenden Kick für meine in der Folge immer tiefer gehende Beschäftigung mit dem Zen-Buddhismus gegeben. Ich war fasziniert von der ihm zugrunde liegenden taoistischen Philosophie, die in jeder Hinsicht diametral zu meinem Leben und meinen Werten, zu meinem Bildungsweg und meiner beruflichen Sphäre schien. Und dennoch, so spürte ich damals, hatte sie viel mit meinen Gefühlen, meinem Erleben und meinen Erfahrungen zu tun. Dazu musste ich aber unter die Oberfläche des Alltagslebens schauen. Wenn ich mir die Muße gönnte, dies zu tun, erschloss sich mir nach und nach eine Welt jenseits von Logik, Konsistenz, Kausalitäten, Zielen und Lösungen. Passagen wie »Was ist das, was immer zurückweicht, wenn man es verfolgt? Antwort: du selbst« (Watts 1983, S. 45) verwirrten und faszinierten mich zugleich. Immer noch sehr geprägt von der Rationalität der im Studium erlernten wissenschaftlichen Methode, war das für mich natürlich auch eine Provokation all dessen, was meinem bisherigen Denken

1 Einführung

lieb und teuer war. Aber es war eine verführerische Provokation, und ich setzte mich ihr mit Freude aus. Also las ich weiter: mehr von Watts, Sheldon B. Kopp, Aitken und vielen anderen. Ich las Lao Tses *Tao-Te-King* und war fasziniert von seiner Erklärung, dass man ein Gefäß aus Ton formt, aber erst durch das Nichts in seinem Innern dieses Gefäß auch nutzen kann. Das Nichts war also das Eigentliche. Irgendwann fing ich an, mich in der Zen-Meditation zu üben. Hierbei half mir die exzellente Anleitung von Katsui Sekida (1993). Ich widmete mich dieser Praxis mit Disziplin und Regelmäßigkeit, und es dauerte auch nicht sehr lange, bis sich Erfahrungen einstellten, die mir ein Gefühl dafür gaben, was mit Körper, Geist und Seele im meditativen Zustand geschieht. Der gelernte Theologe und Religionsphilosoph Alan Watts war einer derjenigen, die viel dazu beigetragen haben, das Zen für unseren westlichen Verstand zugänglich zu machen. Ein anderer war Karlfried Graf Dürckheim, auf dessen Schriften und Wirken ich später aufmerksam wurde. Ein weiterer war Eugen Herrigel, der den Klassiker *Zen in der Kunst des Bogenschießens* (Herrigel 1951) verfasst hat. Als Brückenbauer zwischen der östlichen Zen-Kultur und der westlich-christlichen Welt ist auf jeden Fall noch der Zen-Meister und Jesuiten-Pater Hugo Lassalle zu nennen. Nicht zuletzt muss ich einen ganz besonders inspirierenden Lesegenuss erwähnen. Es handelt sich um das genialische Buch *Zen and the art of motorcycle maintenance* von Robert M. Pirsig (1999). Dieses Buch entfaltet die Zen-Philosophie in der westlichsten aller westlichen Formen, nämlich in einer Roadstory, die ihr Ende am kalifornischen Pazifischen Ozean nimmt.

In der zweiten Hälfte der 1990-Jahre stieß ich auf die Schriften von Paul Watzlawik, die mir eine grundlegend neue Sicht auf das Wesen der Kommunikation eröffneten, eine Sicht, die seinerzeit noch nicht zum Allgemeingut gehörte. Besonders hatten es mir *Lösungen* (Watzlawik et al. 1974) und *Wie wirklich ist die Wirklichkeit?* (Watzlawik 1976) angetan. Watzlawiks Spannungsbogen reichen vom taoistischen Begriff des »Wuwei«[5] bis zu spieltheoretischen und militärstrategischen Fragen, und so ganz nebenbei erläutert er auf unterhaltsamste Weise das Phänomen des »Catch-22«[6]. Die Beschäftigung mit moderner

---

[5] Eine präzise allgemeingültige Erklärung zu finden dürfte schwerfallen. Bei Theo Fischer heißt es, Wuwei bedeute »Handeln durch Nichteingreifen, durch Geschehenlassen. Es ist die Fähigkeit, das Steuer des Lebens jener Macht zu überlassen, die eine Dimension von uns selbst ist und die Laotse einst das Tao genannt hat« (Fischer 1989, S. 7).
[6] Der Begriff ist der Titel eines Romans von Joseph Heller (1961, dt. auch *Der IKS-Haken*), welcher die Absurdität des Krieges aufs Korn nimmt. Er steht sinnbildlich für eine ausweglose, »zwickmühlenähnliche« Situation.

Kommunikationstheorie veranlasste mich, eine Weiterbildung bei Fritz B. Simon am Heidelberger Institut für Systemische Forschung zu besuchen. Sein Buch *Meine Psychose, mein Fahrrad und ich* (Simon 1990) war in der Kombination aus Tiefsinn, Fundiertheit und Unterhaltung ein weiterer Motivator für mich. Die kommunikationstheoretische Weltsicht à la Watzlawik hat das Genre der prozessorientierten Beratung maßgeblich mit beeinflusst, und sie ist einer der prägenden Faktoren für die sogenannte systemische Beratung. Das waren in meiner persönlichen Entwicklung an sich schon hochinteressante und vielfältige Welten, in denen es viel zu entdecken gab. Mein Doktorvater Rudi Wimmer gab mir jedoch den entscheidenden Impuls, mich mit einer noch viel weiterführenderen und letztlich radikalen Theoriewelt auseinanderzusetzen, nämlich mit der Systemtheorie des Soziologen Niklas Luhmann. Seine Theorie sozialer Systeme (Luhmann 1984) und die daraus entwickelte Organisationstheorie (Luhmann 2000) sind nicht gerade leichte Kost, aber wenn man sich einmal die Mühe gemacht hat, tief in sie einzutauchen, kann es einem gelingen, wahre Perlen zurück an Land zu bringen. Luhmanns Theorie ermöglicht Erklärungen, wo Psychologie und klassisch-betriebswirtschaftliche Organisationslehre für die Sphäre von Management und Organisation mit ihrem Latein am Ende zu sein scheinen. Dies gilt insbesondere für die beharrenden Kräfte einer Organisation im Wandel oder auch für scheinbar irrationale Managerentscheidungen. Die mit der luhmannschen Systemtheorie eng zusammenhängende konstruktivistische Erkenntnistheorie half mir, die soziologische Sicht auf Management und Organisation mit der modernen Kommunikationspsychologie zu einem in sich recht stimmigen und für meine Beratungsarbeit erklärungsstarken Komplex zu verweben. Mit großem Genuss habe ich Schriften und Vorträge des österreichischen Physikers Heinz von Foerster gelesen, der von sich sagte, kein Konstruktivist zu sein, aber zweifellos maßgeblich zur Verbreitung des konstruktivistischen Denkens beigetragen hat. Grundlegend und systematisch hat mich jedoch Ernst von Glasersfelds radikaler Konstruktivismus in puncto Erkenntnistheorie geprägt (von Glasersfeld 1996).

Anfang der 2000er-Jahre fügte sich dann die letzte Komponente zu den geistigen Strömungen, die in das vorliegende Buch münden. Dabei handelt es sich um das in vielerlei Weise inspirierende Leseerlebnis von Martin Bubers *Das dialogische Prinzip* (Buber 1999). Dieses Werk, eigentlich eine Sammlung von Schriften, die zwischen den 20er- und 50er-Jahren des 20. Jahrhunderts entstanden sind, hat mein Denken und Handeln, aber auch mein Empfinden, als Mensch in dieser Welt zu sein, tiefgreifend beeinflusst. Für mich ist *Das dialogische Prinzip* eine existenzphilosophische Schrift, die harmonisch und in einem inneren Zusammenhang mit den anderen Denkrichtungen schwingt, die für *Zen in der Kunst des Coachings* eine wichtige Rolle spielen, also mit dem Zen sowie mit der Systemtheorie und dem Konstruktivismus. Aus diesem gemeinsamen Schwingen ergeben sich für mich erhebliche Konsequenzen für das Coaching und für das Beraten ganz allgemein. Diesem gemeinsamen Schwingen und seinen Auswirkungen werde ich in diesem Buch nachgehen.

Bevor es richtig losgeht, möchte ich aber noch einige Bemerkungen zum Coaching und zu den tieferen Zusammenhängen zwischen den erwähnten Denkrichtungen, Geistestraditionen und Theorien machen.

Coaching macht (nicht immer) Spaß

Zunächst einmal muss ich Folgendes aus tiefster Überzeugung festhalten. Nach meiner Erfahrung ist das Einzelcoaching die wundervollste Arbeitsform für alle, die sich berufen fühlen, Berater zu sein und schnell die Wirksamkeit des eigenen Beitrags spüren wollen. In diesem Setting kann man sich zu 100 % auf die Bedarfe des Klienten konzentrieren, die Auseinandersetzung zwischen Coach und Coachee ist häufig außerordentlich intensiv und spannend, es gibt keine Langeweile, weil immer Themen im Gespräch sind, bei denen der Klient voll dabei ist und, last, but not least: Wer an Menschen interessiert ist und ihnen gerne helfen möchte, wird sich immer wieder über besondere zwischenmenschliche Begegnungen freuen und auch die Dankbarkeit seiner Klienten genießen können. Das bedeutet aber nicht, dass Coaching Sessions stets harmonische Wohlgefühle erzeugen. Ganz im Gegenteil! Der langjährige Coach des Dallas Cowboys Football Teams, Tom Landry, hat mit seinem Coachingverständnis den Nagel definitorisch auf den Kopf getroffen:

> »Ein Coach sagt einem Dinge, die man nicht hören möchte, und er führt einem vor Augen, was man nicht sehen möchte, sodass man zu dem werden kann, den man schon immer in sich erahnt hatte« (Schmidt et al. 2019, p. 86; Übers: M. R.).[7]

---

[7] Orig.: »A coach is someone who tells you what you don't want to hear, who has you see what you don't want to see, so you can be who you have always known you could be.«

Landry betont das Unbequeme und Fordernde am Coaching. Obwohl er ein Footballcoach war, ist seine Aussage meines Erachtens eins zu eins auf das Executive Coaching übertragbar. Wir müssen immer wieder unsere Klienten aus ihrer Komfortzone locken, damit sie sich im geschützten Raum erfahren, erleben und entwickeln können.

Man kann Coaching aber auch sehr viel nüchterner definieren als

»vertrauliche, prozessorientierte Beratung psychisch stabiler Menschen [...], die unter Anwendung von Modellen und Interventionen psychotherapeutischer Herkunft in einem bestimmten Lebenskontext durch eine externe Person stattfindet« (Drath 2012, S. 16).

Diese Definition impliziert eine Grenzziehung zwischen Coaching und Therapie anhand der psychischen Stabilität, die den (Coaching-)Klienten auszeichnet und davor bewahrt, zum (Psychotherapie-)Patienten zu werden. Ob die Differenz zwischen »psychisch stabil« und »psychisch instabil« wirklich dazu taugt, den durchschnittlichen Managercoachee vom durchschnittlichen Therapiebedürftigen zu unterscheiden, lasse ich einmal dahingestellt sein. Zumindest spricht viel dafür, dass die Grenzen eher fließend sind. Wahrscheinlich ist gerade das der Grund, warum so viele Konzepte, Modelle und Vorgehensweisen aus dem therapeutischen Feld erfolgreich Eingang in die Praxis des Coachings gefunden haben. Wichtig in dieser Definition ist jedoch der Hinweis auf den prozessorientierten Charakter des Coachings. Für die Qualität des Beraters und seiner Beratung ist es eine notwendige Voraussetzung, dies zu akzeptieren und als grundlegendes Element seines Selbstverständnisses zu integrieren: In jeder Sitzung begibt man sich auf eine Reise mit ungewissem Ausgang. Das Bedeutsame zeigt sich von Moment zu Moment, und die Aufmerksamkeit des Coachs muss sich für das plötzlich aufscheinende Unerwartete, ja sogar das Unerwartbare bereithalten.

Einer der Wegbereiter und Berater der ersten Stunde in der deutschsprachigen Coachingszene, Wolfgang Looss, stellt in den Mittelpunkt seiner Definition, dass Coaching eine »personenbezogene Einzelberatung von Menschen in der Arbeitswelt« (Looss 1997, S. 13) ist. Mir gefällt diese glasklare Sicht sehr gut, steht sie doch einem verwässernden Trend unseres Metiers entgegen, der zahllose Derivate zweifelhaften Werts hervorgebracht hat: »Life-Coaching«, »Frauen-

1 Einführung

Coaching«, »Konflikt-Coaching«, »Projekt-Coaching«, »Weisheits-Coaching«, »Selbst-Coaching«, »Tele-Coaching«, »Medien-Coaching«, »Werte-Coaching«. Diese Explosion an Coachingformen, laut Looss »Bindestrich-Coachings« (ebd.), ist sicher dem Umstand geschuldet, dass auch in unserer Profession der eine oder andere Geschäftemacher unterwegs ist.

Bei aller Sympathie für die loosssche Definition möchte ich den Coachingbegriff aber doch ein wenig erweitern. Im Sport gibt es Coachs sowohl für einzelne Sportler, seien sie Individual- oder Mannschaftssportler, als auch für Mannschaften. In ganz unterschiedlichen Branchen, Organisationstypen und -formen habe ich seit den frühen 2000-Jahren die Erfahrung gemacht, dass man sich den Teams, insbesondere den Managementteams, widmen muss, um das Leistungspotenzial der jeweiligen Organisation zu erschließen. Ein wirklich gut funktionierendes Managementteam zählt zu den wichtigsten kritischen Erfolgsfaktoren jeder Organisation. Ein solches Team zu coachen zählt zu den vornehmsten Aufgaben in der Beratung. Gleichzeitig sieht es so aus, als würden hier bei den meisten Firmen riesige blinde Flecken angesiedelt sein. Die Analogie zu den Mannschaftssportarten mag abgegriffen sein – aber sie trifft tatsächlich mehr denn je zu. Starke Teams dienen als interner Prozessor für zunehmend komplexe Herausforderungen, auf die Unternehmen antwortfähig sein müssen. Im Teamcoaching kann es um innere Angelegenheiten des Teams (Dynamik, Kommunikation und Zusammenarbeit, Konfliktbearbeitung etc.) ebenso wie um Fragen gehen, die sich mit der Gestaltung der Teamumwelt befassen (Wie führen wir das Unternehmen? Welche Strategie schlagen wir ein? Welches Dienstleistungsportefeuille wollen wir anbieten? Wie wirken wir auf andere? ...).

Im Coaching, ob als Einzel- oder als Teamberatung, entsteht ein sozialer Raum zwischen den beteiligten Personen. Schauen wir uns nun einmal etwas genauer an, wie dieser Raum, dieses System eigentlich zustande kommt.

»Erstens kommt es anders, zweitens als man denkt« (Wilhelm Busch)

Wie entsteht das soziale System »Coaching«? Ist es selbstverständlich, wenn Berater und Klient zusammenkommen, dass dann, gegebenenfalls nach anwärmendem Small Talk, auch gleich das geschieht, was wir »Coaching« nennen dürfen? Wenn man ganz genau hinschaut, ist dieser Anfang, wie sprichwörtlich aller Anfang, schwer, und es wohnt ihm durchaus nicht immer ein Zauber inne. Für beide Beteiligten ist die Aufnahme eines Coachings voller Ungewissheiten. Niklas Luhmann nutzt den Begriff der »Kontingenz«, um zu erklären, wie soziale Systeme zustande kommen und erklärt ihn so:

»Der Begriff wird gewonnen durch Ausschließung von Notwendigkeit und Unmöglichkeit. Kontingent ist etwas, was weder notwendig ist noch unmöglich ist; was also so, wie es ist (war, sein wird), sein kann, aber auch anders möglich ist« (Luhmann 1984, S. 152).

Nichts ist notwendig, und nichts ist, wie Toyota viele Jahre in Werbespots hat verlauten lassen, unmöglich. Die einengende und bestimmende Wirkung von Notwendigkeiten und Unmöglichkeiten ist nicht gegeben, wenn etwas kontingent ist. Das ist eine wunderbare Beschreibung für die Situation, die wir im Coaching antreffen. Das Wesen des Coachings ist kontingent. Erwartungen des Beraters bezüglich des Verhaltens seines (potenziellen) Klienten mögen enttäuscht werden. So kann es geschehen, dass der Klient im ersten Treffen ein methodisches Grundsatzgespräch führen möchte, statt sich vorbehaltlos der beraterischen Kompetenz des Coachs anzuvertrauen. Oder er schwärmt ausführlich von einer früheren, unvergleichlichen Beratungserfahrung mit einem anderen Coach. Welcher Berater hat schon Lust, und sei es nur in der Erinnerung, im Schatten eines Kollegen zu stehen? Das fühlt sich ähnlich an, wie wenn der Ehepartner von einer verflossenen Liebe schwärmt. Umgekehrt kann es sein, dass der Berater sich aus der Sicht des Klienten nicht erwartungskonform verhält, indem er z. B. keinen Rat oder keinen Kaffee anbietet. Wenn solcherart Erwartungen unerfüllt bleiben, sie jedoch aus jeweils subjektiver Sicht die Voraussetzungen für das Angestrebte bilden, kann der Beginn einer Beratung ziemlich holprig werden. Wann und unter welchen Bedingungen beginnt das Coaching? Wie geschieht es, dass die Begrüßung, das Vorgeplänkel, der Small Talk oder die Konversation aufhört und das Beratungsgespräch beginnt? Jedes soziale System, so auch das Coaching, unterliegt nicht nur einer einfachen, sondern der doppelten Kontingenz. Darin ähnelt es dem Schachspiel: Ich bin am Zug und habe aus einer Fülle möglicher Optionen zu wählen, leider auch solcher, die sich als Fehler erweisen können. Dabei bin ich mir

1 Einführung

bewusst, dass mein Gegner, als Reaktion auf jede meiner Zugmöglichkeiten, wiederum aus einer Fülle von Optionen zu wählen hat, die sich ebenfalls als Fehler erweisen können. Während ich über meinen Zug nachdenke, denkt er darüber nach, wie ich möglicherweise entscheide und was er daraufhin unternimmt. Die Entscheidung für einen Zug, genauer: seine Ausführung, hebt diese Ungewissheit für einen klitzekleinen Moment auf, in der Systemtheorie sprechen wir hier von »Unsicherheitsabsorption«, wobei sofort wieder die Situation der doppelten Kontingenz entsteht. Das Spiel mit der Ungewissheit beginnt gewissermaßen von Neuem. Das ist unbequem und notwendig zugleich, denn was wäre eine Schachpartie, in der von vornherein feststünde, wer wann welchen Zug ausführt? Eine abgekartete Schachpartie ist gar keine echte oder eine bereits gespielte, allenfalls noch nachspielbare Schachpartie. Ohne die Analogie allzu sehr strapazieren zu wollen oder gar zu behaupten, das Coaching sei wie ein Schachspiel, kann man aber doch mit Fug und Recht behaupten, dass gerade die Ungewissheit das geschmackgebende Salz in der Suppe des Lebens allgemein und des Coachings im Besonderen ist. Kein gesunder Mensch möchte ein Leben führen, in dem er stets weiß, was als Nächstes geschehen wird, oder gar die »Ewig-grüßt-das-Murmeltier-Version« eines Lebens erfahren. In dem gleichnamigen Hollywoodfilm wird die Psyche des von Bill Murray dargestellten Protagonisten dadurch strapaziert, dass er jeden Tag ab dem Klingeln des Weckers immer das Gleiche erlebt. Sein Leben ist also durch ein Höchstmaß an Sicherheit und Gleichförmigkeit bestimmt bei gleichzeitig minimaler Ungewissheit. Die Ödnis vollkommener Vorhersehbarkeit lässt das Leben wenig lebenswert erscheinen. Gleichwohl sehnen sich die meisten nach mehr Gewissheit und streben auch danach. Dieses Bedürfnis wird auch unser Coaching beeinflussen. Die Nutzung von Tools, der Versuch, bekannte Muster wiederzuerkennen, Vor-Erfahrungen, die zu entsprechenden Vor-Urteilen führen, und Ähnliches dienen sämtlich dem Zweck, ein bisschen Gewissheit in den Beratungsprozess zu bringen. Mit *Zen in der Kunst des Coachings* möchte ich einer Haltung den Weg ebnen, die die prinzipielle Unvorhersehbarkeit jedes nächsten Augenblicks anerkennt, wertschätzt und nutzt. Das funktioniert am besten, wenn wir uns auf das Jetzt im Coaching einlassen. Der Vorteil dieser Haltung ist, dass sie unsere Arbeit besonders spannend macht.

Der Vergleich mit dem Schach zeigt uns aber noch einen weiteren wichtigen Aspekt, der dort auftaucht, wo die Analogie anfängt zu hinken. Im Schach gibt es quasideterminierte Sequenzen, wie zum Beispiel die sizilianische oder andere Eröffnungen sowie zahllose Varianten der Fortsetzung des Spiels nach einer Eröffnung. So gehört es unter kundigen Schachspielern dazu, dass sie nach überwundener Eröffnungsungewissheit solche Zugfolgen vollkommen mechanisch durchspielen, um erst dann wieder die prinzipielle Kontingenz walten zu lassen. Das ist im Coaching, streng genommen, nicht möglich. Jede Coachingsituation ist kontingent, so dass es nie zwei gleiche Coachingzüge geben kann. Jede Routine wäre in diesem Sinne dem Coaching unangemessen. Sequenzen von Aktionen und Reaktionen lassen sich nicht standardisieren. Man kann im Wortsinne niemals vorhersehen, was als Nächstes geschieht. Anders als im Schach gibt es in der Beratung keine zwei identischen Situationen. Auch wir als Berater sind zu zwei verschiedenen Zeitpunkten niemals identisch, und dasselbe gilt für unsere Klienten. Auch der Kontext eines Beratungsereignisses kann niemals der Gleiche sein. Diese vollkommene Nichttrivialität ist Wesen und Sinn eines Coachings zugleich. Darin unterscheidet es sich von anderen sozialen Systemen: Die militärischen Organisationen dieser Welt verwenden viel Zeit und Mühe auf Standardisierung und Trivialisierung von Interaktionen. Ein bestimmter Befehl zieht idealerweise eine erwartbare Ausführung nach sich. Ebenso sind die Kommunikationen zwischen Kapitän und Copilot im Cockpit eines Verkehrsflugzeuges weitgehend determiniert. Die Sicherheit einer Flugdurchführung verlangt nicht Kreativität, sondern Prozesstreue. Das Unvorhergesehene ist der Ausnahmefall, den es zu verhüten gilt. Im Coaching hingegen ist das Unvorhergesehene der Regelfall, für den wir uns stets bereithalten müssen und den wir willkommen heißen sollten. Vorhersehbarkeit ist eine Illusion, die wir aufgeben sollten. In der Interaktion zwischen Berater und Klient entsteht das soziale System »Coaching«, wenn beide unter den Bedingungen der doppelten Kontingenz aufeinander Bezug nehmend kommunizieren. Die redlichste Form des Bezugnehmens ist, wenn wir uns als Berater ganz und gar der Einzigartigkeit von Situation und Person in jedem Moment stellen. Konsequent zu Ende gedacht, bedeutet dies, dass wir als Berater jeden Wunsch nach Kontrolle über das Beratungsgeschehen aufgeben sollten. Wir sind uns bewusst: Erstens kommt es anders, zweitens, als man denkt.

Das Besondere ist ja, dass wir bei aller Ungewissheit gleichzeitig in einem engen Abhängigkeitsverhältnis mit unserem Klienten stecken. Wir sind in unserer Beratung abhängig von seinem Tun und

Kommunizieren wie er auch von unserem. Nur wenn wir als Coachs ebenso wie unser Coachee in unseren Aktionen und Kommunikationen eindeutig in einer Weise aufeinander Bezug nehmen, die unserer Interaktion die Bedeutung »Beratung« gibt, kann überhaupt Beratung stattfinden. Das soziale System »Beratung« kann also nur entstehen, wenn wir mit unserem Klienten gemeinsam an einem Strang ziehen. Dagegen kann jeder Einzelne es zum Erliegen bringen, indem er nicht mehr eindeutig bezugnehmend kommuniziert.

Die nun folgende kleine Vorschau soll als »Appetithäppchen« für die weitere Lektüre dienen, indem sie aus ersten Hinweisen auf Zusammenhänge zwischen Systemtheorie, Zen, Dialog und Coaching eine wesentliche Konsequenz ableitet.

Vorschau: Beratermut ist Demut

Der Unterschied, der den Unterschied im Sinne der Systemtheorie macht, ist die Grenze zwischen System und Umwelt. Gemäß der luhmannschen Systemtheorie sind Systeme autopoietisch, d. h., sie erzeugen sich selbst, und zwar aus ihren eigenen Elementen. Im Falle des sozialen Systems »Coaching« sind diese Elemente die Kommunikationen zwischen Coach und Coachee. Rund um das Coaching haben wir es dann mit mindestens drei Systemtypen zu tun, nämlich den biologischen Systemen der Beteiligten, mit ihren entsprechenden psychischen Systemen bzw. Bewusstseinssystemen und mit dem bereits angesprochenen sozialen Berater-Klienten-System. In dem Zusammenhang ist natürlich in aller Regel noch das soziale System der Organisation relevant, in dem der Klient Mitglied ist. Aus der Sicht jedes einzelnen Systems gehören alle anderen Systeme zu seiner Umwelt. Nun kommt ein entscheidender Punkt. Systeme, wenn wir sie so verstehen wie Niklas Luhmann, sind nicht nur autopoietisch, sondern auch selbstreferenziell und operational geschlossen. Was das bedeutet, möchte ich an einem Beispiel deutlich machen. Erinnern wir uns an mein Blackout in dem Coaching mit Karin E. Als mir klar geworden war, dass ich ihr eine Zeit lang nicht zugehört hatte, begann ich, Optionen für das weitere Vorgehen abzuwägen. Was sich dabei in meinem (Bewusstseins-)System abspielte, war für meine Klientin nicht erkennbar. Sie hatte keinen Zugriff auf meine Gedanken – Gott sei Dank! Und auch ich konnte allenfalls erahnen, was in ihr vor sich ging. Natürlich war mir daran gelegen, nicht allzu blöd dazustehen. Aber konnte ich das kontrollieren? Nein, ihre Bewertung der Situation wird Karin E. vollkommen eigenmächtig vorgenommen haben. Auf entsprechende Gedanken als Elemente ihres Bewusstseins hatte ich keinen Zugriff und insbesondere keine Möglichkeiten kontrollierbarer Einwirkung. Nebenbei bemerkt, habe ich oft das Gefühl, wenig Kontrolle über die Gedanken meines eigenen Bewusstseins zu haben. Sie scheinen meist eher selbst organisiert in mein Bewusstsein zu treten. Hinzu kommt, dass ein Gedanke immer nur Bezug auf andere Gedanken im eigenen Bewusstsein nehmen kann. Das mag auf den ersten Blick merkwürdig erscheinen, da wir vielleicht meinen, mit unseren Gedanken direkt auf Außenreize reagieren zu können. Probieren Sie es einmal aus, achten Sie zum Beispiel einmal darauf, wie der Gedankenprozess läuft, wenn jemand etwas zu ihnen sagt. Der äußere Reiz kann allenfalls Anstoß für einen Gedanken sein, der keineswegs ein exaktes Abbild des Reizes ist. Was sich in meinem Bewusstsein verarbeitet, ist letztlich immer meins. Das ist ja auch eine beruhigende Erkenntnis. Äußere Phänomene, wie die Worte eines Beraters, aber auch das Läuten der Kirchenglocken oder das Muhen der Kuh, mögen relevante Reize für diesen meinen psychischen Prozess sein, mehr sind sie aber auch nicht.

Alle an einer kommunikativen Situation beteiligten Systeme arbeiten in diesem Sinne grundsätzlich getrennt voneinander. Diese Trennung kann noch nicht einmal durch beraterische Allmachtsfantasien überwunden werden. Folgen wir dem Systemdenken von Niklas Luhmann, dann gibt es keine determinierenden Einflüsse zwischen Systemen und ihren Umwelten, es sei denn, dass es sich um triviale Systeme wie Toaster, Automobile oder Mondraketen handelt. Im Unterschied zu den hier angesprochenen nichttrivialen, autopoietischen Systemen kann man bei trivialen Systemen immer ganz genau wissen, wie der Zusammenhang zwischen Input und Output ist. Das Betätigen der Zündung startet den Motor. Wenn nicht, ist das Auto kaputt. Solche Gewissheit in Bezug auf die Interaktion autopoietischer Systeme und ihrer Umwelten gibt es nicht – und sei der Berater noch so schlau und erfahren. Wir haben keinen direkten Zugriff auf das Bewusstsein des anderen und können entsprechend keine beabsichtigte Wirkung sicher erzielen. Die prinzipielle Geschlossenheit der Selbstorganisation im Klientenbewusstsein sorgt dafür, dass etwaige Wirkungen im Coachingprozess vom Klienten selber erzielt werden und nicht etwa vom Berater. Die Ausgeschlossenheit einer Eins-zu-eins-Manifestation äußerer Reize im Bewusstsein bedeutet, dass wir

1 Einführung

nie etwas exakt so wahrnehmen können, wie es in der Außenwelt existiert, sondern unsere Wirklichkeit gewissermaßen eigenmächtig konstruieren. Wir sind also »Wahrgebende« statt »Wahrnehmende«. Wenn wir als Berater diese Sicht auf die Coachingkonstellation akzeptieren, wenn wir unser Gegenüber in seiner Selbstorganisation, Autopoiesis, operativen Geschlossenheit und Selbstreferenzialität anerkennen und annehmen, hat das eine radikale Konsequenz für unser Selbstverständnis und unsere Haltung: Wir sollten äußerst demütig sein. Ich gebe zu, »Demut« ist ein gewöhnungsbedürftiges Wort, das zunächst verwirren mag. Deshalb ist es mir umso wichtiger zu erklären, was ich damit meine. Etymologisch geht »Demut« aus dem Althochdeutschen *diomuoti* hervor, was so viel wie »dienstwillig« oder »mit der Gesinnung eines Dienstwilligen« bedeutet. Damit kommen wir der Rolle des Beraters doch schon näher. Wenn wir diese Haltung mit Matthieu Ricards Aussage[8] kombinieren, dass »Demut« nicht heißt, sich geringer als andere zu fühlen, sondern sich von der Anmaßung der eigenen Wichtigkeit zu befreien, dann landen wir bei genau dem richtigen Demutsverständnis für Berater und Coachs. Wir kennen und akzeptieren die Grenzen unserer beraterischen Möglichkeiten, und erst daraus entwickeln sich die wahre Kraft und das wahre Potenzial unserer Arbeit. Genau hier kommt der Dialog ins Spiel.

Die kommunikative Demutshaltung par excellence ist nämlich der Dialog. Im Dialog wird Kommunikation auf Augenhöhe konsequent

---

[8] Leider weiß ich nicht mehr, woher ich Ricards Aussage habe. Ich hatte sie mir irgendwann aufgeschrieben.

gelebt, ja sie ist eine notwendige Voraussetzung für sein Gelingen. Der Dialog lässt alles Instrumentelle los und verlangt dafür von den Dialogpartnern, sich auf einen gemeinsamen Prozess einzulassen, der in keiner Weise planbar ist. Man weiß nie, was im nächsten Moment geschehen wird, und nimmt immer genau das an, was tatsächlich geschieht. Wenn wir es wagen, und ich wähle bewusst das Verb »wagen«, uns als Berater in einen Dialog mit unserem Klienten einzulassen, geben wir alle lieb gewonnenen Mittel der Macht und Kontrolle über die Situation aus der Hand. Wenn wir wirklich in einen Dialog eintreten, geben wir prinzipiell die Möglichkeit auf, das Gespräch zu steuern. Ein Dialog steuert sich selbst organisiert, er ist ein System im luhmannschen Sinne – autopoietisch, selbstreferenziell und operational geschlossen. Als soziales System tritt er zwischen die Bewusstseinssysteme der Beteiligten und entwickelt dort ein vitales Eigenleben. Das Zusammenspiel dieser unterschiedlichen Systeme im Coaching lässt sich vielleicht am ehesten als gemeinsame Entwicklung oder koevolutionärer Prozess verstehen. Man kann nicht planen, welche Wirkungen wann in welchem der beteiligten Systeme geschehen. Wenn der Berater seiner Arbeit mit dialogischem Verständnis nachgeht und sich für Wirkungen offenhält, kann es passieren, dass er für sich selbst wertvolle Erkenntnisse aus dem Coaching mitnimmt, vielleicht sogar wertvollere Erkenntnisse als der Coachee.

> Andreas H. ist Mitte 30 und ein sehr erfolgreicher Investmentbanker. Er möchte im Coaching eine berufliche Standortbestimmung vornehmen und seinen weiteren Weg gegebenenfalls entsprechend anpassen. Für Liebhaber des Klischees ist er eine dankbare Projektionsfläche: Er ist noch recht jung, von schlanker und sportlicher Statur, sieht blendend aus, hat die mittellangen Haare zurückgekämmt, lächelt meist optimistisch und zeigt die Insignien der Wohlhabenheit in Kleidung und Accessoires, ohne damit zu protzen. Bereits in der ersten Sitzung konnte ich feststellen, dass Andreas H. ein liebenswerter und -würdiger, sehr nachdenklicher und selbstkritischer junger Mann ist, der sich bereitwillig seinen Schatten stellt und seine blinden Flecken ausleuchtet. Soviel zu den Klischees.

Die Gespräche mit ihm waren so anregend, dass ich aus ihnen eher energetisiert als abgearbeitet für mein weiteres Tagewerk herauskam. Jeder Berater kennt diesen Effekt. Es gibt Kunden, die sich positiv, und solche, die sich negativ auf unsere persönliche Energiebilanz

1 Einführung

auswirken. Zu einem unserer Termine, die stets morgens in meinem Büro stattfanden, kam ich, ich weiß nicht mehr warum, in ziemlich deprimierter Stimmung. Insofern war es gut, nicht einen dieser Energiestaubsaugertermine zu haben. Aber aufgehellt hat sich meine Stimmung auch nicht gerade. Das Gespräch war schon fast vorüber, da geschah etwas, was man eigentlich als beraterische Intervention bezeichnen könnte, wäre es nicht vom Beratenen statt vom Beratenden gekommen. Wir waren mit Fragen des Selbstmanagements und der Tagesgestaltung beschäftigt, als Andreas H. mit dem gewinnendsten Lächeln, das man sich vorstellen kann, sagte: »Ich steh' jeden Tag auf und freu' mich auf das, was ich erleben kann.« Das saß! Diese wundervolle positive Selbstaffirmation meines Kunden löste eine Kette von Gedanken und Gefühlen bei mir aus, die mich innerhalb kürzester Zeit raus aus der Deprimiertheit und hinein in einen Zustand der Leichtigkeit versetzte. Ich bin davon überzeugt, dass diese Wirkung in meinem eigenen Bewusstsein, in meiner Psyche nur entstehen konnte, weil ich im Gespräch mit Andreas H. eine dialogische Haltung hatte. So konnte ich zulassen, dass nicht nur mit ihm, sondern auch mit mir etwas geschieht. Hätte ich eine asymmetrische beraterische Distanz aufrechterhalten, wäre dies kaum möglich gewesen. Ist das problematisch oder gar unprofessionell? Ich finde, es ist zunächst nur eine logische Konsequenz aus der oben beschriebenen Systemsicht. Sie führt nun einmal dazu, dass man nicht verhindern kann, auch als Berater von einer Beratung zu profitieren. Damit bekommt der Begriff »Beratung« schon einen etwas veränderten Gehalt, nämlich statt »einer berät den anderen« eher »man berät sich«. Problematisch ist dann allenfalls die Frage, wer wem eine Rechnung stellen darf. Was in dem Gespräch mit Andreas H. geschah, war eine Folge davon, dass ich mich dialogisch auf ihn eingelassen hatte. Und an dieser Stelle kommt auch das Zen ins Spiel.

Bei der Praxis des Zen handelt es sich meines Erachtens genau um dieses dialogische Sicheinlassen. Was den Dialog und das Zen verbindet, ist diese vollkommen untaktische Direktheit. Sicheinlassen im Zen wie im Dialog bedeutet, sich hinzugeben, wie Allen Watts in der folgenden Musikanalogie sehr schön zum Ausdruck bringt:

»Wer die ganz Sinfonie hören will, muss sich konzentrieren auf den Fluss der Töne und Harmonien, wie sie ins Dasein treten und verklingen, und seinen inneren Sinn ständig im selben Rhythmus mitlaufen lassen. Über das Verklungene sich Gedanken machen, neugierig sein auf das Kommende oder die eigenen Empfindungen analysieren heißt: die Sinfonie unterbrechen und sich die Wirklichkeit entgleiten lassen. Die Aufmerksamkeit muss restlos auf die Musik gerichtet und das eigene Ich vergessen werden« (Watts 1986, S. 46).

Hier wird schon deutlich, dass dieses Sicheinlassen im Zen sich keineswegs auf zwischenmenschliche Interaktionen beschränkt. Vielmehr besteht die, wenn man so will, Spiritualität des Zen darin, dieses Sicheinlassen in den profansten Alltagsverrichtungen zu praktizieren. Die Praxis des Zen erstreckt sich auf alles Alltägliche, sie reicht vom Karottenschälen bis zur Meditation und vom Kirschkernweitspucken bis zum Stuhlgang. Welcher Tätigkeit auch immer man gerade nachgeht, man kann dies in einer mechanischen Weise des Erledigens und Abhakens tun oder in der Weise des Zen, die Alan Watts beschreibt, indem er George Herbert zitiert:

»Alles will sich mit Dir erfüllen,
Nichts kann so niedrig sein,
Das, wenn getan um Deinetwillen,
Nicht leuchtend wird und rein.
Ein Knecht, der das erwägt,
Macht göttlich sein Bemühn.
Wer einen Estrich Dir zuliebe fegt,
Adelt damit sein Tun und ihn« (Watts 1986, S. 85).

Durch Zuwendung, Sicheinlassen und Hingabe erzeugen wir eine dialogische Beziehungsqualität der Unmittelbarkeit mit Menschen, aber auch mit Musik, Materialien und Verrichtungen aller Art. *Was immer du tust, tu es, indem du die Würde aller beteiligten Wesen und Dinge achtest:* Das ist vielleicht die wichtigste Botschaft des Zen. Diese Unmittelbarkeit, diese Direktheit war auch einer der Schlüssel für die überraschende Wendung im Coaching mit Karin E. Was in der angeführten Textstelle von Schopenhauer als »die Idee« bezeichnet wird, ist eigentlich eine aus der dialogischen Beziehungsgestaltung hervorgehende Erkenntnis. Diese Beziehungsgestaltung ist demütig im oben beschriebenen Sinne, sie findet konsequent auf Augenhöhe statt und lässt radikal alles Instrumentelle fallen, denn ihre Qualität ist wichtiger als die Beherrschung und Anwendung professioneller Techniken. Die beraterische Beziehung wird zu einem von Berater und Klient gemeinsam erschaffenen Zwischenraum, in welchem eine beide berührende Begegnung stattfinden kann.

Für das Systemverständnis im Teamcoaching bietet sich eine Analogie zu Schulz von Thuns Konzept des »inneren Teams« (Schulz von Thun 1998) an. So wie bei ihm die verschiedenen Bewusstseinsanteile eines Menschen die Mitglieder des inneren Teams darstellen, bilden in dieser Analogie die Bewusstseinssysteme der Mitglieder z. B. eines Managementgremiums sein inneres Team. Das äußere Team ist das soziale System. Es wird also durch die aneinanderknüpfenden Kommunikationen des Managementteams konstituiert und kann nicht ohne Weiteres auf die Inhalte der Bewusstseinsebenen, also das innere Team, zugreifen. Die Interaktion mit dem Berater sorgt im Team- wie auch im Einzelcoaching letztlich dafür, dass im Wechselspiel zwischen Bewusstseinsebenen und Kommunikation etwas anderes passiert, als es ohne den Berater passieren würde. Und dieser Unterschied wird vom Kunden hoffentlich als nützlich erlebt. Jedoch ist es alles andere als trivial, mit dieser Systemkonstellation produktiv umzugehen. Deshalb ist auch hier Demut des Beraters angezeigt.

Im zweiten Teil möchte ich den Leser auf Tauchgänge in tiefere Gewässer mitnehmen. Welche Aspekte des Zen, der Systemtheorie und des Konstruktivismus spielen für das Coaching eine wichtige Rolle? Wie klingt all dies im dialogischen Raum zusammen? Welche Konsequenzen deuten sich für die Praxis des Coachings und der Beratung an?

2 Der innere Zusammenhang zwischen Zen und Systemtheorie

Zen ist praktisches Haltungstraining

Das Zen ist eine im frühen Mittelalter in China unter dem Einfluss des Taoismus entstandene Spielart des Buddhismus. Jahrhunderte später gelangte es nach Japan, von wo es im 20. Jahrhundert in den Westen kam. Wegen seiner Herkunft aus dem Buddhismus könnte der Begriff des Zen beim Leser Assoziationen mit religiösem Gehalt hervorrufen. Vielleicht sehen Sie vor Ihrem inneren Auge kahl rasierte Mönche, die sich in entlegenen Klöstern mit halb geschlossenen Augen reglos im Schneidersitz stundenlang geheimnisvollen meditativen Praktiken hingeben. Vielleicht sehen Sie schelmisch grinsende Buddha-Figuren mit dickem Wanst, oder Sie hören, gewissermaßen mit Ihrem inneren Ohr, sonore Om-Laute aus mönchischen Kehlen. Wenn ich den Zen-Buddhismus im Rahmen dieses Buches als wichtiges Element für mein Beratungskonzept heranziehe, dann geht es nicht um religiöse, rituelle oder kultische Handlungen. Es geht auch nicht um einen Gott oder Götter, nicht um Buddha-Figuren, Mönche in Kutten, heilige Schreine oder Ähnliches. Es geht um keinerlei Äußerlichkeiten. Es geht noch nicht einmal um »östliche Philosophie«. Meinetwegen dürfen Sie den Zen-Buddhismus als Religion oder, wofür viel spricht, als Philosophie verstehen. Es wäre aber genauso gut, wenn Sie noch nie etwas von Zen gehört hätten. Für den hier dargelegten Ansatz spielt das alles keine Rolle. Ich bin sogar der Meinung, dass es zweitrangig ist, ob wir es hier mit fernöstlicher – im Gegensatz zu abendländischer – Philosophie zu tun haben. Aus all diesen Gründen vermeide ich meistens den Zusatz »Buddhismus« und rede nur von »Zen«. Folgendes Zitat könnte einem Zen-Text entnommen sein:

»Das größte Hemmnis des Lebens ist die Erwartung, die sich an das Morgen hängt und das Heute verloren gibt. [...] Wohin blickst du? Wonach streckst du die Arme aus? Alles, was da kommen soll, liegt im Ungewissen. Jetzt, auf der Stelle, erfasse das Leben! Auf!« (Seneca 2005, S. 33).

2 Der innere Zusammenhang zwischen Zen und Systemtheorie

Diese Worte flossen jedoch nicht aus der Feder eines asiatischen Denkers, sondern stammen von dem römischen Philosophen Seneca, der etwa in den ersten sechseinhalb Jahrzehnten unserer Zeitrechnung lebte. Indem dieser unbestreitbar abendländische Denker darauf hinweist, dass der Mensch nur das Jetzt, nur diesen Augenblick besitzen kann, spricht er eine Erkenntnis an, die auch wesentlich für das asiatische Zen ist. Der Mensch möge sich auf eine innere Haltung besinnen, die sich dem Augenblick, also dem Jetzt, hingibt. Es macht einen grundsätzlichen Unterschied in der Einstellung zum Leben und zur Welt, ob wir uns gedanklich, emotional oder seelisch im Gestern befinden, ob wir uns auf das Morgen hin ausrichten oder ob wir uns mit all unseren Seinskräften in diesem Augenblick befinden. Dabei sei nur am Rande erwähnt, dass Seneca, der außerdem Dramatiker und Politiker war, sich auch um die Erziehung des jungen Nero gekümmert hat, der als Kaiser das von seinen Handlangern »entzündete« Rom besang. Ob Nero die Aufforderung Senecas, jetzt auf der Stelle das Leben zu erfassen, dabei im Sinn hatte? Im Zen, ebenso wie bei Seneca, der ein Vertreter der stoischen Philosophie war, geht es vor allem auch um alltagspraktische Fragen und alltagsnützliche Antworten. Das Zen hat diesen praktischen Nutzwert gewissermaßen zum Programm erhoben. Wer Zen praktiziert, soll seine individuellen Erfahrungen vor dem Hintergrund seines eigenen Lebens machen und daraus persönliche Schlüsse ziehen. Dabei spielt die Verbundenheit mit dem Jetzt eine entscheidende Rolle. Eine ganze Reihe westlicher Denker, wie z. B. Albert Camus, Friedrich Nietzsche und eben auch Seneca, haben philosophische Ansätze mit ähnlichen Anklängen verfolgt. Ein besonders sympathisches Musterbeispiel dafür, wie ein Mensch die Präsenz im Jetzt lebt, ist Nikos Kazantzakis Romanheld Alexis Sorbas. Entschlossener Tatmensch, der er ist, tritt er dem Erzähler, ein Poet und Mensch des Geistes überhaupt, an die Seite, woraufhin die beiden eigentlich erst ein Ganzes bilden. Schnell wird klar, dass Sorbas seinen »Chef« die Lebendigkeit des Lebens lehrt: »Kennt der Hintern der Müllerin die Rechtschreibung? Der Hintern der Müllerin ist der menschliche Geist« (Kazantzakis 1995, S. 14).

Die Bedeutung der eigenen Erfahrungen und daraus abgeleiteter Schlussfolgerungen zum Programm zu erheben heißt automatisch, keine Dogmen und keine fremden Autoritäten zu akzeptieren. Auch hier handelt es sich um einen zentralen Grundsatz des Zen. Ganz im Sinne der Aufklärung fordert es mit Immanuel Kant: Bediene dich deines eigenen Verstandes. Mache deine eigenen Erfahrungen, lerne aus ihnen und leite selbst deine Schlussfolgerungen ab. Im Zen gibt es nicht die eine Wahrheit, die alle anderen Lehren ausschließt. Einer solchen Idee zu folgen hieße, sich einer Illusion hinzugeben. So wie die Menschen und ihre Vorlieben, Neigungen und Eigenarten unterschiedlich sind, eignen sich verschiedene Lehren für unterschiedliche Menschen. Zen ist darüber hinaus auch eine Art mentales Training oder Haltungstraining, wobei Haltung im doppelten Wortsinne als Körperhaltung und als Einstellung gemeint ist. Für das sogenannte Zazen, die oben bereits angesprochene Sitzmeditation, gibt es präzise Instruktionen hinsichtlich Beinhaltung, Wirbelsäulenausrichtung, Arm- und Schulterhaltung, für den Hals, den Kopf und das Kinn, aber auch hinsichtlich der Frage, mit welcher Einstellung man diese Übung praktizieren sollte. Dem liegt die, inzwischen auch wissenschaftlich belegte, Erfahrung zugrunde, dass die Haltung unseres Körpers, dass unsere Einstellungen, Emotionen, Gedanken und unsere seelische Verfassung sich gegenseitig beeinflussen. Die wechselseitigen Einflüsse zwischen Körper, Geist und Seele spielen für jeden erfahrenen Coach eine wichtige Rolle. Ganz allgemein könnte man das Zen auch als eine Praxis bezeichnen, die sich mit der Frage beschäftigt, wie wir unser Leben führen sollen. Entsprechend geht es lebenspraktischen Fragen nach: Mit welcher Einstellung begegne ich der Welt um mich herum? Wie stelle ich mich auf Begebenheiten ein, die mir nicht passen? Wie gehe ich mit den Verrücktheiten und Turbulenzen in der Welt um? Der alltagspraktische Bezug des Zen, seine Ablehnung von Autoritäten, sein Verweis auf die persönliche Erfahrung und den eigenen Verstand, die, wenn man so will, »Haltungslehre« – das sind einige Eigenschaften des Zen, die für *Zen in der Kunst des Coachings* eine wesentliche Rolle spielen. Von besonderer Bedeutung ist dabei der Umstand, dass die in der Zen-Praxis geübte Haltung in einem tieferen Sinne unsere Dialogfähigkeit stärkt.

Unsere Haltung macht den Unterschied

Als Mahmud Z. das erste Mal zu mir ins Coaching kam, wusste ich nicht recht, wie mir geschah. Er überschlug sich regelrecht vor Mitteilsamkeit und trug eine Fülle an Themen vor, die er zu behandeln wünschte. Das Spektrum seines Bedarfs reichte von bilateralen Führungsthemen bis zur Eheberatung. Natürlich habe ich keinen Hehl daraus gemacht, wo ich ihm helfen könnte und wo nicht. Und selbstverständlich habe ich mit ihm seine restlichen Anliegen nach allen Regeln der Kunst priorisiert, um mit dem auf mich einstürzenden Bedürfnistsunami umgehen zu können. Bei der Priorisierung hat er auch sehr willig mitgemacht, nur um dann bei der Bearbeitung der ersten Priorität innerhalb kürzester Zeit auf andere, zum Teil wieder neue Themen zu sprechen zu kommen. Und schon war die Priorisierung über den Haufen geworfen. Ich fühlte mich so, als hätte ich es geschafft, nach Hereinbrechen einer gigantischen Flutwelle den Kopf über Wasser zu halten, nur um festzustellen, dass ich nun in einem Gebiet schwamm, wo es vor Unterströmungen und Strudeln nur so wimmelte. Immer wieder wurde ich hin und her gewirbelt und unter Wasser gezogen. Nur mit Mühe gelang es mir aufzutauchen, um gelegentlich Luft zu holen. Mich in eine bestimmte Richtung fortzubewegen war einfach illusionär. Am Ende der ersten Sitzung war ich vollkommen erschöpft, während mein Klient recht zufrieden schien. Augenscheinlich hatte er Gefallen daran gefunden, sich einmal ordentlich und mehr oder weniger ungestört aussprechen zu können. Er verabschiedete sich, nicht ohne einen Folgetermin zu vereinbaren, und teilte mir mit, dass er sich schon sehr auf ihn freue. Mir hingegen fiel es schwer, seine Freude zu teilen, wenngleich ich das nicht so deutlich zum Ausdruck brachte. Nach etwa zwei Wochen stand der Folgetermin an, und der Gedanke daran verursachte bei mir leichtes Bauchgrummeln. Ich fragte mich, wie ich Struktur, Orientierung und Produktivität in das Gespräch bekommen könnte, und stellte fest, dass mit Näherrücken des Termins eine leichte Nervosität in mir aufkam. Um es kurz zu machen: Meine Bemühungen scheiterten, und ich fühlte mich auch nach der zweiten Session wieder völlig erledigt. Mahmud Z. jedoch schien noch zufriedener als nach unserem ersten Gespräch.

Hätte ich nicht einfach auch zufrieden mit dem Ergebnis sein können? Während mein Klient vor der Sitzung mit sorgenumwölkter Stirn unser Büro betreten hatte, verließ er es nachher regelrecht fröhlich. Warum sollte ich nicht auch froh sein? Mein Problem war Folgendes: Ich hatte das Gefühl, keinen echten Beitrag zu dem »Erfolg« geleistet zu haben, und fühlte mich dementsprechend überflüssig. Hätte meine »Dienstleistung« nicht genauso gut von einem Freund, der Ehefrau, dem Friseur oder sogar dem Haushund erbracht werden können? Mein Gefühl war, etwas tun zu müssen, aktiv in das Geschehen einzugreifen zu sollen. Mahmud Z. ließ mir dazu in seiner charmantüberwältigenden Weise zu kommunizieren keine Chance. Ich ahnte, dass die dritte Verabredung in ein ähnliches Desaster münden würde. Trotzdem wollte ich es noch einmal versuchen. Diesmal jedoch nicht, ohne vorher den Fall Mahmud Z. in einer Supervisionsrunde mit geschätzten Kollegen vorzutragen. Das Timing war perfekt. Mein Anliegen konnte wenige Tage vor der dritten Coachingsession beraten werden. Die Ratschläge meiner Kollegen erstreckten sich über das ganze Spektrum von »Was willst du eigentlich, lass es laufen, und schreib deine Rechnungen« bis hin zu filigran ausgefeilten Strukturierungsvorschlägen. Es gab sogar einen Kollegen, der mir die autoritative »Ich-hau-mal-auf-den-Tisch«-Variante nahelegte. Eine Kollegin wählte schließlich die entscheidende Intervention, indem sie mir ein Bild mitgab, das intuitiv in meinem Bewusstsein einrastete. Sinngemäß sagte sie mir, dass ich ihr vorkomme wie jemand, der in einem Kajak einen reißenden Strom hinunterfährt und dabei versucht, eine möglichst gerade Linie mit dem Boot zu beschreiben. Statt elegant mit leichten Paddelbewegungen einen Strudel an seinem Rand zu passieren, versuchte ich, ihn mit großem Kraftaufwand schnurgerade zu durchmessen, wenn er nun mal auf meiner vorgestellten Ideallinie läge. Kein Wunder, dass ich nach der Fahrt vollkommen erschöpft sei. Dieses Bild war für meinen Umgang mit Mahmud Z. Gold wert. Meine Gesprächsbeiträge sollten von nun an kleine, elegante Paddelbewegungen sein. Die konnte ich keineswegs planen, denn ich hatte vorher keine Ahnung, auf welchem Fluss wir jeweils unterwegs sein würden. Mit Geschick und Intuition musste ich mich der jeweiligen Situation im jeweiligen Jetzt stellen und den dann angebrachten Paddelschlag ausführen.

Vor meiner dritten Sitzung mit Mahmud Z. nahm ich mir einfach ein paar Minuten Zeit, um vor meinem inneren Auge das Bild von mir im Kajak auf einem reißenden Fluss zu erzeugen, dabei Spaß zu haben und die kleinen, entscheidenden Paddelschläge zu genießen. Dabei fiel mir auf, dass mein Körper unwillkürlich in Bewegung kam. Die Vorstellung von der Kajakfahrt in meinem Bewusstsein hatte einen wenn auch subtilen Rückkoppelungseffekt auf meine Motorik. Interessanterweise stellte sich genau mit diesem Effekt das Gefühl ein, nun gut auf meine Sitzung mit Mahmud Z. vorbereitet zu sein. Die »Paddelschläge« waren in keiner Weise das Ergebnis von Nachdenken, sondern ergaben sich stets im Wege situativer Assoziationen und Intuitionen. Es waren Bemerkungen darunter, für die ich alles andere reklamieren würde, als blitzgescheit zu sein: »Da müssen Sie aber traurig gewesen sein«, »Was wird Ihre Frau dazu gesagt haben?« oder »Jetzt sind Sie doch nicht ehrlich mit sich selbst«. Ich hatte sie nicht in der Absicht artikuliert, bewusst zu intervenieren, eigentlich hatte ich sie in gar keiner Absicht artikuliert. Es waren einfach nur natürliche kommunikative »Paddelbewegungen«, die mir halfen, mich mit meinem »Kajak« sicher fortzubewegen. Am Ende der Sitzung gab mein Kunde mir folgendes Feedback: »Herr Rautenberg, ich finde es schön, dass Sie jetzt endlich aufgetaut sind. Da werden unsere weiteren Sitzungen bestimmt noch besser werden.« Die nächste Session hat er kurzfristig wegen einer Dienstreise abgesagt. Dann hat er sich jahrelang nicht mehr gemeldet. Von unserem Wiedersehen werde ich später berichten.

Mancher Leser wird sich vielleicht wundern, warum ich mit den Coachings von Karin E. und Mahmud Z. keine persönlichen Heldenstorys erzähle. Man könnte ja sogar von einem Versagen meinerseits sprechen, und es gibt vielleicht den einen oder anderen, der denkt: »Du Loser, das hätte ich besser gekonnt!« Und tatsächlich glaube ich, dass andere Berater die Schwierigkeiten in diesen Situationen besser oder schneller hätten meistern können. Gerade solche schwierigen, für mich in der jeweiligen Lage eben auch schwer zu meisternden Situationen sind es jedoch, aus denen ich in der Retrospektive besonders viel über mich gelernt habe, vorausgesetzt, ich habe sie und mich in ihnen ehrlich angeschaut. Ist das nicht das Alpha und Omega für den Coach: Sich selber immer besser verstehen? In kollegialen Beratungen stelle ich immer wieder fest, dass angesichts der Fülle an Interventionsmöglichkeiten in einer herausfordernden Situation nicht der Königsweg zu suchen ist, sondern derjenige, der am besten zu der jeweiligen unverwechselbaren Konstellation zwischen Berater und Klient passt. Ich gehe davon aus und werde das später auch begründen, dass jede Situation einzigartig ist und sich nicht wiederholen wird. Alle Kommentare mit dem Tenor »Ah, das kenne ich, das habe ich auch schon erlebt« laufen also streng genommen fehl.

VUCA makes the world go round

Aus der Perspektive des Zen ist das Leben generell mit einer Kajakfahrt auf einem unbekannten Fluss voller Stromschnellen vergleichbar. Wenn ich mich treiben lasse, werde ich kentern. Wenn ich versuche zu planen, an welcher Stelle des Flusses ich welches Manöver fahre, wird mein Vorhaben schnell von Überraschungen über den Haufen geworfen. Ich kann die Fahrt nur bestehen, wenn ich mich bewusst auf das einlasse, was gerade jetzt ist, und wenn ich an der Schnittstelle zwischen jetzt und gleich erspüre, wohin sich die Situation neigt. Die Kunst besteht darin, die Bedingungen der Situation anzunehmen, wie sie jeweils tatsächlich sind, und zu erahnen, welche Wendung die Situation im nächsten Moment nehmen wird. Mit dem »nächsten Moment« ist wirklich der naheste Moment gemeint, für den es voll da zu sein gilt, möglichst ohne dass man Erwartungen hinsichtlich der weiteren Entwicklung hegt. Kajakfahren ist insofern eigentlich mit der Kunst der Improvisation vergleichbar. Und genau darin besteht auch die Freude am Kajakfahren. Jede Vorhersagbarkeit würde ihr Frische und Lebendigkeit entziehen. Für das Problem der nächsten Stromschnelle kann ich keine Musterlösung anbringen. Ich muss mich ihm in seiner Unmittelbarkeit im jeweiligen Hier und Jetzt zuwenden. Das gelingt mir am besten, wenn ich mich frei mache von allen Gedanken, wie ich es jetzt am liebsten hätte, wenn ich alle Vorstellungen davon, wie es sein sollte, loslasse und meinen Geist ruhig werden lasse. Das Abenteuer der Kajakfahrt ist ohne seine Ungewissheiten und Risiken nicht zu haben.

Seit Beginn der 2010er-Jahre ist das Akronym »VUKA« sehr in Mode gekommen. Damit soll zum Ausdruck gebracht werden, dass die Welt des 21. Jahrhunderts sich ganz besonders durch Volatilität, Ungewissheit, Komplexität und Ambiguität auszeichne. Einerseits handelt es sich wohl wieder um eine Marketingsau, die da durchs Dorf

2 Der innere Zusammenhang zwischen Zen und Systemtheorie

getrieben wird. Andererseits hat das VUKA-Phänomen geschichtlich immer eine Rolle gespielt und ist oft mit disruptiven Veränderungen einhergegangen. Für die alten Römer muss es sich ziemlich »vuka angefühlt« haben, als die »Barbaren« ihr Reich ins Wanken brachten. Der Buchdruck hat weite Teile der Welt in ein großes VUKA geworfen. Das Florenz der Medici stelle ich mir ziemlich vuka vor. Oder wenn wir ganz weit zurückschauen: Für die Dinosaurier muss es ein echtes VUKA gewesen sein, als das Erdklima sich zu ihren Ungunsten veränderte. Die Bedeutung des VUKA scheint eher in seiner Normalität zu stecken, als dass es etwas Neues wäre. Schauen wir uns die einzelnen Aspekte des VUKA-Begriffs etwas genauer an. *Volatilität* ist ein vor allem in den Wirtschaftswissenschaften genutzter Terminus, der Schwankungen von zum Beispiel Währungen oder Börsenkursen bezeichnen soll. Indem man Abweichungsrisiken ermittelt, wird der Versuch unternommen, materielle Verlustängste metrisch in den Griff zu bekommen. Mit dem Element der *Unsicherheit* soll aufgezeigt werden, dass man nicht wissen kann, ob eine Lage oder Situation überhaupt erfasst wird und dass unklar ist, was als Nächstes passieren wird. Bei der *Komplexität* geht es um das unüberschaubare Wechselwirken unterschiedlicher Komponenten in einer Situation oder Lage. Und die *Ambiguität* bezeichnet die mögliche Zwei- oder gar Mehrdeutigkeit eines Phänomens. Im Grunde genommen, bedeutet die ganze VUKA-Welle, dass unsere Welt voller Dynamik und Unsicherheit ist, was dazu führt, dass jede Festlegung ein Risiko mit sich bringt. Wenn Sie ein Aktienpaket kaufen, kann es sein, dass ein Zinsmanipulations- oder Abgasmanipulationskandal Ihren Gewinnerwartungen einen volatilitätsmäßigen Tiefschlag verpasst. Wenn ein attraktiver Mensch Ihnen sagt »Ich liebe dich« und Ihre Interpretation dieser Aussage Sie verleitet, darauf mit einem Heiratsantrag zu reagieren, kann es sein, dass Ihre Deutung sich im Nachhinein als nicht tragfähig erweist. Unsere Welt ist keine »triviale Maschine«[9], von der wir genau wissen, wie ihre einzelnen Elemente zusammenwirken. In einer aufgeklärten und postmodernen Welt mit ihren relativierenden Perspektiven kommt verschärfend hinzu, dass Mehrdeutigkeit, Unsicherheit, Komplexität und Volatilität eine prinzipielle Stellung erhalten. Sie sind keine vorübergehende Ausnahme, sondern die Regel. Die mit ihnen verbunde-

---

9 Ein Begriff, der durch den österreichischen Kybernetiker Heinz von Foerster geprägt wurde.

nen Risiken können wir nie »in den Griff« bekommen. Der Buchtitel der amerikanischen Managementautoren Hodgson und White bringt wunderbar zum Ausdruck, wie man sich am besten auf diese Welt einstellt: *Relax, it's only uncertainty.*

Aber was ist, wenn unser Bewusstsein von ungebetenen Gästen, wie zum Beispiel Ängsten, heimgesucht wird? Die einzelnen VUKA-Elemente verorten wir draußen in der Welt. An Ihnen können wir nichts ändern. Ängste jedoch breiten sich in unserer Innenwelt aus. Das hat den Nachteil, dass sie uns sehr nahe kommen, aber es hat auch den unbestreitbaren Vorteil, dass wir uns mit ihnen auseinandersetzen können, wenn wir es klug anfangen. Kajakfahren auf einem reißenden Strom ist eine VUKA-Mission par excellence, die wir am besten meistern können, wenn wir innerlich ruhig und balanciert, gleichzeitig aber höchst alert sind. Je unruhiger unser Geist ist, je abgelenkter wir vom Jetzt sind – und wenn wir uns ausschließlich auf unser Denken verlassen –, desto weniger wahrscheinlich wird sie uns gelingen. Die Kajakfahrt ist eine stimmige Metapher für das Leben in der großen VUKA-Welt, und diese Metapher trifft auch für das Beraten in der kleinen Coachingwelt zu. Unsere und unserer Klienten Bewusstseinszustände sind hochvolatil, die mit ihnen einhergehenden Stimmungen schwanken dauernd. Stets ist ungewiss, was als Nächstes passieren oder wie der Klient reagieren wird. Die Landschaft der beteiligten biologischen, psychischen und sozialen Systeme ist extrem komplex und die entsprechende Perspektivenvielfalt schließt jede Eindeutigkeit aus. Man sollte schon Freude daran haben, sich auf eine solche Fahrt zu begeben. Wenn ich ängstlich bin zu kentern, werde ich nicht souverän agieren und steige gar nicht erst ins Boot. Wenn ich obendrein wasserscheu bin, komme ich noch nicht einmal auf die Idee, den großen Zeh ins Wasser zu halten.

Wenn wir, etwas verkürzt, ruhig, balanciert und hellwach sein müssen, um gut mit dem Kajak zu fahren, so beschreibt dies Bewusstseinszustände, die eine Art voraussetzenden Charakter haben. Viel scheint also von unserem Bewusstsein abzuhängen. Schauen wir uns nun dieses Phänomen etwas näher aus systemtheoretischer Perspektive an.

Autopoiesis des Bewusstseins

> Wie es seinem Wesen entsprach, kam der IT-Manager Anton K. gleich am Anfang der ersten Sitzung zur Sache und formulierte meinen Auftrag so: Herr Rautenberg, ich möchte empathischer werden! Zugegeben, sein Auftreten und die Art der Adressierung seines Anliegens passten irgendwie zu seinem Bedarf. Aber um was für einen Bedarf handelte es sich hier eigentlich streng genommen?

Der Leser wird mir zustimmen, dass die Messbarkeit von Empathie eingeschränkt ist. Wir haben es dabei mit einem höchst komplizierten Konstrukt zu tun. Empathie ist eine äußerst voraussetzungsvolle Zuschreibung, die Menschen von anderen Menschen erhalten. Es dürfte schwerfallen, allgemeinverbindlich und exakt zu bestimmen, welches Rezept zu befolgen ist, damit man diese Zuschreibung bekommt. Die eine erhält sie vielleicht aufgrund ihrer sensiblen Art, Fragen zu stellen. Der andere, weil er mimisch die Gefühle zum Ausdruck zu bringen scheint, die seine Gesprächspartnerin gerade in dem Moment empfindet. Ein Dritter, weil er gerade im richtigen Moment feuchte Augen bekommt oder sich gerne Liebesfilme anschaut. Was wäre der Weg zur Empathie für meinen Klienten Anton K.?

An der Stelle ist es wichtig, sich vor Augen zu führen, dass jeder Coachee mit einem solchen Anliegen unabhängig von seiner Persönlichkeit, seiner Lebenssituation, seinem beruflichen Umfeld oder seinem Freundeskreis den Erfolg der Beratung, sei es bewusst oder unbewusst, von einem ganz bestimmten Kriterium abhängig macht. Er möchte sich die Vorstellung machen können, dass er empathisch ist. Denn wenn er dazu nicht in der Lage ist, werden entsprechende Aussagen von anderen, seien es Freunde, Eltern, Lehrer oder gar Berater, nicht überzeugend sein. Der Klient möchte selber für sich den Gedanken »Ich bin empathisch« hegen und sich dieses Gedankens bewusst werden, ihn gewissermaßen anschauen bzw. beobachten und dabei selber davon überzeugt sein. Das heißt, er möchte sich diesen Gedanken in seinem Bewusstsein vorstellen. Damit dieser Gedanke sich als »haltbar« erweist, muss er natürlich möglichst widerspruchsfrei sein mit anderen Vorstellungen, die sich so in des Klienten Bewusstsein tummeln. Wenn er sich erinnert, schroff auf das Leid eines Mitmenschen reagiert zu haben, könnte das an seiner Vorstellung, empathisch zu sein, kratzen. Wenn jemand anderes ihm die Rückmeldung gibt, sehr mitfühlend zu sein, könnte das die Vorstellung der eigenen Empathie stärken. Sollte der Feedbackgeber jedoch von unserem Klienten in solcher Angelegenheit als inkompetent (Hobbypsychologe), manipulativ (z. B. die Eltern) oder interessengesteuert (vielleicht der Ehepartner) eingeschätzt werden, könnte eine solche Affirmation genau das Gegenteil bewirken. Prinzipiell ist es vollkommen egal, was der Klient sich wünscht, Führungsstärke, Fitness oder einen Ferrari – immer geht es im Kern darum, dass er sich eine entsprechende Vorstellung machen kann und dass diese Vorstellung sich im Zusammenwirken mit anderen Vorstellungen seines Bewusstseins bewährt: Meine Mitarbeiter akzeptieren meine Entscheidungen, ich habe einen muskulösen Körper, es fühlt sich gut an, dieses heiße Geschoss zu fahren. Wenn besorgte Angehörige einem magersüchtigen Menschen mitteilen, dass er zu wenig Gewicht und Speck auf den Rippen hat und wenn Ärzte dies quasiobjektiv bestätigen, dann ist damit nicht unbedingt viel gewonnen. Um zu gesunden, muss der Magersüchtige sich selbst »vorstellen« können, dass er Gewicht zulegen sollte.

Robert Pirsig hat mit folgendem kleinen Vater-Sohn-Dialog in seiner unvergleichlichen zenphilosophischen Geschichte »Zen and the Art of Motorcycle Maintenance« das Verhältnis zwischen Physik, Metaphysik und Bewusstsein beleuchtet:

»›Glaubst du an Geister?‹
›Nein‹, sage ich.
›Warum nicht?‹

›Weil sie un-wissen-schaft-lich sind [...]. Sie enthalten keine Materie‹, fahre ich fort, ›und sie haben keine Energie, weshalb sie nach den wissenschaftlichen Gesetzen nicht existieren – außer im Bewusstsein der Menschen.‹
Der Whiskey, die Müdigkeit und der Wind in den Bäumen fangen an, sich in meinem Kopf zu vermengen. ›Natürlich bestehen auch die Gesetze der Wissenschaft weder aus Materie noch aus Energie, und deshalb existieren sie ebenfalls nicht – außer im Bewusstsein der Menschen. Am besten betrachtet man die ganze Angelegenheit höchst wissenschaftlich und lehnt es ab, an Geister oder die Gesetze der Wissenschaft zu glauben. So gehen wir auf Nummer sicher. Dann bleibt nicht viel, woran man glauben kann, aber das ist auch wissenschaftlich« (Pirsig 1999, pp. 38 f.; Übers.: M. R.).[10]

Pirsig hinterlässt uns die Paradoxie, dass der wissenschaftliche Zugang zur Welt fundamental unwissenschaftlich ist und dass es höchst wissenschaftlich ist, die Gesetze der Wissenschaft zu bezweifeln. So gesehen, kann uns der wissenschaftliche Weg in eine Sackgasse führen. Egal, was uns beschäftigt und wie es uns beschäftigt, am Ende werden wir zwangsläufig auf unser Bewusstsein zurückgeworfen. Unser Bewusstsein ist das Nadelöhr, durch das alles muss, was wir betrachten. Seien unsere Reflexionen nun wissenschaftlich oder unwissenschaftlich, beziehen sie sich auf Glauben oder Empirie, es gibt keine Abkürzung an unserem Bewusstsein vorbei. Als Coachs müssen wir vorbehaltlos anerkennen: Unser Bewusstsein prägt unser beraterisches Sein. Wir haben also uns selbst gegenüber Rechenschaft abzulegen über die Art und Weise, wie unser Bewusstsein arbeitet. Aber das ist eine schwierige, ja eigentlich unmögliche Aufgabe, denn auch dabei kommen wir nicht an unserem Bewusstsein vorbei. Da können wir noch so viel Feedback von Dritten einholen. Verarbeiten können wir es wieder nur mithilfe unseres Bewusstseins. Es scheint so, als steckten wir regelrecht in der Falle unseres Bewusstseins.

---

10 Orig.: »›Do you believe in ghosts?‹
›No,‹ I say.
›Why not?‹
›Because they are un-sci-en-ti-fic. [...]. They contain no matter‹, I continue, ›and have no energy and therefore, according to the laws of science, do not exist, except in people's minds.‹ The whiskey, the fatigue and the wind in the trees start mixing in my mind. ›Of course,‹ I add, ›the laws of science contain no matter and have no energy either and therefore do not exist except in people's minds. It's best to be completely scientific about the whole thing and refuse to believe in either ghosts or the laws of science. That way you're safe. That doesn't leave you very much to believe in, but that's scientific too.‹«

Die Erforschung des menschlichen Bewusstseins ist vielleicht das spannendste und zugleich schwierigste Vorhaben im Bereich der Wissenschaften. Wie auch immer wir uns drehen und wenden, ob wir hinaus in die Welt oder gar in das Universum schauen oder ob wir uns nach innen kehren und uns der Kontemplation hingeben: Stets ist unser Bewusstsein im Spiel. Die ganze innere und äußere Welt gelangt im Grunde nur durch unser Bewusstsein zu uns. So gesehen, »befindet« sich der Kosmos in unserem Bewusstsein. Was aber unser Bewusstsein eigentlich genau ist, wie es erzeugt wird, ist aus naturwissenschaftlicher Sicht immer noch ein Mysterium. Ist es das Ergebnis biochemischer Prozesse unseres Gehirns, oder speist es sich weitgehend aus unserer Sozialität? Sitzt es im Herzen, wie die traditionelle chinesische Medizin annimmt? Wird es aus einem gemeinsam verfügbaren quasikollektiven Überbewusstsein gespeist? Ist es integraler Bestandteil eines dem Homo sapiens gemeinsamen kollektiven Bewusstseins, oder handelt es sich um den göttlichen Funken? Wir wissen es nicht. Wenn wir diesbezüglich im Dunkeln tappen, hat das sicher auch damit zu tun, dass jedwede Bewusstseinserforschung ebenfalls durch das Nadelöhr des Bewusstseins zu uns gelangt. So wie die Hirnforscher letztlich das Hirn mit dem Hirn erforschen, erforschen die Bewusstseinsforscher das Bewusstsein mit dem Bewusstsein. Wir wissen aber, dass dieses Bewusstsein für unser Leben eine Dreh- und Angelfunktion hat. Für unsere Bedarfe in Coaching und Beratung ist die soziologisch-systemtheoretische Perspektive, der ich mich nun zuwenden möchte, praktisch hilfreich.

Niklas Luhmann hat in seinem nicht ganz leicht verdaulichen Text »Die Autopoiesis des Bewusstseins« (Luhmann 1995, S. 55–112) einen systemtheoretischen Bewusstseinsbegriff entwickelt, der für die Beratung, insbesondere das Coaching, sehr fruchtbar ist. Denn in Letzterem haben wir es schließlich mit der Beziehung und dem Zusammenwirken zwischen zwei oder mehreren Menschen zu tun, in deren jeweiligem Bewusstsein eine Menge passiert. Da ist es sinnvoll zu fragen, wie die individuellen Bewusstseinsebenen funktionieren und wie sie miteinander in Beziehung treten. Diesen Text Luhmanns zu lesen fühlte sich für mich an, als wenn man auf einen tiefen und großen See hinausschwömme. Man gelangt an Stellen mit wärmerem Wasser und fühlt sich wohl, schwimmt weiter, und plötzlich ist das Wasser wieder ganz kalt. Dann gerät man mit den Füßen an etwas, von dem man nicht weiß, ob es eine emporwachsende Pflanze ist oder doch ein Fisch. Nach einiger Zeit dreht man sich um und stellt fest, dass das Ufer, von dem man gestartet ist, kaum noch zu erkennen ist. Es scheint so klein, dass es schwerfällt, die genaue Stelle zu identifizieren, von der es losging. Wenn man einigermaßen weit hinausgeschwommen ist, stellt sich die Frage, in welche Richtung man nun am besten weiterschwimmt. Oder drohen die Kräfte zu schwinden, und man sollte besser umdrehen? Auf jeden Fall lässt man sich bei der Lektüre des Aufsatzes auf ein Abenteuer mit ungewissem Ausgang ein. Der Text ist so reich, dass man über ihn allein sicher mehrere Bücher schreiben könnte. Hier sollen ausgewählte Aspekte eine Rolle spielen, die meines Erachtens für Beratung und Coaching von Bedeutung sind.

Luhmann beschreibt das Bewusstsein als autopoietisches, also sich selbst erzeugendes System, das aus Ereignissen, nämlich den Gedanken, besteht. Wenn man so will, entspringt ein Gedanke dem vorherigen Gedanken. Sobald wir uns einem Gedanken gedanklich zuwenden, beobachten wir ihn in unserer Vorstellung. Dieses Beobachten geschieht unbewusst, bis es selber zu einer Vor-Stellung wird. In dem Moment zerfällt die vorherige Vorstellung, an ihre Stelle tritt die nächste und so weiter. Das Bewusstseinssystem oder auch psychische System ist also ein Prozess, der aus einer Aneinanderreihung von Gedankenereignissen besteht. Dabei schaut das Bewusstsein immer nach hinten. Wenn wir einen Gedanken beobachten, beobachten wir immer einen vorherigen Gedanken, auch wenn er von der Zukunft handelt. Das Besondere eines solchen Systems ist, dass es selbstreferenziell und operativ geschlossen ist. Das bedeutet, dass die Gedanken als Elemente des Systems sich immer nur aufeinander beziehen und lediglich auseinander hervorgehen und dass man in diesen Prozess nicht direkt eingreifen kann. Luhmann stellt glasklar fest: »Es gibt keinen unmittelbaren Kontakt zwischen verschiedenen Bewusstseinssystemen« (Luhmann 1995, S. 58).

Demnach können wir als Berater weder auf den Bewusstseinsprozess unserer Klienten zugreifen, noch können wir in ihn eingreifen. Außer durch die Verfügung über die Kompetenz des Gedankenlesens, von der ich annehme, dass sie unter Coachs wenig verbreitet ist, haben wir keine Möglichkeit zu erkennen, was und wie es im Bewusstsein unserer Klienten so »abgeht«. Erst recht ist es unmöglich, steuernd auf diesen Prozess Einfluss zu nehmen. Wir können nicht gezielt Gedanken im Bewusstsein unserer Kunden erzeugen. Man darf nicht unterschätzen, welche Konsequenzen diese Einschränkungen für unsere Arbeit mit sich bringen. Da ist es geradezu erleichternd zu wissen, dass unsere Coachees den gleichen Beschränkungen unterliegen. In der Coachingsituation haben wir es also mit mindestens zwei Bewusstseinsebenen zu tun, die strikt voneinander getrennt operieren und über Kommunikation allenfalls einen mittelbaren Kontakt zueinander aufnehmen können.

»Wechselseitiger Kontakt ist nur über Kommunikation möglich, das heißt im Sicheinlassen auf hochselektive Bedingungen der Mitteilung und des Verstehens von Informationen. Im Aufprall auf die scharfen Beschränkungen möglicher Kommunikation und vor allem in der *Tempodifferenz* von Kommunikationsprozess und Bewußtseinsprozess (das Bewusstsein ist typisch schneller als die Kommunikation) liegen die wichtigsten Anstöße für die Selbstbeobachtung des Bewusstseins als eines ausdifferenzierten Systems: Es erfährt in der Kommunikation zwangsläufig, dass es nicht alles anbringen kann, was es in sich bewegt; und es erfährt, dass es missverstanden wird« (ebd., S. 59; Hervorh. im Orig.).

Im Bewusstsein von Coach und Coachee ist jeweils also wesentlich mehr los als das, was in die Sozialität ihres Gesprächs gelangt. Was wird ausgewählt, um mitgeteilt zu werden? Wie wird es mitgeteilt, und was wird verstanden? Stets haben wir es also mit drei Selektionen in der Kommunikation zu tun. Dieser kommunikative Prozess, der das soziale System Coaching erzeugt, ist, wie auch das Bewusstsein, autopoietisch, selbstreferenziell und operativ geschlossen. In der einfachsten Konstellation einer Beratungssituation unter vier Augen haben wir es also mit drei Systemen, zwei psychischen und einem sozialen, zu tun. Jedes dieser Systeme operiert höchst autonom, sehr selbstbezogen und verschlossen gegenüber den jeweils anderen beiden Systemen. Und unter solchen Bedingungen soll eine gute Beratung erfolgreich durchgeführt werden! Von Erfolg spricht man ja im Allgemeinen, wenn aus einem wie auch immer gearteten Bemühen etwas höchst Wünschenswertes erfolgt. Dahinter steckt häufig die Idee eines zielgerichteten Vorgehens, als wenn ein Sprinter mit großem Bemühen dafür trainierte, die Einhundertmeterdistanz in weniger als 10 Sekunden zurückzulegen. Als Coachs haben wir es angesichts einer solchen Systemlandschaft deutlich schwerer, Erfolge in diesem Sinne zu erzielen.

Kommen wir auf Anton K. zurück. Wann ist seinem Ziel, mithilfe eines Coachings empathischer zu werden, Erfolg beschieden? Wenn im »sozialen System Coaching« kommunikative Elemente wie »Ich fühle mich schon deutlich empathischer« oder »Sie sind schon viel empathischer geworden« entstehen? Wenn ähnliche Gedanken mehr oder weniger regelmäßig in den beteiligten Bewusstseinssystemen auftauchen? Wie viel Einfluss haben andere Kommunikations- und Bewusstseinssysteme auf die Erfolgsfeststellung? Was bedeutet es, wenn Anton K. und ich uns eines Tages über seine guten Fortschritte einig sind, er aber am Abend des gleichen Tages von seiner Frau zu hören bekommt, dass er der »unempfindsamste« Mensch ist, den sie kennt?

Wir »bauen« unser Leben in der Welt über die Art und Weise, wie wir uns zu ebendieser Welt verhalten, und dafür ist unser Bewusstsein der Dreh- und Angelpunkt. Die Idee, dass sich unser Bewusstsein und damit gewissermaßen auch unser Ich als mehr oder weniger selbst organisierende Aneinanderreihung von Gedanken und Vorstellungen konstituiert, ist gut mit dem Zen vereinbar. Das Zen regt uns an, mit unserem Bewusstsein zu spielen, indem wir zum Beispiel unseren Gedankenstrom für eine Weile suspendieren. Dies kann zum Beispiel mithilfe von Achtsamkeits- oder Meditationsübungen geschehen. Zugegebenermaßen ist das nicht ganz einfach, aber auf jeden Fall ist es eine praktische Art, mit dem Bewusstsein umzugehen und auf diese Weise neue Bewusstseinserfahrungen zu machen. Eine weitere sehr schöne und auch sehr dialogische Art, mit dem Bewusstsein zu spielen, ist, Vorurteile zu suspendieren, zum Beispiel auch solche Vorurteile, die das Ich betreffen.

Die Ich-Identität als Sackgasse der persönlichen Entwicklung

> »I am what I am.
> I am my own special creation [...].
> It's my world that I want to have a little pride in [...].
> Life's not worth a damn till you can say:
> Hey, world, I am what I am [...].
> Why not try and see things from a different angle [...]?
> Your life is a sham till you can say:
> Hey, world, I am what I am.«[11]

---

11 Übers.:
»Ich bin, die ich bin.
Ich bin meine eigene, besondere Schöpfung [...].
Es ist meine Welt, auf die ich ein bisschen stolz sein möchte [...].

Von Gloria Gaynor interpretiert, vermittelt dieser Songtext John Barrowmans eine unvergleichliche Ich-Selbstgewissheit, so als sei die Identität der Sängerin eine unhinterfragbare Selbstverständlichkeit. Bei genauerem Hinschauen kann sich diese Sicherheit jedoch als brüchig und trügerisch erweisen. Wir konstituieren unser Ich über unseren Körper, unseren Geist, unseren Glauben, unsere Meinungen und Vorstellungen, Vorlieben und Bewertungen. Sie helfen uns, uns vom Rest der Welt zu unterscheiden. Das trägt zu unserem Gefühl von Identität und Individualität bei. Um dieses Gefühl aufrechtzuerhalten, bedarf es einer nachhaltigen Grenzziehung oder aber der täglich neuen Grenzziehung im Sinne der aufgebauten Identität. Wenn wir umgekehrt identitätsstiftende Gedanken, Vorlieben und Bewertungen loslassen oder aufgeben, dann lassen wir damit auch Teile unserer Vorstellung vom Ich los. Das dürfte einer der Gründe dafür sein, wenn wir an Liebgewonnenem hartnäckig festhalten. Wir identifizieren uns damit. Die sorgfältig gezogenen Grenzen zwischen Ich und Welt lösen sich auf, wenn wir solche Identifikationen aufgeben. Damit löst sich auch die Demarkationslinie auf, die uns vom Rest der Welt trennt. In dem Maße, in dem es uns gelingt, unsere Meinungen, Vorstellungen und Vorlieben, und sei es nur für kurze Zeit, »in den Urlaub« zu schicken, können wir der Welt und anderen Menschen selbstvergessener und damit auch vorbehaltloser begegnen. So haben wir es in der Hand, ob und inwieweit in unserer Gestaltung der Beziehung mit der Welt und anderen Menschen Neues geschehen kann. Im gleichen Maße, wie es uns gelingt, unser Selbst zu vergessen, lösen sich vielleicht auch manche Befürchtungen auf, verliert sich möglicherweise die eine oder andere unserer Ängste, gegebenenfalls sogar die Angst vor dem Tod. Wenn wir umgekehrt dafür sorgen, unsere Individualität und Besonderheit, unsere »Sonderung« von der Welt hervorzuheben, dann haben wir auch mehr zu »verlieren«. Karlfried Graf Dürckheim hat in seinen Vorträgen gerne folgendes Zitat aus der Bibel verwendet: » [...] der Tod ist der Sünde Sold« (Römer 6, 23). Dabei hat er eine interessante etymologische Deutung mitgeliefert, die

---

Das Leben ist keinen Pfifferling wert, wenn du nicht sagen kannst:
Hey, Welt, ich bin , die ich bin [...].
Warum betrachten wir die Welt nicht einmal aus einem anderen Blickwinkel [...]?
Dein Leben ist ein Jammer, wenn du nicht sagen kannst:
Hey, Welt, ich bin, die ich bin«
(Übers.: M. R.).

uns erst auf den zweiten Blick nachvollziehbar wird. Dürckheim gibt nämlich zu verstehen, dass Sünde ursprünglich »Sonderung« bedeute. Damit nimmt er dem Begriff »Sünde« den in der alltagssprachlichen Verwendung steckenden moralischen Gehalt. Stattdessen deutet er darauf hin, dass es sich bei Sünde im Sinne von Sonderung eigentlich um einen ich-bildenden Prozess der Absonderung handelt. Nur dieses vom Ganzen abgesonderte Ich kann sterben, wenn der Tod eintritt. Oder der Tod kann nur dort eintreten, wo so ein Ich sich abgesondert hat. Insofern ist der Tod der Preis für die Sünde des Ich, dessen Wesen darin besteht, sich vom Rest der Welt abzusondern. Man könnte dieses Ich auch als Ego bezeichnen.

Dabei ist es wichtig zu bedenken, dass die sogenannte Identität kein statisches Gefüge ist, sondern das Ergebnis eines andauernden Prozesses. Der Begriff der Identität ist trügerisch, denn er insinuiert die stabile Selbigkeit einer Persönlichkeit über eine gewisse Zeitspanne. Es bedarf jedoch einer ständigen Aktivität des Festhaltens an Konstruktionen, damit Identität erzeugt wird. Identität muss gewissermaßen täglich gefüttert werden, damit sie bestehen kann. Wer eine Identität für sich beansprucht, muss peinlichst darauf achten, dass er jeden Tag aufs Neue alle Facetten seines Ich stabil und unter Kontrolle hält: Ich bin ein gewissenhafter Mensch, ich liebe die Toskana, trotzdem trinke ich am liebsten Riesling-Wein, das Wetter in Deutschland schlägt mir aufs Gemüt, ich bin ein Fan des FC Bayern München, was muss ich für Eltern haben ... Schon das Liebäugeln mit einem Chardonnay würde diese Identität ins Wackeln bringen. Sympathien für die Kicker von Schalke oder Dortmund würden ernsthafte Identitätskrisen auslösen. Sie würden diesen betroffenen Menschen verständlicherweise aber auch dem Rest der Welt wieder näherbringen. Es wird erkennbar, dass identitätsstiftende Selbstbeschreibungen grundsätzlich den Möglichkeitenraum für unser menschliches Sein verengen. Wir können nur so denken und handeln, wie unsere Identität es uns erlaubt. Wenn unser Tun und unser Bewusstsein dieses Identitätskonzept nicht bestärken, ist der Konflikt programmiert. Wer sich selbst als durch und durch ehrlichen Menschen sieht, kann seine Probleme nicht auf unehrliche Weise lösen, und wer sich als prinzipienfest beschreibt, darf seine lieb gewonnenen Prinzipien nicht kompromittieren. Nun klingen »Ehrlichkeit« und, vielleicht heute nicht mehr in gleichem Maße, »Prinzipienfestigkeit« nach etwas Erstrebenswertem. Aber wie sieht es aus, wenn das Prinzip, dem sich jemand verpflichtet fühlt, die Rassentrennung ist, oder wenn unter »Ehrlichkeit« verstanden wird, jedem Menschen ohne Rücksicht auf Verluste die eigene Meinung ins Gesicht zu schmettern? Es kann also durchaus hilfreich sein, Aspekte der eigenen Identität loszulassen, um »durchlässig« für Neues zu werden. Manche Problemlösung gelangt nur dann auf den Weg, wenn der »Problembesitzer« sich zugesteht, gewohnte Beschreibungen der eigenen Identität an den Nagel zu hängen.

Dass eine Ego-Pose die eigene Durchlässigkeit verringern kann, habe ich vor einiger Zeit selbst erfahren müssen.

> Einer meiner langjährigen Klienten ist ein hochrangiger Repräsentant einer großen gemeinnützigen Organisation in Deutschland. Wir treffen uns zweimal im Jahr gemeinsam mit seinem engsten und wichtigsten Mitarbeiter für ein eineinhalbtägiges Intensivcoaching. In den Jahren vor meinem Engagement arbeiteten die beiden mit einem sehr prominenten Beraterkollegen zusammen, der auch Autor eines Standardwerkes für die Beraterszene ist. Ich kenne und schätze den Mann und sein Werk durchaus, erlebe aber seit jeher das, was ich als seine Selbstinszenierung beschreiben würde, recht kritisch. Im Rahmen eines unserer Coachings erzählten meine beiden Klienten, wie klug und hilfreich jener Beraterkollege mit einer bestimmten Situation umgegangen war. Das traf mein Ego! Was mir da berichtet wurde, waren doch eigentlich wenig spektakuläre und außerdem wieder mal von des Beraterkollegen Selbstdarstellung geprägte Interventionen. Nichts Besonderes. Wie konnten die beiden nur mit so viel Wertschätzung von einer derart durchsichtigen Masche reden? Ich war innerlich empört. Oder, um genau zu sein: Mein Ego war empört. Es hörte meine Klienten von der Großartigkeit eines anderen Beraters reden und fühlte sich herabgesetzt. Damit war mein Bewusstsein bis zum Rand mit Konkurrenzgedanken angefüllt. Ergo war es in der produktiven Auseinandersetzung mit den eigentlichen Anliegen meiner Klienten gehemmt. Meine Aufmerksamkeit war verengt, meine innere Balance war verschwunden, und ich spürte, dass der Fluss unseres Gespräches ins Stocken geriet. Wie der Gong den in Bedrängnis geratenen Boxer rettete mich der Wunsch eines meiner Klienten nach einem »Bio-Break«. Ich nutzte die Gelegenheit, um hinaus auf eine sonnenbeschienene Terrasse zu treten und mein Bewusstsein mit einem sehr einfachen Mittel wieder ins Lot zu bringen, nämlich mit ein paar tiefen Atemzügen in den Naseninnenraum und dem bewussten Lauschen des Vogelgezwitschers.

Dieses Erlebnis war mir insofern eine wertvolle Lehre, als ich seither noch aufmerksamer für die Regungen meines Egos bin. Außerdem habe ich eine Art Frühwarnsystem installiert, mit dessen Hilfe ich rechtzeitig die ersten Anzeichen erkennen kann. Auf diese Weise bin ich in der Lage, in der jeweiligen Situation Gegenmaßnahmen zu ergreifen, um meine für den Beratungsprozess so bedeutsame innere Weite zu erhalten.

Stell dir vor: Du bist authentisch, und keiner merkt es

Wenden wir uns nun einem Begriff zu, der in den letzten Jahren sehr in Mode gekommen ist. Ganz allgemein wird der Authentizität eine große Bedeutung zugeschrieben. Das aus dem Lateinischen übernommene Wort stammt ursprünglich vom griechischen *authentikós* ab, das so viel wie »zuverlässig, verbürgt, echt« bedeutet. Hierzu eine kleine Anekdote: Vor inzwischen vielen Jahren habe ich den Vortrag eines ehemaligen CEOs einer Mineralölgesellschaft gehört. Er sprach zum Thema »Führung« und hat über seine Erfolgsprinzipien berichtet. In dem Zusammenhang sagte er dann »Ich habe mich immer bemüht, authentisch zu sein.« Von dem Moment an konnte ich den Begriff der Authentizität nicht mehr unkritisch sehen. Mir wurde schlagartig klar, dass das Bemühen um Authentizität paradox ist. In dem Moment, wo ich darüber nachdenke, wie ich echt sein kann, habe ich unwiderruflich eine Prise Taktik in mein Bewusstsein gestreut und die unverfälschte, »echte Echtheit« ist getrübt. Insofern ist die Selbstbeschreibung »Ich bin authentisch« wenig aussagekräftig. Authentizität kann sozial letztlich nur in der Zuschreibung durch andere wirksam werden. Nur wenn die Authentizität einer Person in den Kommunikationen oder im Bewusstsein Dritter fest- oder vorgestellt wird, kann sie auch als solche wirken. Diese sozialen oder psychischen »Dritt-Systeme« erzeugen eine Information von der Art »Diese Person ist authentisch« jedoch auf ihre eigene, höchst eigenmächtige Weise. Der Wert einer Selbstzuschreibung der in Rede stehenden Person liegt dann irgendwo zwischen bedeutungslos und hinderlich. Erschwerend kommt hinzu, dass es für die soziale Wirklichkeit und Wirksamkeit auch unerheblich ist, ob jemand »wirklich authentisch« ist oder sich selbst so erlebt. Im Geiste Groucho Marx' kann man sagen: »Authenticity is the key to success, if you can fake that you got it made.«[12] In dem Zusammenhang

---

12 Nach M. R. »Authentizität ist der Schlüssel zum Erfolg. Wenn du das vortäuschen kannst, hast du es geschafft«.

sei angemerkt, dass Authentizität auch keinen kontextunabhängigen Eigenwert hat. Die Welt könnte auf die vermeintliche Authentizität manches selbstherrlichen Populisten, Diktators oder Sadisten verzichten und wäre wahrscheinlich ein besserer Ort. Im kleinen Maßstab können Organisationen sicher auf die Authentizität vieler selbstbezogen-unbeherrschter Möchtegern-Napoleons verzichten. Wir können festhalten, dass der Begriff der Authentizität durch und durch paradox ist. Er suggeriert eine dem Individuum zugehörige Kerneigenschaft, kann aber nur als Zuschreibung im Sozialen wirksam werden. Wenn aber 30 Mitarbeiter ihrer Chefin attestieren, sie sei authentisch, dann speist sich diese soziale Gewissheit aus 30 psychischen Systemen mit ihren je eigenen Bedingungen der Autopoiesis, der Selbstreferenz und der operativen Geschlossenheit. Mit anderen Worten: Wir haben es, streng genommen, mit 30 verschiedenen Konstruktionen zu tun, was die Authentizität der Chefin ausmacht.

Heißt dies nun, dass Authentizität ein sinnloses Konzept ist? Im Sinne des Zen wäre Echtheit, verstanden als dem eigenen Wesen gemäß zu leben, durchaus erstrebenswert. Wenn wir eine Kongruenz zwischen dem eigenen Inneren und dem, was wir in der Welt zum Ausdruck bringen, erleben, könnte dies in Richtung unseres Wesens deuten. Wenn mein inneres Erleben, meine Gedanken und Gefühle im lebendigen Dialog mit meinem Ausdruck in der Welt sind, werde ich mich wohl als echt erleben. Wenn meine verbale und nonverbale Kommunikation und mein Handeln in der Welt keinen lebendigen Austausch mit meiner inneren Welt pflegen, kann es leicht zu einem Innen-außen-Strömungsabriss kommen. Authentizität in diesem Sinne findet also, wie die Identität, im Prozess statt und muss sich ständig neu bewähren. Sie ist nichts Statisches, sie ist kein Zustand, den man einmal erreicht hat. Stattdessen ist sie Ausdruck eines permanenten kommunikativen Vorgangs zwischen meinem Innen und meinem Außen im Sozialen. Dieser Vorgang ist im tieferen Sinne dialogisch. Wenn es so etwas wie das »wahre Selbst« gibt, dann könnte es sich in diesem dialogischen Schwingen zwischen unserer Innenwelt und unserem Ausdruck in der Welt unter Mitwirkung der Rückkoppelungen aus unseren sozialen Beziehungen befinden. Oder, präziser: Dort sollte es »stattfinden«. Demnach würde es sich eher um einen Prozess handeln als um einen identifizierbaren oder gar lokalisierbaren Wesenskern. Darin könnte ein Aspekt unserer persönlichen Freiheit stecken. Aus der Perspektive des Zen muss man sich nicht

2 Der innere Zusammenhang zwischen Zen und Systemtheorie

auf die Suche nach dem wahren Selbst machen. Es ist immer schon da. Wir brauchen uns ihm nur zuzuwenden, um seiner gewärtig zu werden. Anders als das »Ich« besteht es nicht aus dem Strom unserer Gedanken oder unserem Körper. So könnten wir uns selbst erkennen und die Freiheit erlangen, aus diesem Selbst heraus zu leben. Unser ganz persönliches Wesen würde von der Vielfalt des Lebens zeugen und gleichzeitig als individuelle Facette des Ganzen die Einheit bezeugen. Dafür müssten wir keinen Gedanken an unsere Authentizität verschwenden, würden aber vielleicht von anderen als authentisch wahrgenommen werden.

> Sigrun B. war eine Topführungskraft bei einem globalen Vermögensverwalter, eine resolute und zielbewusste Frau mit hohem Energielevel. Es gab eigentlich nur einen Faktor in ihrem Arbeitsalltag, der ihr Energieniveau immer wieder sinken ließ, nämlich ihr Chef. Der saß zwar an einem anderen Standort, in London, war aber dennoch, den virtuellen Kommunikationsmöglichkeiten und der hohen Mobilität sei es gedankt, für Sigrun B. sehr präsent. Etwas vereinfachend, aber durchaus zutreffend, kann man das Problem zwischen den beiden so zusammenfassen: Sie war eine durch und durch sach- und ergebnisorientierte Mitarbeiterin, ohne jedes taktische Bewusstsein. Er war der Meister der politischen Kommunikation. Ihre unverblümte Direktheit grenzte an Naivität, seine Vielschichtigkeit in der Interaktion hatte durchaus machiavellistische Züge. Es war nicht verwunderlich, dass die beiden Probleme hatten, sich zu verständigen.

Sie agierten und kommunizierten offensichtlich aus sehr unterschiedlichen Bewusstseinszuständen und in ihren entsprechend eigenen, verschiedenen Welten. Erschwerend kam dann noch hinzu, dass meine Klientin sich massiv durch ihren Chef benachteiligt fühlte, zum Beispiel, indem er es in der unternehmensinternen Öffentlichkeit so aussehen ließ, dass ein Erfolg durch ihn zustande gekommen sei, obwohl er eigentlich ihr zuzurechnen gewesen wäre. Als Coach von Sigrun B. verstand ich mich dafür verantwortlich, sie mit der Welt der politischen Kommunikation und der mikropolitischen Intrige vertraut zu machen. Ich hielt es für nützlich, dass sie verstand, wie dieses Spiel gespielt wurde, damit sie dann entscheiden konnte, inwieweit sie sich darauf einlassen wollte. Diesen Plan verstand meine Klientin sofort, und sie erkannte auch, dass seine Umsetzung ihr mehr Optionen in der Auseinandersetzung mit ihrem Chef eröffnen würde. Als es dann

»ans Eingemachte« ging, konnte ich aber beobachten, dass ihr ganzes Wesen sich politischen Überlegungen widersetzte. Wohlgemerkt: Es ging noch gar nicht darum, irgendwelche praktischen Aktionen durchzuführen. Wir befanden uns ausschließlich auf der Ebene der Reflexion. Kognitiv konnte Sigrun B. problemlos nachvollziehen, wie nützlich diese Arbeit sein würde, aber emotional sträubte sich alles in ihr dagegen. Das brachte sie sehr anschaulich zum Ausdruck, indem sie das Gesicht verzog und Politik als »bäh« bezeichnete. Damit verband sie die Einstellung, dass man so etwas nicht tut, dass das unanständig ist und nur eine Verhaltensweise von Menschen mit schlechtem Charakter. So ein Mensch wollte sie verständlicherweise nicht sein, also schloss ihr Selbstverständnis den ganzen Komplex politischer Kommunikation und entsprechenden Verhaltens aus. Selbst das Nachdenken darüber verbot sich gewissermaßen. Mit anderen Worten: Sie konstruierte in diesem Zusammenhang eine hehre Identität von sich, die es ihr nicht erlaubte, sich gegen die Machenschaften ihres Chefs zu wehren. Ihr vorgefasstes Urteil, also ihr Vorurteil hinsichtlich dessen, was sich gehörte und was sich nicht gehörte, verstand sie als wesentliches Element ihres authentischen Ich. Dies hatte zweifellos unvorteilhafte Konsequenzen für ihr Berufsleben. Und obwohl ihr vollkommen klar war, dass der Schlüssel zur Veränderung in ihrem eigenen Verhalten lag, hinderte sie das keineswegs daran, sich heftig über das Verhalten ihres Chefs zu beklagen und sich zu wünschen, dass es anders wäre.

Was konnte ich in dieser Lage tun? Ich brauchte ihr nicht zu erzählen, dass sie sich letztlich selbst zum Opfer machte. Diese Facette der Wirklichkeit war ihr durchaus klar. Sie wäre auch nicht so blauäugig gewesen zu denken, dass ein weitherzig-aufrichtiges Verhalten ihrerseits sich am Ende durchsetzen und alles zum Guten wenden würde. Sie war sich bewusst, dass sie in einem mikropolitisch verseuchten Sumpf steckte. Gleichzeitig lag mir nichts ferner, als aus einem offenherzigen Menschen, der vielleicht etwas zu naiv durch die Arbeitswelt marschierte, eine taktierende Intrigantin zu machen. Ihr Auftrag lag in ihrer Unzufriedenheit. Sigrun B. wollte, dass sich etwas verändert. Dazu war es wichtig, eine sehr prinzipielle Betrachtung vorzunehmen. Genau genommen, ist jede Problemlage, für die wir uns eine Lösung wünschen, das Ergebnis aller sie beeinflussenden Faktoren. Das Identitätsprofil der Einflussfaktoren und das Identitätsprofil des resultierenden Problems hängen ganz eng miteinander zusammen.

Wahrscheinlich kennen wir nicht alle Faktoren, die das Problem gewissermaßen aufrechterhalten. Wir wissen aber, dass sich an der Problemsituation sofort etwas ändert, wenn sich an dem problemerzeugenden Faktorenbündel irgendetwas, sei es auch nur eine Kleinigkeit, ändert. Es bedarf eines Lockerns und Lösens des Identitätsprofils der Einflussfaktoren, will man Festgefahrenheiten oder Blockaden lockern und lösen. Dabei ist eine konsequente »Politik der kleinen Schritte« häufig erfolgversprechender als der Versuch eines »großen Wurfs«. Um eine Lösung für unser Problem zu ermöglichen, müssen wir entweder etwas in unserer Macht Stehendes ändern oder darauf hoffen und warten, dass andere Einflussfaktoren sich von selbst verändern. Da kann das Beklagen eines Problems durchaus die bequemere Alternative sein. Aus der Perspektive des Zen gilt noch allgemeiner: Das Wesen der Dinge ist Veränderlichkeit, und wir selbst sind Veränderung. Deshalb wird uns das Anhaften an eine vermeintliche Identität früher oder später unweigerlich in Schwierigkeiten bringen. Denn wie könnten wir unveränderlich identitär sein, während sich um uns herum alles im Prozess ständigen Wandels befindet? Am Ende war es eine kognitive Überlegung, mit der Sigrun B. sich davon überzeugte, dass das Festhalten an Identitäten keine nachhaltig kluge Strategie ist. Sie erkannte, dass das Loslassen solcher festen Vorstellungen vom Selbst eine prinzipielle Voraussetzung dafür war, ihrem beruflichen Dasein eine gedeihliche Wendung zu geben. Und plötzlich war sie in der Lage zu sagen: »Jetzt möchte ich auch mal ein Schwein sein.« In der Folge veränderte Sigrun B. sich nicht etwa grundsätzlich, sie war im Großen und Ganzen immer noch dieselbe. Aber es war faszinierend zu sehen, wenn sie davon berichtete, wie sie kleine politische Manöver durchführte, die sie zunächst mit meiner Hilfe und dann immer eigenständiger aussheckte. Und sie genoss ganz offensichtlich den Erfolg, den sie damit bewirkte. Es war ihr nach wie vor wichtig, sich selbst nicht als Mikropolitikerin zu sehen, aber sie fühlte sich sehr wohl dabei, Optionen auf politischem Terrain wahrnehmen zu können, wenn es denn sein musste, um sich nicht die Butter vom Brot nehmen zu lassen. Dafür war es nötig, dass Sigrun B. die Konzepte ihrer eigenen Identität und Authentizität ein wenig flexibilisierte, ohne sich zu verbiegen.

Mit Karin E., Andreas H., Mahmud Z., Anton K. und Sigrun B. haben wir uns fünf konkrete Fallbeispiele angeschaut, deren Protagonisten Manager oder Führungskräfte waren. Deshalb halte ich es für sinnvoll, ihre Rolle und ihr Umfeld nun etwas genauer zu beleuchten.

Das Entscheiden des Entscheiders: Manager sind Metaphysiker

Von Konrad Adenauer heißt es, dass er, vor schwierige Entscheidungen gestellt, ein leeres Blatt Papier nahm und mit seinem Stift eine lotrechte Linie durch die Mitte des Blattes zog, um dann auf der einen Seite die vorteilhaften und auf der anderen Seite die nachteiligen Implikationen einer bestimmten Entscheidung zu notieren. So habe er sich einen Überblick über Chancen und Risiken verschafft und seine Entscheidungen fundiert treffen können. Das ist eine sehr pragmatische und bewährte Entscheidungsmethode.

Der typische Coachingklient ist ein Manager und damit das, was man gemeinhin als einen Entscheidungsträger bezeichnet. Seine Managemententscheidungen betreffen die Belange von Organisationen. Nicht nur deshalb hat es viel für sich, wenn Niklas Luhmann die Entscheidung in den Mittelpunkt seiner Organisationstheorie (Luhmann 2000) stellt. Folgen wir Luhmanns systemtheoretischem Verständnis der Organisation, dann konstituiert diese Organisation sich aus einer unablässigen Folge von Entscheidungen, aus denen sich gewissermaßen ein Entscheidungsnetz knüpft. Vorangehende Entscheidungen schaffen Voraussetzungen, an denen sich folgende Entscheidungen orientieren müssen. Sie sind sogenannte Entscheidungsprämissen. Das Besondere an dieser Theorie ist, dass sie einen Organisationsbegriff schafft, der nicht an Objekte (Fabriken, Büros, Computer) oder Menschen (Mitarbeiter ...) und auch nicht an Orte (Hamburg, Schweiz, Lateinamerika) gebunden ist. Wir haben es mit einem prozessualen Verständnis von Organisation zu tun. Die Organisation existiert, solange der Prozess aneinanderknüpfender Entscheidungen läuft, und sie hört auf zu existieren, wenn ebendieser Prozess endet. Mit dieser Theorie gut vereinbar ist die These, dass es die Aufgabe eines Managers ist, wenn man sie kurz und prägnant formulieren sollte: Entscheidungen zu treffen. Wenn wir diesen Gedanken zu Ende denken, können wir zugespitzt, aber konsequent folgern, dass die Existenz der Organisation mit dem Entscheiden steht und fällt. Und wenn man weiter bedenkt, dass eine Einzelperson nicht alle Entscheidungen treffen kann, läuft es darauf hinaus, dass die Aufgabe des Managers etwas allgemeiner darin besteht, den Entscheidungsgang oder das Entscheiden insgesamt aufrechtzuerhalten, um die Organisation am Leben zu erhalten. Inhaltliche Felder wie

2 Der innere Zusammenhang zwischen Zen und Systemtheorie

»Strategie«, »Marketing« oder »Personalpolitik« treten angesichts der organisationsexistenziellen Bedeutung des Entscheidens an sich in den Hintergrund. Ihre Ausgestaltung kann sehr unterschiedliche Formen annehmen, ohne dass die Organisation als solche in diesem Sinne tangiert wäre. Welche Richtungen hier eingeschlagen werden und ob sie als »richtig« angesehen werden, ist für den Bestand der Organisation, streng genommen, unerheblich. Wichtig ist zunächst einfach nur, dass die Entscheidungen überhaupt getroffen werden. Wer praktische Erfahrungen mit Organisationen hat, weiß, dass im Falle von Entscheidungsverzögerungen oder Entscheidungsstaus schnell Nervosität um sich greifen kann. Aus systemtheoretischer Perspektive können wir das als Vitalitätssignale der Organisation interpretieren. In solchen Situationen ist bald der Punkt erreicht, an dem man regelrecht spüren kann, dass eine schlechte Entscheidung besser als gar keine Entscheidung ist. Aber eine Entscheidung ist, systemtheoretisch gesehen, weder gut noch schlecht. Sie ist der Treibstoff, den die Organisation für ihr Fortbestehen benötigt. Im Alltag von Führungskräften spielt seit den 1990er-Jahren das Veränderungsmanagement eine große Rolle. Im Lichte der luhmannschen Organisationstheorie könnte man zugespitzt sagen, dass jegliche Bemühungen um organisationale Veränderungen Einfluss auf den Entscheidungsgang nehmen müssen, wenn sie erfolgversprechend sein wollen. Man verändert also nicht eine statisch existierende Organisation, sondern man greift verändernd in den Prozess ein, der die Organisation erzeugt.

Nun sollten wir einen etwas genaueren Blick auf das Phänomen der Entscheidungen richten, denn die sind ganz schön vertrackt. Das Blöde an ihnen ist nämlich, dass nicht etwa die Absicht eines Entscheiders, eine Entscheidung zu treffen, auch tatsächlich eine Entscheidung hervorbringt. Ein relevanter Rest der Organisation muss das, was da geschieht, auch als Entscheidung begreifen und akzeptieren. Hierarchen in Organisationen sollten immer mal wieder folgendes kleine Gedankenexperiment machen: Stell dir vor, du triffst eine Entscheidung, und keiner merkt es. Oder: Stell dir vor, du triffst eine Entscheidung, und sie wird nicht umgesetzt. Das geschieht öfter, als man denkt, vor allem öfter, als die Eitelkeit manches heroischen Managers es zugeben würde. Wenn der Hamburger Sportverein wegen der Raute in seinem Logo Angela Merkel für eine PR-Kampagne gewinnen möchte (falls Frau Dr. Merkel irgendwann einmal nicht mehr im Kanzleramt sein sollte) und diese Entscheidung im Vorstand des Vereins getroffen wird, müssen zahllose Anschlussentscheidungen folgen, damit dieses Vorhaben auch tatsächlich Realität wird. Jemand muss sich überhaupt erst mal trauen, die (dann Ex-)Kanzlerin darauf anzusprechen. Dann muss die sich auch darauf einlassen, man muss sich in puncto Honorierung einigen, es müssen Film- und Fototermine vereinbart werden, es muss ein mit der Würde der früheren Regierungschefin vereinbarer Slogan kreiert werden und vieles mehr. Die Ursprungsentscheidung des Vorstandes muss als solche zunächst einmal begriffen werden. Das Vorhaben, die Ex-Kanzlerin für den hanseatischen (Erstliga-?) Fußball zu aktivieren, könnte ja auch als Scherz aufgefasst werden. Das Nichernstnehmen ist der Entscheidungsvernichter par excellence. Eine schöne Variante des obigen Gedankenexperiments lautet: Stell dir vor, du triffst eine Entscheidung, und keiner nimmt dich ernst. Es gibt aber auch Entscheidungen, die einem Hierarchen zugeschrieben werden, obwohl der gar nicht die Absicht hatte, sie zu treffen. Dann haben wir es mit dem sogenannten vorauseilenden Gehorsam zu tun. Wie am Königshof versuchen liebedienerische Untergebene, sich darin zu übertreffen, die Wünsche des Herrschers zu erahnen, ohne dass sie tatsächlich ausgesprochen worden wären. Dabei kann es zu manchen Entscheidungen kommen, die durchaus nicht im Sinne des Monarchen sind.

Wir sehen, dass die Absicht des Entscheiders, eine Entscheidung zu treffen, weder eine hinreichende noch eine notwendige Bedingung dafür ist, dass solche Entscheidungen fallen, die ihm dann mit Sicherheit zugeschrieben werden. Insbesondere wenn Entscheidungen im komplexen System einer Organisation Wirkung entfalten sollen, müssen viel mehr entscheidungsbegünstigende Bedingungen erfüllt sein. Dazu gehört auch, dass die Entscheidungen von den nachfolgenden Instanzen als solche akzeptiert werden. Stellen wir uns vor, dass der Merkel-Kampagnenfotograf mit einer bestimmten Entscheidung nicht einverstanden ist, sich aber auch nicht traut, offen dagegen zu opponieren. Er hat subtilere Möglichkeiten, das Vorhaben zu sabotieren. Zum Beispiel könnte er so unvorteilhaftes Fotomaterial produzieren, dass Frau Merkel darauf durchweg unsportlich erscheint und dies in perfider Weise auf ihren mangelhaften Trainingszustand schieben, um von seiner manipulativen Fotokunst abzulenken. Das Akzeptieren einer Entscheidung zeigt sich ganz allgemein, wenn Anschlussentscheidungen zumindest nicht im Widerspruch zu ihr stehen. Idealerweise helfen nachfolgende Entscheidungen bei der Umsetzung einer vorangegangenen Entscheidung. Im systemtheoretischen Jargon könnte man sagen: Eine Kommunikation wird im sozialen System der Organisation als Entscheidung beobachtet und als Entscheidungsprämisse in Anschlusskommunikationen übernommen, die dann ebenfalls als Entscheidungen beobachtet werden können. Auf diese Weise kann sich ein Entscheidungsgeflecht entwickeln, mit dessen Hilfe ein Managementvorhaben, wie zum Beispiel der HSV-Merkel-PR-Coup, verwirklicht wird. Es handelt sich um einen filigranen und äußerst störanfälligen Komplex. Der Prozess und das Geflecht aller aneinanderknüpfenden organisationsbezogenen Entscheidungen *sind* dann aus Sicht der luhmannschen Organisationstheorie die Organisation. (Und nun noch eine Botschaft an den HSV: Frau Merkel ist gebürtige Hamburgerin! Zweifellos weiß sie, wie man gewinnt. Und wer weiß, wozu man sie gewinnen kann, wenn man es klug anstellt ...)

Diese Überlegungen rund um Entscheidungen in Organisationen führen zu folgender fundamentaler Schwierigkeit: Der Entscheider hat die Entscheidung nicht in der Hand. Das gilt für alle Entscheider (und Entscheidungen) auf allen Ebenen der Organisation. Es mag wichtig sein, dass er die Illusion der Kontrolle hat oder dass diese Illusion als kollektive Konstruktion in der Organisation gepflegt wird. Mancher Manager versucht, sich dieser Schwierigkeit zu entziehen, indem er besonders forsch und entschieden auftritt. Das ist eine Stilfrage, die je nach Kontext durchaus im Sinne einer beabsichtigten Entscheidung Wirkung zeigen kann. An der Grundproblematik ändert sie jedoch nichts. Erschwerend kommt hinzu, dass Entscheidungssituationen eigentlich immer paradox sind. Wenn eine »Entscheidung« quasiobjektiv ausrechenbar ist, wie die Frage nach dem Ergebnis der Rechenaufgabe »zehn mal zehn«, ist sie nicht wirklich eine Entscheidungsfrage. Denn die Regeln der Mathematik determinieren das Ergebnis. Was wäre da noch zu entscheiden, sofern man unterstellt, dass die Regeln der Mathematik gelten sollen? In gleicher Weise schreiben die Regeln der Bilanzierung dem Manager vor, wie die Struktur der Aktiv- oder der Passivseite einer Bilanz auszusehen hat. Daran kann der Bilanzverantwortliche nichts ändern. Seine Entscheidungsfreiheit fängt eigentlich erst da an, wo er sich zwischen verschiedenen Arten der Bilanzmanipulation entscheiden muss. Die Frage, ob eine neue Produktionsstätte für Automobile an der Grenze zwischen Nord- und Südkorea errichtet werden soll, lässt sich nicht ausrechnen, muss aber trotzdem entschieden werden. Errechenbare Lösungen fordern keine

Entscheidung. Frei sind wir in unseren Entscheidungen immer nur, wenn es um Entscheidungen geht, deren Ergebnisgüte wir nicht im Vorhinein kalkulieren können. Auf dem Spektrum zwischen hundertprozentiger Determiniertheit und vollkommener Unsicherheit bewegen wir uns nun in Bereichen der (Vor-)Ahnung, der Spekulation und Intuition, der Risiko- und Chancenabschätzung oder, wie die Briten sagen, des *educated guess*. In jedem Fall aber befinden wir uns in einer Lage erheblicher, unleugbarer Ungewissheit. Wir werden

»zu Metaphysikern, ob wir uns nun so nennen oder nicht, wenn wir Fragen entscheiden, die prinzipiell unentscheidbar sind« (von Foerster 1993, S. 70).

Zur Aufgabe von Managern gehört es offensichtlich, das Ausrechenbare ausrechnen zu lassen und dort Entscheidungen zu treffen, wo die Kalkulierbarkeit an ihre Grenzen stößt. Michael Kühn weist in seiner strukturhermeneutischen Untersuchung der Krisenerfahrungen von Führungskräften darauf hin, dass Widersprüche, Dilemmata und Paradoxa mehr und mehr den Alltag von Führungskräften bestimmen und dass gerade in ihrer Bewältigung »die Qualität und der eigentliche Mehrwert von Management und Führung« (Kühn 2020, S. 85) liegt. Ergo ist die Unternehmensführung eine metaphysische Disziplin, und Manager sind eine Kaste von Metaphysikern, in der modernen, von Großorganisationen geprägten Welt sogar eine äußerst einflussreiche Kaste. Wenn, zum Beispiel in der Betriebswirtschaftslehre, mit dem Terminus »Entscheidungen bei Unsicherheit« operiert wird, ist das Wort »Unsicherheit«, streng genommen, redundant, denn der Begriff und das Wesen der »Entscheidung« bergen in sich bereits das Element der Unsicherheit. Solche Modelle arbeiten mit der Anmutung, Nichtausrechenbares doch ausrechnen zu können, und tun dies mithilfe von zahlreichen Annahmen über zum Beispiel die richtigen Bewertungskriterien oder Wahrscheinlichkeiten. Die Einführung einer Annahme ist aber wiederum nichts anderes als die Entscheidung von etwas prinzipiell Unentscheidbarem im Sinne von Unausrechenbarem. Woher wollen wir wissen, wie hoch die Eintrittswahrscheinlichkeit eines heißen Krieges zwischen Nord- und Südkorea ist? Wer kann vorhersagen, ob und wann eine US-amerikanische Immobilienblase zu einer neuerlichen globalen Finanzkrise führen wird? Wer hat vorausgesehen, dass das Coronavirus die Welt in Atem halten und die Supermarktregale für Toilettenpapier leer fegen würde? Wir haben es bei der Entscheidung also mit einem elementaren, metaphysisch durchtränkten Ereignis zu tun, welches konstitutiv für die Organisation ist und letztlich die Kernaufgabe ihrer Manager-Metaphysiker. Entscheidungen bringen die Organisation im Wortsinne voran, wenn man Organisation als Prozess aneinanderknüpfender Entscheidungen oder als Entscheidungsgeflecht versteht. Sie sorgen gewissermaßen dafür, dass es weitergeht. Und sie sollen dazu beitragen, dass Probleme gelöst werden. Schauen wir uns nun den Begriff der Lösung aus der Perspektive des Zen an.

Lösungen sind da, wenn sich etwas gelöst hat

In Beratungs- und Coachingsituationen geht es darum, dass bestimmte Anliegen eines Klienten reflektiert werden mit dem Ziel zu klären, welche Möglichkeiten er hat, mit ihnen umzugehen. Es werden konkrete Antworten auf drängende Fragen gesucht, und nicht selten leidet der Coachee unter einem erheblichen Problemdruck. Dann konsultiert er seinen Berater mit dem Leidensdruck eines Menschen, der unbedingt die Lösung für sein Problem sucht. Nicht selten handelt es sich dabei um die Frage, welche Managemententscheidung er treffen soll. Hier verknüpft sich das Element der Entscheidung im Prozess der Organisation mit dem Aspekt von Problemlösungen im Coaching. In der Dynamik dieser Situation stellt sich die Frage, welche Rolle der Berater dabei spielt. Ist er der Troubleshooter, der mit Scharfsinn, fachlicher Expertise und Erfahrung die Lage erfasst, die Lösung für den Klienten erarbeitet und sie ihm mundgerecht präsentiert, um ihn dann gegebenenfalls bei der Umsetzung zu unterstützen? Oder folgt er methodisch der Tradition eines puristischen Coachingverständnisses, was bedeutet, dass er niemals konkrete Vorschläge für Lösungen unterbreiten würde, sondern sich ganz und gar darauf konzentriert, dass der Coachee »seine« Lösung findet? Die folgenden Worte richtet ein Lehrer in der Kunst des Bogenschießens an seinen Schüler:

»Sie können von einem gewöhnlichen Bambusblatt lernen, worauf es ankommt. Durch die Last des Schnees wird es herabgedrückt, immer tiefer. Plötzlich rutscht die Schneelast ab, ohne dass das Blatt sich gerührt hätte. Verweilen Sie, ihm gleich, in der höchsten Spannung, bis

教練

Helfen und Handeln

Beratung, Coaching, Supervision

Carl-Auer

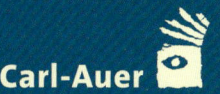

Christiane Lüschen-Heimer
Uwe Michalak
Werkstattbuch systemische Supervision
223 Seiten, Kt, 2019
€ (D) 34,95/€ (A) 36,–
ISBN 978-3-8497-0311-0
auch als eBook

„Wie ist systemische Supervision in der Praxis, und wie wird sie gelehrt und gelernt? Zu diesen Fragen finden sich in diesem Buch viele Antworten. Da es systemische Antworten sind, umfassen sie eine große Sammlung von Fragen, die selbst zu weiteren Fragen anregen. Ob Einsteiger, Fortgeschrittene oder Ausbilder – sie alle werden mit Sicherheit beim Lesen dieses Buch profitieren."
Hans Schindler
Bremer Institut für systemische
Therapie und Supervision

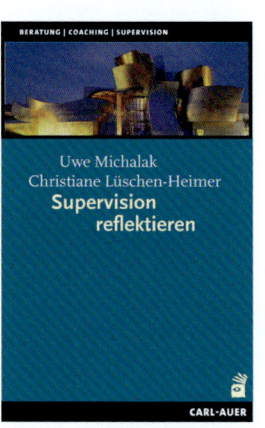

Uwe Michalak
Christiane Lüschen-Heimer
Supervision reflektieren
ca. 104 Seiten, Kt, 2020
ca. € (D) 21,95/€ (A) 22,60
ISBN 978-3-8497-0355-4
auch als eBook

Zwei erfahrene Autoren und Supervisoren liefern hier Kriterien für die professionelle Selbstreflektion. Das Buch liefert einer theoretischen Grundlage auch reichlich Inspiration für neue Aspekte in der eigenen Arbeit. Kollegiale Reflexion gewinnt!

Auf **www.carl-auer.de** bestellt – deutschlandweit portofrei geliefert!

Mechtild Erpenbeck
Wirksam werden im Kontakt
Die systemische Haltung im Coaching

130 Seiten, Kt, 3. Aufl. 2020
€ (D) 17,95/€ (A) 18,50
ISBN 978-3-8497-0183-3
auch als eBook

„Das Buch ist eine schöne Wanderung durch Praxisbeispiele aus der Coaching- und Beratungsarbeit, begleitet von wohldosierter Theorie und Querbezügen zur Reflexion der eigenen Haltung. Die ethischen Leitideen begleiten den Leser mit der Aufforderung, immer wieder aufs Neue bei sich selbst anzufangen."

Rainer von Arx, BSO-Journal 12/2017**

Heidi Neumann-Wirsig
Jedes Mal anders
50 Supervisionsgeschichten und viele Möglichkeiten
Mit einem Vorwort von Gunther Schmidt

281 Seiten, Kt, 3. Aufl. 2017
€ (D) 29,95/€ (A) 30,80
ISBN 978-3-89670-735-2

Heidi Neumann-Wirsig stellt 50 Fallvignetten vor, die einen Querschnitt durch die typische Supervisionspraxis geben. Die Kurzbeschreibungen zeigen Einzel-, Gruppen-, Teamsupervisions- und Coachingszenen zu einem bestimmten Zeitpunkt im Beratungsprozess. Zu jeder Vignette werden systemisch-lösungsorientierte Interventionen und Tools angeboten, die sich in der Praxis bewährt haben.

„Heidi Neumann-Wirsig gehört zu den erfahrensten Supervisorinnen im deutschsprachigen Raum. Ihre Supervisionsgeschichten sind ein Schatz, und sie demonstrieren, wie gute Supervision gelingen kann."

Fritz B. Simon

Torsten Nicolaisen
Emotionen in Coaching und Organisationsberatung
45 Praxis-Tipps für den Umgang mit bewegten Gemütern

208 Seiten, Kt, 2019
€ (D) 29,95/€ (A) 30,80
ISBN 978-3-8497-0273-1
auch als eBook

„Ein hervorragendes, inhaltlich fundiertes und praktisch anwendbares Buch über ein zentrales Thema in der Beratung!"

managerSeminare

„Das Buch ist sehr empfehlenswert für all jene, die in Organisationen oder in Coachingsettings mit Emotionen zu tun haben und mit ihnen gut arbeiten wollen."

Prof. Dr. Ruth Simsa
Wirtschaftsuniversität Wien

MSc Wilhelm Geisbauer
Führen mit Neuer Autorität
Stärke entwickeln für sich und das Team

166 Seiten, Kt, 2018
€ (D) 19,95/€ (A) 20,60
ISBN 978-3-8497-0219-9
auch als eBook

„Wir schätzen Wilhelm Geisbauers Versuch, die Neue Autorität in Verbindung mit dem lösungsorientiert-systemischen Ansatz, Rosenbergs Kommunikationsmodell, dem Salutogenese-Modell nach Antonovsky und weiteren bewährten Konzepten zu bringen. Dieser Versuch erscheint uns außerordentlich gut geglückt."

Claudia Seefeldt und Hansjürg Lusti
Institut für systemische Impulse, Zürich

Carl-Auer Verlag

Auf www.carl-auer.de bestellt – deutschlandweit portofrei geliefert!

BERATUNG | COACHING | SUPERVISION

Ben Furman / Tapani Ahola
Es ist nie zu spät, erfolgreich zu sein

Ein lösungsfokussiertes Programm für Coaching von Organisationen, Teams und Einzelpersonen

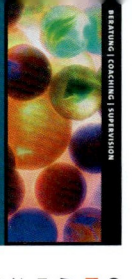

Ben Furman / Tapani Ahola
Es ist nie zu spät, erfolgreich zu sein
Ein lösungsfokussiertes Programm für Coaching von Organisationen, Teams und Einzelpersonen
Aus dem Englischen von Nicola Offermanns
136 Seiten, Kt, 2. Aufl. 2016
€ (D) 19,95/€ (A) 20,60
ISBN 978-3-8497-0132-1

Ein Ziel ins Auge fassen und erreichen, die eigene Motivation stärken, Veränderungsprozesse steuern und erfolgreich sein – wer möchte das nicht? Das lösungsfokussierte Programm führt in logisch aufeinander aufbauenden Schritten durch Veränderungsprozesse in Teams und Organisationen sowie im persönlichen Alltag – zielorientiert, nachvollziehbar und leicht umzusetzen.

COACHING | BERATUNG

Gabriela von Witzleben
Das triadische Prinzip

Minimalinvasive Psychologie mit Bauch, Herz und Kopf

Gabriela von Witzleben
Das triadische Prinzip
Minimalinvasive Psychologie mit Bauch, Herz und Kopf
208 Seiten, Kt, 2019
€ (D) 29,95/€ (A) 30,80
ISBN 978-3-8497-0281-6
auch als eBook

„Das Triadische Prinzip integriert Elemente aus Systemaufstellung, Ego-State-Therapie und PEP. Gabriela von Witzleben ist eine wahre Meisterin der Analyse psychologischer Grundlagen menschlichen Verhaltens."
Prof. Dr. Martin Wikelski, Universität Konstanz

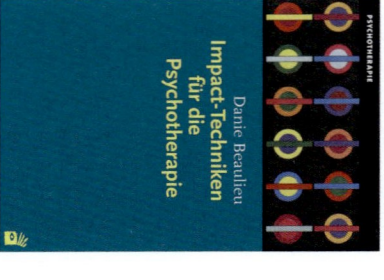

PSYCHOTHERAPIE

Danie Beaulieu
Impact-Techniken für die Psychotherapie

Danie Beaulieu
Impact-Techniken für die Psychotherapie
Aus dem Französischen von Gisela Dreyer
144 Seiten, 23 Illustrationen, Kt, 7. Aufl. 2017
€ (D) 19,95/€ (A) 20,60
ISBN 978-3-89670-444-3

Kreative Bilder, Symbole und Metaphern hinterlassen oft bleibenden Eindruck (= Impact). Danie Beaulieu setzt in ihrer therapeutischen Arbeit zusätzlich darauf, ihren Klienten neue Sichtweisen auf mehreren Sinneskanälen zu präsentieren: auditiv, visuell, kinästhetisch. Das Spektrum der Störungen, bei deren Behandlung Impact-Techniken eingesetzt werden können, ist genauso breit gefächert wie die möglichen Zielgruppen und Settings.

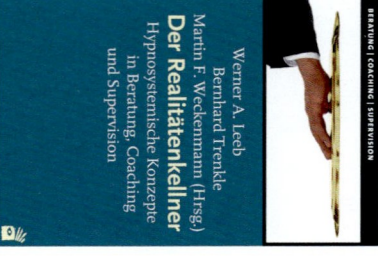

BERATUNG | COACHING | SUPERVISION

Werner A. Leeb
Bernhard Trenkle
Martin F. Weckenmann (Hrsg.)
Der Realitätenkellner
Hypnosystemische Konzepte in Beratung, Coaching und Supervision

Werner A. Leeb / Bernhard Trenkle
Martin F. Weckenmann (Hrsg.)
Der Realitätenkellner
Hypnosystemische Konzepte in Beratung, Coaching und Supervision
393 Seiten, Kt, 2. Aufl. 2017
€ (D) 39,–/€ (A) 40,10
ISBN 978-3-89670-469-6

Hier lassen sich 25 renommierte Praktiker und Autoren bei der täglichen Arbeit mit Klienten in unterschiedlichen Kontexten über die Schulter schauen. Dabei werden sowohl die Bandbreite des hypnosystemischen Ansatzes als auch seine jeweilige Ausgestaltung sichtbar. Man erhält vielfältige Anregungen zum eigenständigen Einsatz in den unterschiedlichsten Praxisfeldern.
Eine gelungene Hommage an Gunther Schmidt.

Auf www.carl-auer.de bestellt – deutschlandweit portofrei geliefert!

Carl-Auer Verlag

der Schuss fällt. So ist es in der Tat: Wenn die Spannung erfüllt ist, muss der Schuss fallen, er muss vom Schützen abfallen wie die Schneelast vom Bambusblatt, noch ehe er es gedacht hat« (Herrigel 1951, S. 60).

Jener Schüler, dem diese Worte galten, ist der Autor des Buches *Zen in der Kunst des Bogenschießens*. Eugen Herrigel, ein deutscher Theologe und Philosoph, der in den 1920er-Jahren in Japan den traditionellen Umgang mit Pfeil und Bogen im Geiste des Zen erlernte. Er schildert hier eine Unterrichtsszene, in der sein Lehrer ihm mithilfe dieses eindringlichen Bildes vom schneebedeckten Bambusblatt die Essenz des Bogenschießens nach japanischem Verständnis und gleichzeitig das Wesen des Zen nahebringt. Der Pfeil wird nicht abgeschossen, er löst sich von Bogen und Sehne wie der Schnee vom Bambusblatt. Es geschieht, wann es geschehen muss und ist keine willentliche Tat des Schützen. Der führt es nicht bewusst und aktiv herbei, er muss vielmehr in der Lage sein, es zuzulassen. Seine Aufgabe besteht in einem tieferen Sinne darin, mit diesem Geschehen eins zu werden. Dabei muss er darauf achten, sich diesem natürlichen Vorgang nicht in den Weg zu stellen, sondern gewissermaßen seinem Fluss zu folgen. Das klingt in den Ohren westlich erzogener Menschen paradox. Ist denn nicht das Ziel des Bogenschießens, einen möglichst guten Schuss abzugeben? Sollte der Schütze nicht all seine Geschicklichkeit und Konzentration einsetzen, um genau dieses Ziel zu erreichen? Müsste er nicht möglichst gut zielen, um den Schuss genau dann abzugeben, wenn er so sicher wie nur irgend möglich sein kann, das Ziel zu treffen? In der Haltung des Zen betrachten wir die Situation

2 Der innere Zusammenhang zwischen Zen und Systemtheorie

aus einer anderen Perspektive. Wir vertrauen darauf, dass das Richtige geschieht, und sind nicht der Akteur, der planmäßig eine Reihe von Handlungen vollzieht, um auf ein richtiges Ergebnis zuzusteuern. Wir stehen nicht im Zentrum dieses Geschehens, welches sich um eine Problemstellung herum abspielt, sondern sind ein wenngleich bedeutsames Element seiner Rahmenbedingungen. Wenn es darum geht, dass ein Problem eine Lösung braucht, so führen wir nicht die Lösung herbei, sondern wir tun das in unserer Macht Stehende, damit »es sich lösen« kann. Bildhaft können wir uns das so vorstellen, dass der Fluss des lösenden Geschehens möglichst ungehindert fließen soll. Dazu gehört zunächst und in erster Linie, dass wir alles unterlassen, was uns in die heroische Rolle des Problemlösers versetzt, der aktiv interveniert, um ein Problem aus der Welt zu schaffen. Dieser Verzicht auf Aktivität darf aber nicht mit Passivität verwechselt werden. Wir stehen auch nicht außerhalb des Spielfeldes und schauen mehr oder weniger interessiert zu, was dort vor sich geht. Wir sind keine unbeteiligten Beobachter. Unsere Beteiligung findet in einem dritten Modus statt, der weder mit »Aktivität« noch mit »Passivität« zutreffend beschrieben wird. Sie erfordert einen hohen Grad an Aufmerksamkeit, die man als Wachheit mit allen Sinnen beschreiben könnte. Diese Wachheit werden wir am ehesten erreichen, wenn wir uns in den äußerst anspruchsvollen Zustand versetzen, mit Körper, Geist und Seele im Jetzt, also präsent zu sein. Auf diese Weise gelangen wir in einen Arbeitsmodus, der uns aufnahmefähig für die ganzheitliche Komplexität der Problemsituation macht, ohne dass wir jedes Detail der Situation analytisch im Griff haben wollen. Wir stellen eine Verbundenheit zwischen uns, unserem Klienten und seiner Lage in diesem ganzheitlichen Sinne her.

Auf die Frage zurückkommend, welche Rolle der Berater spielen soll, wenn er es mit einem Klienten zu tun hat, der die Lösung für sein Problem sucht, wird deutlich, dass er weder der Troubleshooter noch der puristische Coach ist, wenn er eine Haltung im Sinne des Zen einnimmt. Er versteht sich nicht als Experten, der sich gut genug auskennt, um den richtigen Rat zu erteilen. Er sieht sich selbst aber auch nicht in der Rolle des prozessorientierten Begleiters, der kraft seiner Methodenkompetenz den Klienten systematisch dazu anleitet, sein Problem selber zu lösen. Vielmehr begibt er sich als Person in seiner Ganzheit in den Dialog mit seinem Klienten und dessen Lage.

Ein wesentlicher Unterschied zur Expertenrolle und zur Rolle des Methodengurus ist, dass der Berater eine symmetrische, nämlich dialogische Beziehung zu seinem Klienten herstellt. Er begibt sich auf Augenhöhe mit ihm, steigt also bewusst aus der Dynamik der asymmetrischen »Arzt-Patienten-Beziehung« aus. Damit begibt er sich der Macht, die allen asymmetrischen Konstellationen eigen ist, und er gibt die Sicherheit und Legitimierung auf, die ihn als Fach- oder Methodenexperten in der Beratung stützt. Im Zustand dialogischer Präsenz entsteht zwischen Berater und Klient eine Sphäre, in der sich die Lösungen ergeben können, welche den Klienten in die Lage versetzen, nützliche Entscheidungen im Sinne seines Anliegens zu treffen. Nicht selten haben solche Lösungen und Entscheidungen eine erlösende oder befreiende Wirkung.

> Jochen G. kam vor einigen Jahren auf Empfehlung eines lieben Kollegen zu mir ins Erstgespräch. Er war ein mittelständischer Unternehmer, schlank, groß gewachsen, ungewöhnlich athletisch – Extremkletterer, wie ich später erfuhr. Im Kontrast zu seiner sonstigen Erscheinung stand der auffällig traurige Ausdruck in seinen Augen. Er brauchte Hilfe, konnte sein Anliegen aber nicht präzise formulieren. Das ist an sich nicht ungewöhnlich. Es kommt häufig vor, dass Klienten ein Bedürfnis nach Unterstützung spüren, ohne exakt formulieren zu können, welcher Bedarf und Auftrag daraus resultieren soll. Allerdings spürte ich sehr deutlich, dass die üblichen Auftragsklärungstechniken bei diesem Klienten nicht greifen würden. Es war auch offensichtlich, dass Jochen G. ziemlich skeptisch in Bezug auf ein mögliches Coaching war. Er wirkte auf mich wie ein verwundetes Tier, das nicht recht weiß, zu welchem Wesen es zutraulich sein kann, ohne weitere Verletzungen zu riskieren. Ich sah keine andere Möglichkeit, als mich ihm im Gespräch aufmerksam zuzuwenden und einfach präsent zu sein. So erzählte er mir von seiner Firma und ihrer interessanten Geschichte.

Das Unternehmen war durchaus erfolgreich, die Auftragslage zufriedenstellend und die Mitarbeiter motiviert und loyal. Die äußeren Umstände waren also völlig in Ordnung. Allerdings gab es ein Problem. Er berichtete mir von einer imaginären Schwelle, über die er jeden Morgen steigen müsse, um in seine Firma zu gelangen, und dass es ihm zunehmend schwerer falle, diese Schwelle zu überwinden, ja dass er erhebliche Aversionen dagegen empfinde. An dem Punkt wurde mir klar, dass sein Fall die Grenzen meiner Professionalität strapazieren könnte und möglicherweise eher ein Psychotherapeut als ein Coach gefragt sein würde. Darauf sprach ich ihn ganz offen an und war erleichtert zu erfahren, dass er bereits in therapeutischer Behandlung war und sich dort auch gut aufgehoben fühlte. Damit war eine Last von unserem Gespräch genommen, und ich fühlte mich freier, mich weiter mit ihm der Exploration seines Anliegens zu widmen. Nun wurde auch ihm deutlich, dass er mit mir eigentlich nur über seine Rolle als Eigentümer und Geschäftsführer reden wollte. Damit befanden wir uns vermeintlich im wohldefinierten Bereich des klassischen Executive Coaching. Getreu dem Grundsatz »Energy flows where the attention goes« (»Die Energie folgt der Aufmerksamkeit«) sprangen wir jedoch sogleich wieder aus dieser Schublade. Meine Aufmerksamkeit richtete sich auf eine ungewöhnliche Stelle, und die Energie floss in eine vollkommen unvermutete Richtung. Und das Ganze geschah ohne Absicht, Ziel oder Plan. Ich sah nämlich in seine traurigen Augen, und plötzlich kam mir eine Frage in den Sinn, die ganz und gar nicht *businesslike* war. Als sich diese Frage in meinem Bewusstsein formulierte, spürte ich jedoch ein seit Langem bewährtes Körperempfinden, welches mir das untrügliche Signal von Relevanz gab. Dabei handelt es sich um das Gefühl eines Schauers, der sich vom Nacken über meinen gesamten Rücken hinunterbewegt. Wenn ich diesen eher kühlen Schauer spüre, weiß ich, dass ich auf einer heißen Spur bin. Deshalb habe ich mir angewöhnt, nicht zu zögern und voller Vertrauen meiner sich in aller Regel damit einstellenden Eingebung spontan zu folgen. Also fragte ich an jenem Tag Jochen G.:

»Was nährt Ihre Seele?«

Augenblicklich traten Tränen in seine Augen. Er schwieg eine Zeit lang, blickte zu Boden und atmete tief durch. Dann sah er wieder auf und teilte mir mit, dass er die Frage nicht beantworten könne, aber froh sei, nun Worte für eine Frage zu haben, die er vorher nicht zu formulieren in der Lage gewesen sei. Die Zeit unseres Erstgespräches war vorüber, und Jochen G. entschied sich für das Coaching. Ich wusste faktisch nicht viel mehr über sein Anliegen als am Anfang unserer Unterhaltung, aber ich wusste, dass sich bei ihm etwas gelöst hatte, was ihn der Lösung seines Problems nähergebracht hatte. Manchmal verhält sich eine Lösung wie ein scheues Reh, das im Wald am Rand einer Lichtung steht. Wir wünschen uns, dass es auf die Lichtung tritt und sich in seiner ganzen Anmut zeigt. Wie sollten wir uns verhalten?

Im weiteren Verlauf der Arbeit mit Jochen G. ergaben sich zwei parallele Beratungsprozesse. Einerseits war für ihn das Vieraugengespräch sehr wichtig, und gleichzeitig wollte er einen Prozess mit seinen Mitarbeitern anstoßen. Aus dem Teamprozess entwickelte sich dann ein alle sechs bis acht Wochen stattfindender Termin, der der Strategieentwicklung diente. Im Laufe der folgenden Monate wurde die imaginäre Schwelle kleiner, Jochen G. stabilisierte sich, und es fand regelmäßig ein zunehmend offenherzig werdender Teamdialog in den Strategierunden statt. Mein Klient profitierte davon, seine verschiedenen Rollen analytisch auseinanderzuhalten, und die Mitarbeiter gewannen aus der intensiven Beteiligung Orientierung und Sicherheit hinsichtlich der weiteren Unternehmensentwicklung. Außerdem wurde ein hochkarätiger neuer Mitarbeiter eingestellt, der starke kaufmännische und akquisitorische Fähigkeiten mitbrachte. Er sollte Jochen G. in der Gewinnung neuer Aufträge unterstützen und gleichzeitig eine einflussreiche interne Rolle übernehmen. Alles war auf einem sehr guten Weg. Warum erzähle ich diesen konventionellen Teil des Beratungs- und Organisationsentwicklungsprozesses? Die Antwort: weil er am Ende doch noch einen ungewöhnlichen Verlauf nahm. Als ich nämlich das Gefühl hatte, dass meine Mission erfüllt war, nahm dieser Weg eine Abzweigung, die eine radikale Wendung mit sich brachte. Mein Klient erwog, seine Firma zu verkaufen. Nachdem nun die Last der Umsatzverantwortung und damit auch der Arbeitsplatzsicherung für seine Mitarbeiter und der internen kaufmännischen Organisation nicht mehr allein auf seinen Schultern lag, erlangte er die mentale und emotionale Freiheit, sich zu fragen, was er mit dem Rest seines Lebens anzufangen gedachte. Wie er mir berichtete, widmete er sich diesem Vorhaben mit einer Schlüsselfrage:

»Was nährt meine Seele?«

Es war nur ein weiteres Vieraugengespräch nötig, und dann stand der Entschluss fest. Einen Käufer gab es auch schon, nämlich den hochkarätigen neuen Mitarbeiter.

Jochen G. und ich haben auf diese Lösung nicht systematisch und planvoll hingearbeitet. Wir haben viele kleine Schritte unternommen, die in die richtige Richtung zu gehen schienen, aber der Schlusspunkt war dann ein völlig anderer, als normalerweise erwartbar gewesen wäre. In jeder Situation ergibt sich eine neue Lage mit neuen Möglichkeiten. Projektiertes Vorgehen und Planung bergen die Gefahr, dass Chancen ungenutzt bleiben. Nicht zu planen: Das ist auch eine Strategie. Ich werde später noch einmal auf die Arbeit mit diesem ungewöhnlichen Klienten zurückkommen. Sie war für mich lehrreich und inspirierend. Letztlich hat sie erheblich zur Entstehung dieses Buches beigetragen.

Dahinter steckt eine strategische Haltung

Das scheinbar triviale Naturgeschehen der vom Bambusblatt rutschenden Schneelast versinnbildlicht die Last, die von Jochen G.s Schultern wich. In seinem Falle brachte dieses Geschehen dann Entscheidungen mit sich, auf die wir nicht hätten systematisch hinarbeiten können. Denn jede einzelne Entscheidung rückte unvorhersehbare neue Entscheidungsoptionen in den Horizont unseres Bewusstseins. Diese Entscheidungen haben in jeder Hinsicht etwas gelöst. Das Bambusblattbild steht aber auch für ein Prinzip, welches in sehr viel größerem Maßstab eine wichtige Rolle spielt. Es ist ein elementarer Bestandteil der großen chinesischen Tradition im strategischen Denken (vgl. Jullien 1999). Demnach richtet der chinesische Stratege seine Aufmerksamkeit auf das Potenzial einer Situation. Statt zu überlegen, was er aus ihr »machen« kann, bemüht er sich darum, ihre Neigung oder »Rissigkeit« (vgl. ebd., S. 110 ff.) bzw. ihr Potenzial zu erkennen. Wie wird sich die Situation entwickeln? Wohin wird sich das Geschehen in ihr wenden? Wie kann ich diese Wendung im Sinne meiner Ziele nutzen? Das sind Fragen, die er sich stellt. In diesem Sinne ist der chinesische Stratege eigentlich ein Diagnostiker der Situation. Dies ist aber keineswegs nur eine fernöstliche Art zu denken. Schauen wir einmal auf den in der westlichen Hemisphäre so beliebten Fußballsport. Über besonders erfolgreiche Fußballer, vor allem die sogenannten Regisseure oder Spielmacher, sagt man, dass sie nicht nur in der Lage sind, ein Spiel zu gestalten, sondern auch ein Spiel zu »lesen«. Das ist nichts anderes als das Erspüren des Situationspotenzials. Wer sich ein bisschen mit Fußball beschäftigt hat, weiß, wie schnell das »Blatt sich wenden« kann, wie ein Spiel »kippen« kann. Wenn der Spielmacher einer im Rückstand liegenden Equipe diesen Kipppunkt, diese Rissigkeit, erkennt und das in der Situation liegende Potenzial ausschöpft, kann sich das Blatt wenden. Ähnlich verhält es sich mit dem Schachspiel. Solange das Spiel offen ist, müssen die Spieler sich nach jedem eigenen Zug auf eine nicht planbare, neue Situation einstellen, die durch den nächsten Zug des Gegners erzeugt wird. Fußballer, Strategen und Schachspieler ziehen ihren Vorteil daraus, dass sie früher als andere verstehen, was das Potenzial einer Situation ausmacht und wie man dieses Potenzial nutzen kann. So wie eine Fußballmannschaft das nächste Match nicht von der ersten bis zur letzten Minute durchplanen kann, hat der chinesische Stratege keinen Ehrgeiz vorherzusehen, was alles in der Zukunft passieren wird. Er stellt sich auch nicht vor, diese Zukunft aktiv gestalten zu können. Er denkt nicht planend in Richtung auf ein bestimmtes Ziel voraus in die Zukunft, sondern ist hellwach und aufmerksam im Jetzt. Seine Aufmerksamkeit richtet sich auf die imaginäre Schnittstelle zwischen jetzt und gleich. Diese Wachheit und Aufmerksamkeit mit allen Sinnen könnte man als »Präsenz« bezeichnen.

Hier zeigt sich aber auch ein wesentlicher Unterschied zwischen den Strategien im Fußball auf der einen Seite und im Schachsport auf der anderen Seite. In der Kunst der Schachmeister hat die schachspezifische kognitive Komponente ein besonderes Gewicht. Man weiß zwar, dass professionelle Spitzenspieler auch eine gute körperliche Konstitution und Kondition sowie ein ordentliches Maß seelischer Stabilität brauchen, um in strapaziösen Turnieren mithalten zu können. Aber im eigentlichen Spiel »rechnen« sie die Varianten der Spielentwicklung eher durch, als dass sie »spüren«, was in ihr steckt. Sie können sich auch nicht mit schierer Körperkraft gegen die Angriffe ihrer Gegner stemmen. Kenner der Szene erinnern sich an das Jahr 1997, als Schachweltmeister Gari Kasparow das Match gegen einen Schachcomputer namens »Deep Blue« verlor. Der erfolgreiche Einsatz eines Rechners gegen einen erfahrenen Großmeister ist ein Indiz für die prinzipielle Berechenbarkeit des Schachspiels, sodass Analysefähigkeit im Sinne programmierbarer Rechenkapazität bei allem Variantenreichtum der erfolgskritische Faktor im Schach ist. Dies ist bei einem Fußballspiel anders. Der Rasensport ist prinzipiell unvorhersehbar und somit nicht plan- oder ausrechenbar. Es macht seine besondere Attraktivität aus, dass sekündlich etwas Unvorhergesehenes passieren kann. Ein Fußballmatch ist in jedem Augenblick voller Kontingenz. Damit ist gemeint, dass man nie wissen kann, was als Nächstes geschieht. In kontingenten Situationen praktiziert man am besten die Haltung des chinesischen Strategen. Man lässt sich ganz und gar auf die Schnittstelle zwischen jetzt und gleich ein – getreu dem Motto: Erstens kommt es anders, und zweitens, als man denkt. Wenn wir die

2 Der innere Zusammenhang zwischen Zen und Systemtheorie

Coachingsituation im Geiste des Zen interpretieren, werden wir sie eher mit einem Fußballspiel als mit einem Schachspiel vergleichen. In dem Maße, wie wir als Berater auf Instrumente, Systematiken oder Modelle zurückgreifen, nähern wir uns jedoch der Schachlogik an. Dabei haben wir, um im Bild zu bleiben, als Coachs die weißen Figuren und dürfen den ersten Zug ausführen. Wir spielen eine Eröffnung, die ein bestimmtes Spektrum uns wohlbekannter Varianten nach sich zieht, in dem wir zum Beispiel ein Persönlichkeitsverfahren wie den »Myers Briggs Type Indicator« anwenden. Damit ist das weitere Geschehen in gewisser Weise gebahnt. Typenbeschreibungen im Spannungsfeld von zum Beispiel Extra- und Introversion oder Denken und Fühlen sind ausführlich vorgedacht. Es gibt entsprechendes Material, wie damit umgegangen werden kann, und der Seriosität halber vermeidet man das Schubladendenken. Für beide, Coach und Coachee, bringt ein solcher toolgestützter Prozess ein erhebliches Maß an Sicherheit mit sich, und beide setzen sich nur noch einem einigermaßen kontrollierbaren Maß an Ungewissheit aus.

Folgen wir jedoch der Fußballmetapher, springen wir in einen Raum dauernder Unsicherheit, in dem es gilt, jederzeit die Situation so anzunehmen, wie sie sich gerade in dem Moment zeigt. Mit diesen Überlegungen rückt die Tätigkeit eines Beraters nolens volens in die Nähe der Improvisation. Nachdem wir bereits erkannt haben, dass der Manager als Entscheider eigentlich ein Metaphysiker ist, stellt sich unsere Beraterrolle nun als die eines Improvisationskünstlers dar. Für beide ist es hilfreich, eine ganz bestimmte Eigenschaft zu entwickeln, nämlich loslassen zu können.

Lass bloß los!

Als ich einmal das Vergnügen hatte, im Rahmen eines Beratungsprojektes mit professionellen Improvisationskünstlern[13] zu arbeiten, ging mir auf, dass der Schlüssel für eine gelingende Improvisation darin liegt, eine zen-buddhistische Grundhaltung einzunehmen. Einer der Künstler führte mit dem Managementteam meines Klienten und mir eine scheinbar einfache Übung durch, um zu zeigen und erfahrbar

---

[13] Da es eine durch und durch wundervolle Erfahrung war, möchte ich hier gerne den Namen des Ensembles nennen. Es handelt sich um »Drei Kölsch, ein Schuss«. Die Arbeit mit dieser Truppe war charmant, inspirierend und sympathisch zugleich.

zu machen, wie Improvisation funktioniert. Dazu sollten wir uns im Kreis aufstellen und gemeinsam eine Geschichte erfinden und erzählen. Dies geschah in der Weise, dass der Erste das erste Wort der Geschichte aussprach und dann reihum nacheinander von jedem Teilnehmer je ein weiteres Wort hinzugefügt wurde. Bevor man selbst an die Reihe kam, entwickelten sich nach und nach bestimmte Sinnzusammenhänge. Nun war zu beobachten und auch zu spüren, dass die Ideen für eine Fortsetzung des gerade aktuellen Zusammenhangs von Teilnehmer zu Teilnehmer stark variieren konnten. Es war offensichtlich, dass die meisten von uns in eine Art Planungsfalle tappten. Wenn man beispielsweise eine Idee hatte, wie es weitergehen sollte, aber noch nicht an der Reihe war, so machte man regelmäßig die Erfahrung, dass diejenigen, die vorher über Geschick und Wendungen der Geschichte entscheiden durften, jeweils ganz andere, meist überraschende Erzählrichtungen einschlugen. Wer dann gewissermaßen planmäßig an seiner ursprünglichen Idee festhielt, musste zwangsläufig scheitern. Anhaften führte zwingend zu Misslingen. Der Verlauf der Geschichte passte nicht mehr zur eigenen Idee, und das löste dann häufig eine psychische Krise aus. Zunächst war man frustriert, die eigenen Vorstellungen von der Entwicklung der Geschichte nicht umsetzen zu können, und dann musste man mühevoll nach einer Fortsetzung suchen, die zu ihrem aktuellen Stand passte. Der Zustand der Frustration erwies sich aber für die kreative Wortfindung als äußerst hinderlich, musste also erst mal überwunden werden. Je stärker man an seiner eigenen Vorstellung klebte, desto schwieriger war es, eine passende Fortsetzung zu finden. Je mehr man lernte, sich auf das einzustellen, was gerade in dem Augenblick, in welchem man selbst an die Reihe kam, der aktuelle Stand der Geschichte war, desto leichter fiel einem die Fortsetzung. Der professionelle Improvisationskünstler, der die Anleitung zu dieser Übung gab, erläuterte uns die fundamentale Fähigkeit zur Improvisation folgerichtig so: Die drei wichtigsten Regeln der Improvisation lauten: »annehmen, annehmen, annehmen«. Ich möchte gerne ergänzen, dass im Subtext dieser drei Regeln drei weitere Regeln stehen, nämlich: »loslassen, loslassen, loslassen«.

»Habt ihr gehört, wie in Indien Affen gefangen werden? Zunächst nimmt man eine Kokosnuss und höhlt sie aus. Dann befestigt man sie mit der Öffnung nach unten am Boden, schneidet ein kleines Loch oben in die Schale und legt etwas Süßes hinein. Nun kommt der Affe vorbei, steckt seine Hand durch das Loch und ergreift den Leckerbissen. Dann versucht er, seine Hand wieder herauszuziehen, was er aber nicht kann, ohne seine ›Beute‹ loszulassen« (Merzel 1994, S. 106).

Den armen Tieren in dieser Schilderung fehlt die Fähigkeit, Abstand zu nehmen. Jedes Loslassen setzt voraus, dass wir uns zunächst dissoziieren, also Abstand nehmen und uns dessen bewusst werden, was es unter Umständen loszulassen gilt. Dabei kann es sich um einen Gegenstand, eine Person, einen Wunsch, einen Plan, ein Vorurteil, unser Ego oder was auch immer handeln. Die Dissoziation ist Voraussetzung dafür, dass wir hinschauen können. Wir betrachten also das, was wir loslassen möchten, und gewärtigen es als das Loszulassende. Stellen Sie sich vor, Sie sind wütend und stecken so richtig in Ihrer Wut fest. Dann sind Sie also ganz eng mit Ihrer Wut assoziiert. Eigentlich »sind« Sie in diesem Moment Wut. Um diese Wut loslassen zu können, müssen Sie innerlich ein, zwei Schritte neben sich, also auch neben Ihre Wut, treten. Aus dem so gewonnenen Abstand können Sie eine Beobachterposition einnehmen. Allein dieser Schritt wird in aller Regel schon für ein gewisses Abkühlen des intensiven Gefühls sorgen. Nun schauen Sie sich Ihre Wut an, und kommentieren Sie mit Ihrer inneren Stimme, was Sie sehen. Der Kommentar könnte zum Beispiel lauten: »Aha, das ist also meine Wut. Hm, interessant. Brauch ich das wirklich?« Indem Sie Ihre innere Stimme solches oder Ähnliches

Lass bloß los!

aussprechen lassen, entsteht eine nochmals größere Distanz zu der Wut. Das Gefühl hat nicht mehr so viel mit Ihnen zu tun, weil Sie es objektiviert, also zum Objekt gemacht haben. Nun wird es von Ihnen noch weniger als »Ihre« Wut erlebt. Die Wut verliert an Macht über Sie. Damit haben Sie die Wut schon etwas losgelassen. Eine weitere Kommentierung, wie zum Beispiel »Ich lasse die Wut jetzt ganz los« oder die selbstironische Variante »Das sieht ja lustig aus, wenn ich wütend bin und einen roten Kopf bekomme; jetzt ist es aber auch genug« kann Ihrer Wut die letzte Energie entziehen, und Sie gelangen in einen ruhigeren seelisch-emotionalen Zustand mit einer größeren Vielfalt an Handlungsoptionen.

Seit meiner Kindheit hatte ich einen lebhaften Ekel vor Rosenkohl. Anders als andere Kinder liebte ich Brokkoli, aber Rosenkohl verabscheute ich so sehr, dass mir bei seinem Anblick bereits übel werden konnte. Es war mir vollkommen unverständlich, warum die Erwachsenen mit Genuss dieses schreckliche Gemüse verzehrten. Meine persönliche Aversion gegen den Rosenkohl habe ich bis weit in mein Erwachsenenalter erfolgreich aufrechterhalten. Das gelang mir, bis ich selbst Vater war und feststellen musste, dass meine ältere Tochter bei ihren Großeltern Rosenkohl aß! Aus der Perspektive des gepflegten Vorurteils war meine erste Reaktion Unverständnis, Kopfschütteln und Erstaunen. Ich war so beherrscht von der ekelerregenden Kindheitsempfindung, dass für mich quasiobjektiv klar war: Rosenkohl ist ungenießbar. Die Beobachtung meiner rosenkohlessenden Tochter hat eine entsprechend störende Verwirrtheit bei mir erzeugt. Um dieses Störgefühl aufzulösen, beschloss ich, erstmals nach Jahrzehnten (!), mein Vorurteil auf Kurzurlaub zu schicken und den Rosenkohl zu probieren. Im Grunde rechnete ich mit der Bestätigung meiner Kindheitserfahrung. Aber siehe da! Der Rosenkohl schmeckte mir, und seither zähle ich Rosenkohl zu den genießbaren, ja genussbringenden Gemüsen.

Man kann an allem Möglichen anhaften, an Materiellem wie Immateriellem: an Geld und Gut, Zielen und Entscheidungen, an Süchten und Traditionen und eben auch an vorgefassten Urteilen. Unser Anhaften erzeugt einerseits Gefühle wie Aufgehobenheit, Sicherheit und Stabilität, also lauter Qualitäten, nach denen die meisten Menschen streben. Andererseits erzeugt es aber auch Enge, Starrheit, Sturheit und Unfreiheit. Sämtliche aus dem Festhalten erwachsenden Gefühle sind Konstruktionen, die sich schnell als brüchig erweisen

2 Der innere Zusammenhang zwischen Zen und Systemtheorie

können. Wenn wir nicht anhaften, akzeptieren wir Ungewissheit, Unbeständigkeit und Instabilität, aber gleichzeitig öffnen wir uns auch für die Möglichkeiten einer Weitung und einer Befreiung aus der selbst auferlegten Enge. Im Zwischenmenschlichen bedeutet Nichtanhaften, den anderen und mich selbst so zu akzeptieren, wie er und ich gerade sind, also unsere Vorstellungen, wie er oder ich sein sollten, loszulassen. Loslassen und Akzeptieren sind die Voraussetzungen dafür, sich in das Abenteuer des Jetzt stürzen zu können. Zen-Meister verwenden in der Arbeit mit ihren Schülern gerne das sogenannte Koan. Dabei handelt es sich um eine bestimmte Form von Rätseln, welche sich einem rationalen Lösungsweg entziehen. Das hat unter anderem den Zweck, dass der Schüler das geistig-verkopfte Denken loslässt und sich ganz und gar präsent auf einen Gegenstand, ein Thema, ein Problem oder eine Frage einlässt. Folgendes Koan versinnbildlicht die Bedeutung des Loslassens:

»Wie machst du den nächsten Schritt von der Spitze einer 30 Meter hohen Säule? Es ist, als würdet ihr in einen Abgrund stürzen und das Leben verlieren, denn ihr kennt einzig euer persönliches, begrenztes Leben. Wenn ihr springt, handelt es sich in Wahrheit nur um den nächsten Schritt, aber das könnt ihr unmöglich wissen, bevor ihr springt. Ich kann es euch hunderttausendmal vorsagen, aber wissen werdet ihr es erst, wenn ihr euch selbst und mir und dem Geschehen so weit vertraut, dass ihr springt. Das Wasser wird euch tragen, und selbst wenn ihr untertaucht, werdet ihr wiederauftauchen. Das Universum wird euch tragen« (Merzel 1994, S. 48 f.).

Es bedarf beherzter Entschlossenheit, um einen solchen Sprung zu wagen. Dieses Loslassen ist ein wirklich mutiger Akt des Sichübergebens an die Ungewissheit des Hier und Jetzt. Dieser Akt ist nur zumutbar im Vertrauen eines letztlichen Aufgehobenseins und Getragenwerdens. So ähnlich fühlt es sich an, wenn man auf alle Instrumente im Coaching verzichtet, sich ganz und gar der Situation hingibt und sich dem anvertraut, was sich zwischen Berater und Klient entwickelt. Die Kommunikationsweise des Dialogs, dem wir uns später vertiefend widmen werden, beinhaltet die Praxis des Loslassens, indem er uns anhält, vorgefasste Vorstellungen und Urteile zumindest zeitweise zu suspendieren.

Stellen Sie sich vor, Sie können nicht einschlafen. Wie wahrscheinlich ist es, dass Sie einschlafen werden, wenn Sie zwanghaft an dem Gedanken hängen, unbedingt schlafen zu müssen? Wenn wir uns von Vorstellungen abhängig machen, deren Erfüllung wir uns wünschen, dann machen wir uns unfrei. Mit Zielsetzungen begeben wir uns gewissermaßen in einen Tunnel und sorgen zunächst einmal für den grundsätzlichen Effekt, uns in unseren Möglichkeiten zu beschränken. Alles, was wir erlangen, in Besitz nehmen oder glauben ist jedoch flüchtig und kann uns leicht enttäuschen. Ein allzu hartnäckiges Anhaften kann sich deshalb als unklug erweisen. Der freie Geist lässt Gedanken und Gefühle kommen und gehen, statt an ihnen festzuhalten. Wenn ich Meinungen und Bewertungen loslasse, hilft mir das, zu einem leeren Gefäß zu werden, das einen Sog erzeugt, der möglicherweise Ungeahntes in Erscheinung treten lässt.

> Joachim R. ist ein hochrangiger Airline-Manager, der sich gleich zu Anfang unserer ersten Sitzung als »Workaholic« bezeichnete. Er machte die Erfahrung, dass auf seiner Verantwortungsstufe die Arbeit nie ein Ende nahm, womit er in allerbester Gesellschaft war. Das Gefühl, dass immer noch etwas Wichtiges zu tun war, gepaart mit einem gewissen Hang zum Perfektionismus, ergab die ideale Rezeptur dafür, seine Arbeitssucht zu speisen. Das hatte jedoch zur Folge, dass er regelmäßig bis tief in die Nacht hinein arbeitete, dann häufig schlecht schlief und nicht das Maß an Zeit mit seiner Familie verbrachte, das er sich gewünscht hätte. Der Selbstanspruch, dem er sich auslieferte, wurzelte in einem lange zurückliegenden Schlüsselerlebnis. In der Schulzeit hatte er sich für vieles interessiert, nur nicht für die schulischen Anforderungen. Dies führte dazu, dass er in vielen Prüfungssituationen praktisch unvorbereitet war – mit dem Erfolg des zeitweisen schulischen Misserfolges.

Meine erste Reaktion kam direkt von Herzen. Ich erklärte ihm nämlich, dass viele große Persönlichkeiten schulische Schwächephasen in ihrer Biografie aufwiesen und dass dies die konsequente Frage aufwirft, ob die Ursache dieses Problems in den Schülern oder im Schulsystem zu suchen sei. Diese Aussage meinerseits war, wenngleich sehr ernst gemeint, eher als Beitrag zur Konversation gedacht. Joachim R. jedoch machte große Augen und wirkte sehr überrascht, als hätte er diese Perspektive noch nie gehört. Er wirkte sofort etwas erleichtert. Nun kam aber erst meine eigentliche Intervention: Wenn er einer Aufgabe wie seiner derzeitigen nachgehe, werde er nicht einen einzigen Tag erleben, an dem er allen Anforderungen, die an ihn herangetragen werden, gerecht werden kann. Deshalb gehe es darum, den Gedanken loszulassen, alle Anforderungen zu erfüllen. Die Frage sei nur noch, welche Anforderungen er an einem bestimmten Tag erfüllen möchte. Definitiv werde er, auch wenn er sich allen Schlafes beraube und selbst wenn es ihm gelänge, dem Tag eine 25. Stunde abzuringen, keine Perfektion erreichen. Für Joachim R. ging es folgerichtig also um drei Dinge: loslassen, loslassen, loslassen.

Ich hoffe sehr, dass dies nicht als Kränkung verstanden wird, aber auch die Managementaufgabe enthält ein gerüttelt Maß an Improvisationsbedarf. Manager sind also Metaphysiker und Improvisationskünstler zugleich. Um in ihrer Rolle als Improvisierende erfolgreich sein zu können, müssen sie sich auf den gegenwärtigen Moment einlassen, also möglichst präsent im Jetzt sein. Während die Managementtätigkeit jedoch auch einen erheblichen Anteil an planerischer und projekthafter Arbeit mit sich bringt, sind Coachs ganz und gar darauf angewiesen, präsent im Jetzt zu sein und genau das anzunehmen, was dort auftaucht. Deshalb gehört es zu den Kernkompetenzen eines Coachs, loslassen zu können.

Unmittelbarkeit: Sisyphus, der Bergarbeiter im Jetzt

»Die Essenz des Zen besteht darin, sich auf einem schmalen Grat des Jetzt zu bewegen – so total, so vollkommen gegenwärtig zu sein, dass kein Problem, kein Leiden, nichts, das nicht dem entspricht, was du in deinem Wesen bist, in dir überleben kann« (Tolle 2000, S. 70).

Zumindest die Menschen in der westlichen Kulturwelt haben wohl überwiegend das Gefühl, dass die Zeit ein sich linear voranbewegendes Phänomen ist, welches uns Ereignisse in einer Reihenfolge erleben, erinnern und erwarten lässt. Diese Idee des Zeitstrahls ist ein erstaunliches Konzept. Denn die Vergangenheit ist vorüber. Es ist ihr Wesen, vorbei zu sein, und zwar für immer. Wir können sie also nie so richtig zu fassen bekommen. Unser Zugriff auf die Vergangenheit funktioniert ausschließlich mittels Erinnerungen. Was sind Erinnerungen anderes als subjektive Konstrukte dessen, was einmal war? Mit der Zukunft verhält es sich ähnlich. Ihr Wesen ist es, noch nicht da zu sein. Und auch das ist immer so. Auf sie können wir nur zugreifen, indem wir sie uns »vor-stellen«, indem wir also subjektiv konstruieren, wie sie aussehen könnte. Die wesentliche Eigenschaft von Vergangenheit und Zukunft ist also, dass sie eigentlich nie da sind, außer in unseren Erinnerungen und Vorstellungen. An der Schnittstelle zwischen beiden befindet sich die Gegenwart. Und auch die ist, genau genommen, sehr flüchtig. Sie rinnt uns ständig durch die Finger. Kurz vor ihrer Ankunft ist sie noch Zukunft, und dann verwandelt sie sich blitzschnell in Vergangenheit. Diese Verwandlung kann gefühlt in unterschiedlichen Tempi vor sich gehen. Manchem zauberhaften Augenblick möchten wir mit Goethes Faust zurufen: Verweile doch! Du bist so schön! Aber er scheint viel zu schnell vorübergegangen zu sein. Andere Momente, zum Beispiel wenn der Zahnarzt bohrt, haben eine subjektiv länger empfundene Verweildauer im Jetzt. Wir weinen ihnen keine Träne nach, wenn sie endlich vergangen sind. Das Zen schreibt dem Jetzt als gegenwärtigem Augenblick eine besondere Bedeutung zu, da es zwischen Vergangenheit und Zukunft der einzige Moment ist, den wir gewissermaßen zu fassen bekommen können. Das Jetzt ist aber auch durch und durch paradox. Es ist ein Raum ohne Ausdehnung, eingequetscht zwischen dem, was gerade noch war, und dem, was gleich schon wieder sein wird. Und ausgerechnet in diesem Raum ohne Ausdehnung spielt sich dennoch unser ganzes tatsächliches Leben ab. Denn der einzige Moment, den wir wirklich erleben können, ist das Jetzt. Im Jetzt können wir Erfahrungen machen, Lust und Leid empfinden, lachen, weinen, lieben, denken, reden, schreiben. Wenn uns eine Erinnerung lächeln lässt, dann weil wir sie uns vergegenwärtigen, also in die Gegenwart, ins Jetzt befördern. Wenn uns ein Gedanke an die Zukunft Sorgen bereitet, dann weil wir ihn uns im Jetzt »vor-stellen«, so als sei er gegenwärtiges Erleben. Wenn es uns gelingt, Vergangenes und Künftiges ins Reich des Irrealen zu verweisen, kann beides uns schwerlich Kopfzerbrechen bereiten. Praxis und Wesen des Zen zielen auf das unmittelbare Erleben des Jetzt und das vollkommen gewärtige Sein im Jetzt.

Alles Theoretische vermittelt Erkenntnis mithilfe von Modellen, mit denen der Versuch unternommen wird, eine möglichst erklärungsstarke Annäherung an die komplexe Wirklichkeit zu bewerkstelligen. Dies ist eine indirekte, vermittelte Methode des Weltverständnisses. Dagegen ist die Praxis des Zen eine Übung der Unmittelbarkeit. Zen-Schüler bemühen sich um einen direkten und unmittelbaren Zugang zur Welt. Sie würdigen im Alltäglichen, in scheinbar trivialen Aktivitäten oder in einfachen Dingen den Zauber des Lebens. Dabei kann es sich um das Kartoffelschälen, einen Grashalm oder eine Motte handeln. Überall ist die Erleuchtung schon da. In allem steckt Erleuchtung. Man muss keine besonderen Orte, wie Kirchen oder Kultstätten, aufsuchen. Man muss keine besonderen Situationen wie Rituale oder den Jahresurlaub herbeiführen. Man muss keine besondere Kleidung tragen. Man muss sich der Erleuchtung nur im Hier und Jetzt zuwenden, indem man mit den Dingen, den Phänomenen, den Menschen in eine besondere Beziehung tritt und sich der Erleuchtung auf diese Weise öffnet. Dabei ist es egal, ob man etwas vermeintlich Bedeutsames oder weniger Bedeutsames tut, ob man sich mit wichtigen oder unwichtigen Menschen umgibt oder ob man sich in vermeintlich glücklichen oder unglücklichen Umständen befindet. In meinem Büro hängt eine Zeichnung, welche ein Geschäftspartner mir vor vielen Jahren geschenkt hat. Sie zeigt Sisyphus, eine Gestalt der griechischen Mythologie, die wegen ihrer gottesfrevlerischen Schlitzohrigkeit dazu verurteilt worden war, bis in alle Ewigkeit einen Felsbrocken bergaufwärts zu rollen. Sobald der Gipfel erreicht war, rollte der Stein wieder hinunter, sodass die Plackerei immer wieder von vorne begann. Deshalb nennen wir eine kaum zu bewältigende Arbeit mit wenig Sinnperspektive »Sisyphusarbeit«. Auf dem Bild in meinem Büro ist eine kleine Abwandlung von der Originalstory zu sehen. Mitten am Hang hält Sisyphus inne und betrachtet voll offensichtlicher Freude eine kleine Blume, die am Wegesrand steht. Er hat ein Auge für das Blümchen und wendet sich ihm wahrhaft zu. Obwohl er in seiner ausweglosen Situation blind für den Zauber des Alltäglichen sein könnte, tritt Sisyphus in eine unmittelbare Beziehung mit der Schönheit im Kleinen.

Es gilt, unter der Oberfläche des scheinbar Alltäglichen den Zauber der Einzigartigkeit aufzuspüren und zu erspüren. Damit bekommt alles seine Qualität, auch das Nebensächlichste oder Unbedeutendste. Unkraut wird zu einer faszinierenden Pflanze, Ungeziefer zu einem interessanten Organismus:

> »Wirkliche Hässlichkeit ist nicht die Eigenschaft von Objekten [...], und sie ist auch nicht die Eigenschaft von Subjekten [...]. Qualität oder der Mangel an Qualität wohnt weder dem Subjekt noch dem Objekt inne. Hässlichkeit befindet sich in der Beziehung zwischen den Menschen [...] und den Dingen [...]. In der Sphäre reiner Qualität sind Subjekt und Objekt identisch« (Pirsig 1999, p. 290; Übers.: M. R.).[14]

Eine – möglicherweise ästhetische – Qualität ist nicht die Eigenschaft von Menschen oder Dingen, sondern Spiegel ihrer jeweiligen Beziehungen. Die Unmittelbarkeit in der Beziehungsqualität des Jetzt ist uns schon ganz am Anfang im Zusammenhang mit der schopenhauerschen Kontemplation begegnet. Sie ist zutiefst dialogisch. Prinzipiell macht es keinen Unterschied, ob ich diese Beziehungsqualität zu einem Menschen, zu einem Auto oder zu einem Sandkorn entwickele. Hier kommt es auf das »Zwischen« an, in das der Beobachter »hineinfällt«, wodurch sich die strikte Subjekt-Objekt-Trennung auflöst.

Die Bedeutung der Unmittelbarkeit im Zen bringt es mit sich, dass mein Versuch, mithilfe des vorliegenden Textes eine Vorstellung vom Zen zu vermitteln, eigentlich paradox ist. Das Verb »vermitteln« zeigt bereits auf den Mangel an Unmittelbarkeit. Texte arbeiten notwendigerweise mit Begriffen, und Begriffe haben immer etwas Abstrahierendes. Man kann nicht so recht in sie hineinbeißen, sie schmecken, riechen und spüren. Sie sind im Vergleich zum unmittelbaren Erlebnis immer ein wenig blutleer. Und das ist ganz und gar wider den Geist des Zen. Das Schöne am Zen ist aber auch, dass es uns gleichzeitig lehrt, sich nicht zwanghaft an Regeln zu halten und kein Dogma zu akzeptieren. Also könnte es den Versuch mit diesem Text doch wert sein.

Kein Geringerer als Albert Camus hat uns die Bedeutung des Jetzt auf seine ganz eigene, literarisch exquisite Weise nähergebracht.

---

14 Orig.: »The real ugliness is not the result of any objects [...]. Nor is it [...] the result of any subjects [...]. Quality, or its absence, doesn't reside in either the subject or the object. The real ugliness lies in the relationship between the people [...] and the things [...]. At the moment of pure quality, subject and object are identical.«

Das Absurde und das Jetzt

Als am 4. Januar 1960 in der Nähe von Villeblin ein Reifen des Autos platzte, in welchem sich Albert Camus als Beifahrer befand, und das außer Kontrolle geratene Fahrzeug gegen einen Baum prallte, hätte man denken können, dass das Leben oder das Schicksal damit ein Ausrufungszeichen hinter die Philosophie des großen Schriftstellers setzen wollte, indem es ihn jäh, sinnlos und zufällig aus dem Leben riss. Als ich die Literatur und das Denken von Camus auf mich habe wirken und in mein Bewusstsein einsickern lassen, entwickelte sich nach und nach das Gefühl, dass er, bestimmt ungewollt, ein philosophischer Wegbereiter des Zen in der westlichen Welt ist. Die Konsequenzen, die er aus der Auseinandersetzung mit der Absurdität von Leben und Tod zieht, wären eines Zen-Meisters würdig. Wer einmal im eigenen, praktischen Leben hinter einer dunklen Ecke von der Absurdität angefallen worden ist, sie geschmeckt, gerochen und zu spüren bekommen hat, wird diese Eindrücke, seien sie bewusstseinsmäßig, emotional, seelisch oder körperlich, nicht mehr abschütteln können. Der Geschmack des Absurden kann schal und fad sein und das Gefühl grauer Trost- und Sinnlosigkeit erzeugen. Je intensiver und ausdauernder dieses Grau unser Bewusstsein und unsere Seele füllt, desto mehr stellt sich die Frage, was das Ganze eigentlich soll. Wozu ist unser Dasein eigentlich gut? Wäre es nicht ebenso gut, wenn wir nicht da wären? Camus meinte folgerichtig, dass die Frage des Selbstmordes die erste Frage sei, der sich die Philosophie widmen müsse (vgl. Camus 1996). Erst nach ihrer Beantwortung sei es sinnvoll, weitere philosophische Fragen, wie zum Beispiel solche hinsichtlich der Ethik, der Tugenden oder der Wahrheit, zu stellen. Genau genommen, muss die Frage nach dem Selbstmord mit »Nein« beantwortet werden. Warum sollte man sich sonst noch mit anderen philosophischen Problemen herumschlagen?

Bei Suizid denken wir vielleicht automatisch an ein dramatisches Ereignis, das als Folge einer seelischen Zuspitzung gebündelt mit empfundener Aussichtslosigkeit eintritt. Bei genauerem Hinschauen lässt sich jedoch erkennen, dass Selbstmord nicht nur als bewusstes Herbeiführen des biologischen Ablebens auftreten kann, sondern vielleicht auch als schleichender Prozess. Man kann sich für ihn als Option auch entscheiden, ohne ihn direkt in die akute Tötungstat umzusetzen. Es gibt bewährte, wohl überwiegend unbewusste Methoden des Selbstmordes auf Raten, nämlich mithilfe von Drogen und Alkohol, vielleicht auch Konsum und Arbeit. Diese Mittel, auf Dauer im Übermaß genossen, können dem Leben stufenweise, aber wirkungsvoll ein Ende setzen. Alles, was das eigene Leben schwächt, was die Vitalität systematisch mindert, ist dafür zweckdienlich. Das wenn auch nur untergründige Empfinden von Sinn- und Trostlosigkeit kann in Lebensmüdigkeit münden und damit in die Kultivierung von entsprechend selbstzerstörerischem Verhalten. Vielleicht sind das Absurde, welches Camus uns nahebringt, und die Frage des Selbstmordes viel alltäglicher und einflussreicher als bei oberflächlicher Betrachtung erkennbar.

An der Wegscheide zwischen Leben und Tod doch noch die Kurve zu kriegen, in dieser konsequenten Zuspitzung sich doch für das Leben zu entscheiden, und zwar begründet zu entscheiden, im vollen Bewusstsein, ohne Betäubung – das ist meines Erachtens eine von Camus' großen Leistungen. Man muss ihm hoch anrechnen, dass er es sich besonders schwer damit gemacht hat, denn er hat dem Menschen keinen Gott und keine andere höhere Instanz vorgesetzt, um dem Leben den Zuschlag zu geben. Stattdessen hat er die Protagonisten seiner wunderbaren Romane mit sich und dem Absurden ringen lassen. Sie mussten selbstständig, aus eigener Kraft und Überzeugung ihre Schlüsse ziehen.

Mersault, der tragische Held in Camus Roman *Der Fremde* gibt uns als Ich-Erzähler Einblicke in sein Bewusstsein. Die Geschichte beginnt mit dem Tod seiner Mutter und endet mit der Hinrichtung des Erzählers, der auf halber Strecke unter absurden Umständen einen Menschen tötet. Das ist eine sehr enge Folge hochdramatischer Ereignisse auf nur knapp 150 Seiten. In der Zwischenzeit jedoch lebt Mersault sein Leben beinahe normal. Er isst, trinkt, liebt, pflegt Freundschaft, er lebt den Moment und auch seine Sinnlichkeit. Zwei Charakteristika prägen sein Verhältnis zur Welt und zu den Menschen. Zum einen verhält er sich konsequent untaktisch und ehrlich. Damit stößt er immer wieder andere vor den Kopf, steuert aber auch zielsicher auf seine Verurteilung zum Tode hin. Denn er ignoriert goldene Brücken, die ihm während seines Gerichtsverfahrens gebaut werden und die zu beschreiten ihm hätten helfen können, seinen Kopf aus der Schlinge zu ziehen. Zum anderen zeigt er sich antriebslos, unehrgeizig und gleichgültig. Seiner Freundin signalisiert er, dass es ihm egal sei, ob sie heiraten oder nicht, dass er es aber ihr zuliebe tun würde. Im Beruf schlägt er eine mit einer Versetzung verbundene Beförderung aus. Mersault will eigentlich nichts, haftet an keinen Vorstellungen, schmiedet keine Pläne und zeigt keine Ambitionen. Er lebt von Moment zu Moment. Ist sein dramatisches Ende unter dem Fallbeil tatsächlich ein Unglück? Bis zuletzt ist er immer mit dem beschäftigt, was als Nächstes kommt, und ist sich bewusst, dass sein Leben genauso gut einen anderen Verlauf hätte nehmen können:

> »Aber zumindest besäße ich diese Wahrheit, genauso wie sie mich besäße. [...] Ich hätte so gelebt, und ich hätte auch anders leben können. Ich hätte das eine getan, und ich hätte das andere nicht getan. Ich hätte die eine Sache nicht gemacht, während ich eine andere gemacht hätte. Na und?« (ebd., S. 157).

Bernard Rieux, der Protagonist in *Die Pest*, dem anderen großen Roman von Albert Camus (vgl. 1998), kämpft ebenfalls mit der Absurdität des Lebens, indem er als Arzt in der von der Pest heimgesuchten und nach außen abgeriegelten Stadt Oran wirkt. Er geht aber über Mersault hinaus, indem er seinen Sinn in der Solidarität mit anderen findet. Nicht religiöser Glaube, sondern sein Humanismus motiviert ihn. Als mitfühlender Mensch stellt er sich in den Dienst der vom Schicksal heimgesuchten Gemeinschaft. In der Zuwendung zu den Kranken und in der Auflehnung gegen die Heimsuchung lebt er die von ihm selbst originär empfundenen und nicht von einer höheren Instanz, wie zum Beispiel von Gott, oktroyierten Werte:

> »(...) aber wissen Sie, ich empfinde mehr Solidarität mit den Besiegten als mit den Heiligen. Ich glaube, ich habe keinen Sinn für Heldentum und Heiligkeit. Was mich interessiert, ist, ein Mensch zu sein« (ebd., S. 290). – »Der Mensch ist keine Idee [...], bei alldem handelt es sich nicht um Heldentum. Es handelt sich um Anstand. Das ist eine Idee, über die man lachen kann, aber die einzige Art, gegen die Pest anzukämpfen, ist der Anstand« (ebd., S. 186 f.).

Solidarität, Menschlichkeit und Anstand sind die treibenden Werte, die Dr. Rieux eine Insel der Vernunft in einem Ozean des Wahnsinns schaffen lassen. Mithilfe ihrer Kraft gelingt es ihm, sich mit der Absurdität auseinanderzusetzen. Beiden Figuren in Camus' Romanen ist gemeinsam, dass sie sich in dieser Auseinandersetzung dem Jetzt zuwenden. Nicht die Hoffnung auf Belohnung und (Be-)Förderung oder die Vision einer schönen Zukunft oder gar die Verheißung eines paradiesischen Jenseits motiviert sie. Vgl. auch:

> »Ein Mensch, dem das Absurde bewusst geworden ist, bleibt für immer daran gebunden. Ein Mensch, der keine Hoffnung hat und sich dessen bewusst ist, gehört nicht mehr der Zukunft« (Camus 2000, S. 44).

Dieser hier gemeinte Mensch kann letztlich nicht anders, als sich dem Moment zuzuwenden oder aber mit dem Leben Schluss zu machen. In diesem Moment, der von Camus wohl im Grunde als *point of no return* verstanden wurde, notgedrungen auf die eigene Autorität zu vertrauen und keine andere Instanz heranzuziehen und dann weiterzuleben – das ist die philosophische Konsequenz, und das ist gleichzeitig die Herausforderung. Dabei geht es nicht so sehr um die Frage, ob man eine Autorität außerhalb des Selbst akzeptiert oder gegen sie rebelliert. Die Frage ist vielmehr, ob es überhaupt eine Autorität außerhalb des eigenen Bewusstseins geben kann. Ist das wie auch immer geartete Akzeptieren einer solchermaßen externen Autorität nicht im Grunde der Aufschub, die Verzögerung der ultimativen Frage – Selbstmord oder kein Selbstmord?

Die radikale Zuspitzung in der Auseinandersetzung mit dem Absurden findet sich in Camus' Überlegungen zu Sisyphus, mit dem wir uns gerade etwas weiter oben im Zusammenhang mit dem Jetzt und der Unmittelbarkeit beschäftigt haben. Zu der an sich schon schwierigen Aufgabe, den Felsen bergauf zu rollen, kommt die Strafverschärfung, dass der Fels sofort wieder ins Tal rollt, sobald der Gipfel erreicht ist. Dann beginnt die Plackerei von vorne – und zwar für immer und ewig! Eine wahrhaft göttlich-grausame Strafe! Umso erstaunlicher und eine unglaubliche Provokation für unser spontanes Empfinden, dass Camus zu der philosophischen Erkenntnis kommt, Sisyphus habe eine verborgene Freude:

> »Sein Schicksal gehört ihm. Sein Fels ist seine Sache. [...] Der Kampf gegen Gipfel vermag ein Menschenherz auszufüllen. Wir müssen uns Sisyphos als einen glücklichen Menschen vorstellen« (ebd., S. 144 f.).

Wie bitte? Sisyphus als glücklicher Mensch? Geht das? Wie könnte ich sicher sein, ob ich Camus wirklich richtig verstanden habe? Aber mir scheint, er will uns sagen, dass wir mit Absurdität und Unvernunft in der Welt nicht hadern sollten. Wenn wir nämlich unausweichlich immer wieder mit ihnen konfrontiert werden, uns aber dennoch wünschen, dass es sie nicht gäbe, macht uns diese permanente Soll-Ist-Differenz zu schaffen. Das Problem besteht, genau genommen, nicht in der absurd-chaotisch-unvernünftig-grausamen Welt, sondern darin, dass wir diese Seite der Welt nicht akzeptieren wollen und dass wir dann nicht mehr wahrnehmen, dass sie gleichzeitig durch und durch so schön ist, wie Louis Armstrong sie in *What A Wonderful World* besungen hat. Problematisch wird es erst, wenn wir nicht annehmen können, was ist, sondern einen Unterschied konstruieren zwischen dem, was wir wahrnehmen und erleben, und dem, was wir uns wünschen. Auch Dr. Rieux hadert nicht mit der Pest, sondern er nimmt sie an und stellt sich ihr, ja, er lehnt sich gegen sie auf. Die Auflehnung, die Rebellion ist ebenfalls eine Form des Annehmens. Der Kampf kann generell eine Form des Annehmens sein. Eine Aufforderung zum Duell kann man annehmen wie eine Aufforderung zum Tanz. Man akzeptiert, was ist, und stellt sich.

Wollen wir uns in diesem Tanz als Coachs elegant und sicher über das Parkett der Beratung bewegen, ist es hilfreich, uns klar vor Augen zu führen, dass wir Metaphysiker und Improvisationskünstler sind, die die Substanz ihres Beitrages aus der Präsenz im gegenwärtigen Moment ziehen. Unsere Hingabe an ebendiesen Moment gelingt desto besser, je mehr es uns möglich ist, gelegentlich unseren Gedankenstrom zu suspendieren und die Ruhe unseres Geistes zu pflegen.

Tugend der Gedankenlosigkeit

Eine Methode der Zen-Praxis, mit der die unmittelbare Erfahrung ermöglicht werden soll, besteht darin, das Denken zeitweise zu suspendieren. Man lernt, den unablässigen Strom aneinanderknüpfender Gedanken zu unterbrechen, um im wahrsten Sinne des Wortes gedankenlos zu werden. Dieses Wort »Gedankenlosigkeit« ist in unserem Zusammenhang tatsächlich erhellend, denn wenn einem Menschen vorgeworfen wird, gedankenlos gehandelt zu haben, so bedeutet dies, dass der Betreffende bestimmte Einschränkungen oder Leitplanken des Denkens und Handelns nicht beachtet hat. Dann ist etwas Ungewöhnliches, aus konventioneller Perspektive möglicherweise Unerwünschtes passiert. Gedankenlosigkeit sorgt dafür, dass etwas aus der Spur gerät. Jemand ignoriert ein gesellschaftlich anerkanntes Stopp- oder Halteverbotsschild, und es entsteht eine Situation, die wahrscheinlich als schwer kontrollierbar, zumindest aber als ungewiss-ergebnisoffen, vielleicht sogar als gefährlich angesehen wird. Das kann zu einem Unfall im Straßenverkehr führen oder zur Entdeckung des Penicillins. Das Verlassen ausgetretener Pfade, die Ergebnisoffenheit und das Vermehren von Perspektiven und Optionen macht sich das Zen zunutze. Deshalb übt man sich im Zen auch darin, Begriffe, Lehren, Meinungen, Vorurteile, Erklärungen, Analysen und Kategorien loszulassen. Sie sind allesamt unerlässlich und nützlich dafür, uns im Gestrüpp des Alltags zurechtzufinden und die Herausforderungen des täglichen Lebens zu meistern. In diesem Sinne sind sie bewährte und hilfreiche Filter unserer Welterklärung. Aber sie stellen auch Hindernisse dar, wenn wir neue Wege beschreiten und unbekanntes Terrain erforschen wollen. Dann kann es hilfreich sein, wenn an die Stelle dieser »Weltvermittlungsfilter« gelegentlich die unmittelbare, persönliche Erfahrung tritt, damit Neues erfahren und unser Verständnis der Welt erweitert werden kann.

Um im Sinne des Zen zu verstehen, was ein Apfel ist, nimmt man sich einen Apfel, wiegt ihn in der Hand, riecht daran, beißt hinein, schmeckt den Saft, das Fruchtfleisch und die Kerne, die Säure und Süße. Man spürt die unterschiedliche Konsistenz von Schale, Fruchtfleisch und Kernen. So macht man die unmittelbare Erfahrung »Apfel«. Fängt man an, theoretisch darüber nachzudenken, welche Apfelsorten es gibt, woher sie stammen und wie sie heißen, und beißt gleichzeitig voll von diesen Gedanken in einen Apfel, so wird die Erfahrung eine andere, möglicherweise weniger lebendige sein. Im Zen wird der direkten, persönlichen Erfahrung große Bedeutung zugeschrieben. Ein wissenschaftlicher Vortrag über den Apfel kann viele Kenntnisse vermitteln, sehr interessant und nützlich sein, aber die unmittelbare, gedankenlose Erfahrung wird er nicht ersetzen können. Der leere Geist ist bereit und offen. Der Geist des Experten hingegen schränkt die Zahl der Möglichkeiten, unvoreingenommene Erfahrungen zu machen, von vornherein ein. Das Selbstgefühl des Wissens verengt Erfahrungsmöglichkeiten und imprägniert den Geist gegen neue Impulse, die von außerhalb des vermeintlichen Wissens zu uns gelangen könnten. Innere Leere und Harmonie im Außen ermöglichen einen friedvollen Geisteszustand inmitten von Betriebsamkeit und Hektik.

An dieser Stelle ist mir eine kleine Bemerkung am Rande sehr wichtig. Es gibt eine Reihe von Tendenzen, in denen das Denken diffamiert wird. Diese Tendenzen reichen von sektenhaft-esoterischen bis hin zu antiintellektuellen, extremen politischen Strömungen. Da wird dann so getan, als sei Denken etwas Gefährliches, Unheilbringendes, gar Sündiges, als würde man nicht recht leben, wenn man viel denkt. Oder es wird suggeriert, dass nur unentschlossene Menschen viel denken. Diesen Sichtweisen möchte ich ausdrücklich entgegentreten. Ich halte die Fähigkeit des Menschen zu denken für etwas Wundervolles, Fruchtbares und Anregendes und bin nicht der Ansicht, dass in dieser Welt zu viel gedacht wird – eher zu wenig. Gleichzeitig finde ich die Fähigkeit zur Gedankenlosigkeit im Sinne des Zen ganz zauberhaft und ebenfalls sehr fruchtbar. In unseren Erziehungsprozessen und Bildungsinstitutionen spielt sie leider kaum eine Rolle. Sie sollte mehr praktiziert und trainiert werden – übrigens ebenso wie das Denken, vor allem das selbstständige. Beides spielt für die Persönlichkeitsentwicklung und wohl auch für die Entwicklung einer Gesellschaft eine wichtige Rolle. Die Kunst des Wechselspiels und der Balance zwischen Denken und Nichtdenken scheint mir erstrebenswert und zukunftweisend.

Ruhe des Geistes

Erst wenn wir unseren Geist zur Ruhe gebracht haben, sind wir in der Lage, alle wesentlichen Aspekte einer ungewöhnlichen Situation zu erfassen und auf diese Weise der entsprechenden Herausforderung voll und ganz gerecht zu werden. Stellen Sie sich folgende Situation vor: Sie sitzen in einem Passagierflugzeug auf dem Weg in Ihren wohlverdienten Urlaub. Nach Erreichen der Reiseflughöhe stellen Sie Ihren Sitz in eine bequeme Position, schließen die Augen und geben sich ganz der Freude über die bevorstehende Auszeit hin. Nun aber geschieht etwas, das weder Sie noch ich hoffentlich jemals erleben müssen. Sie werden jäh aus Ihrem Entspannungszustand gerissen, weil sich unter den mitfliegenden Passagieren starke Unruhe ausbreitet. Dann stellen Sie fest, dass auf der Backbordseite des Flugzeuges eine erhebliche Rauchentwicklung zu beobachten ist. Der Hoffnungsschimmer, dass es sich um Wolken handeln könnte, verfliegt nach kürzester Zeit, da diese »Wolken« sehr dunkel sind und in keiner Weise zu dem ansonsten knallblauen Himmel passen. Viel wahrscheinlicher ist, dass ein Triebwerk Feuer gefangen hat. Nun kommen wir zu der entscheidenden Frage. In welchem Zustand wünschen Sie sich Kapitän und Copilot im Cockpit? Es gibt in der zivilen Luftfahrt für außergewöhnliche, safety-relevante Vorkommnisse eine Check-Routine[15] dafür, Gefahrensituationen solcher Art mit möglichst großer Wahrscheinlichkeit Herr zu werden. Diese Routine schreibt den Piloten vor, zunächst festzustellen, was die faktische Lage ist. In diesem Fall wäre das die Tatsache, dass ein Triebwerk brennt. Es könnte erschwerend hinzukommen, dass das Flugzeug an Höhe verliert oder gar ins Trudeln gerät. Man kann sich lebhaft vorstellen, dass es fatale Konsequenzen hätte, wenn auch nur ein wesentlicher Aspekt der Lage übersehen würde. Als Nächstes müssen die Flugzeugführer klären, welche Handlungsoptionen infrage kommen, damit man die Lage in den Griff bekommt. Es könnte das Ansteuern des nächstgelegenen Flughafens oder aber auch eine Notwasserung sein. Nun gilt es, für alle relevanten Optionen eine Risiko-Nutzen-Bewertung vorzunehmen. Wie wahrscheinlich ist es, dass man den nächsten Flughafen auch tatsächlich erreicht, um dann den Vorteil einer Landung unter flugzeuggerechten Bedingungen zu haben? Wie wahrscheinlich ist es, dass die Notwasserung gelingt, ohne dass die Maschine auf dem Wasser, obwohl es keine Balken hat, zerschellt? Sind die Risiken geklärt, müssen die Piloten sich für eine der Optionen entscheiden und diese Entscheidung konsequent umsetzen. Mit dem Umsetzen der Entscheidung müssen sie aber auch immer wieder kritisch überprüfen, ob sie die richtige Entscheidung getroffen haben. So hat es keinen Zweck, am Ansteuern des nächsten Flughafens festzuhalten, wenn zu den bisherigen Problemen ein unerwartet hoher Kerosinverlust hinzukommt und die Distanz sich für den verbleibenden Treibstoff als zu groß erweist. Das würde bedeuten, dass die Faktenlage sich verändert hat und das ganze Spiel von vorne beginnt. Es liegt auf der Hand, dass die Piloten in einer solchen Situation ihrer analytischen Fähigkeiten bedürfen. Um der Lage analytisch gewachsen zu sein und die geschilderte Routine durchführen zu können, müssen sie zunächst einmal Ruhe bewahren und im möglichst weitgehenden Besitz nicht nur ihrer geistigen, sondern auch ihrer seelischen Kräfte sein. Die analytische Dimension des Problems dient der technischen Bewältigung der Krisensituation.

---

15 Im Fliegerjargon heißt sie »FORDEC«, das steht für »Facts, Options, Risks and Benefits, Decision, Execution, Check«.

2 Der innere Zusammenhang zwischen Zen und Systemtheorie

Das geschilderte Verfahren ist ein bewährter, standardisierter Prozess. Nicht standardisierbar ist, mit welchem Bewusstsein und mit welcher seelisch-emotionalen Verfassung Kapitän und Copilot ihren Flug antreten. Gab es am Morgen zu Hause einen Ehekrach? Liegt der Vater im Sterben? Hat das pubertierende Kind bedenklich über die Stränge geschlagen? Hat der geliebte Zweitligaclub den Aufstieg verpasst? Wie kann sichergestellt werden, dass die Damen und Herren der Lüfte stets mit der hinreichenden emotionalen Stabilität ihren Job verrichten?

Zugegeben, das Beispiel der Verkehrsflugzeugführer mag auf den ersten Blick etwas extrem wirken, weil es bei ihren Entscheidungen im Zweifel um Leben und Tod vieler Menschen geht. Aber werden wir nicht alle vom Leben mit reichlich Turbulenzen und kritischen Situationen versorgt?

Wie gelingt es uns am besten, mit diesen Herausforderungen umzugehen? Die Ruhe unseres Geistes ist eine gute Voraussetzung dafür, dem Auf und Ab des Lebens in unserer wilden Umwelt ruhig und souverän begegnen können. Oder umgekehrt: Wenn wir die äußere Welt in einer Weise als unruhig oder turbulent erleben, die uns das Gefühl gibt, nicht gut damit zurechtzukommen, so hat dies in erster Linie mit unserer eigenen Unruhe und den Turbulenzen in unserer Geistes- und Gefühlswelt zu tun. Ganz unabhängig davon, wo wir Ursachen und Wirkungen von Ruhe und Unruhe ausmachen, beschränkt sich unser Einfluss letztlich im Wesentlichen auf uns selbst, auf unseren Geist, auf unseren Körper und auf unsere seelisch-emotionale Innenwelt. Unseren Geist zu beruhigen und für seelische Stabilität zu sorgen ist schon schwer genug und bedarf einiger Übung. Würden wir unseren Ehrgeiz auf die Beruhigung der Welt um uns herum richten, so müssten wir scheitern. Das Leben da draußen ist nicht kontrollier- oder einhegbar. Man könnte auch sagen, es ist das Wesen der Welt, quirlig und turbulent zu sein. Wer dem entkommen möchte, indem er in ein Kloster geht, vereinfacht in gewisser Weise die Komplexität der Herausforderungen des Lebens im Außen. Damit hat er oder sie immerhin die Chance, sich der unter Umständen ebenfalls höchst turbulenten Innenwelt wirklich ernsthaft zu widmen. Für die meisten von uns ist die Klosteroption nichts, aber mancher wählt andere Formen der Vereinfachung hinsichtlich der Herausforderungen der Alltagswelt, indem er übermäßig Alkohol oder andere Drogen konsumiert, sich mit Shopping oder Arbeit betäubt, sich mit Haut und Haaren dem Erwerb von Geld und Gut verschreibt, dem Seriendauerentertainment oder Onlinespielen verfällt oder aber seine ganze Zeit mit dem Planen der Zukunft verbringt. Die Alternative zu all diesen Betäubungsstrategien ist, die Ruhe des Geistes zu erlangen. Das Beispiel aus der Welt der Fliegerei zeigt auch, dass es bei der Ruhe des Geistes nicht unbedingt um eine abgedriftete Form von mentaler Jenseitigkeit geht. Ganz im Gegenteil haben wir es hier mit einer äußersten Form von Wachheit und Präsenz zu tun, die je nach situativem Bedarf das größtmögliche Maß an Resilienz, das Optimum an Souveränität oder das Maximum an Kreativität ermöglicht.

Des Beobachters Verantwortung

Ein wesentliches Prinzip der Wissenschaften ist, das Beobachtete und den, der es beobachtet, voneinander zu trennen. Damit soll die Objektivität der wissenschaftlichen Methode gewahrt werden. Es dürfen keine Eigenschaften oder Eigenarten, nichts, was den Beobachter in seiner Subjektivität und Individualität ausmacht, in die Beschreibung oder das Verfahren einfließen, denn das würde die Beobachtung verzerren und die Wissenschaftlichkeit des Beobachtungsprozesses verderben. Dies ist ein hehrer Grundsatz, den zu verwirklichen aber der Quadratur des Kreises entspräche, zumindest, wenn wir uns der Einschätzung Heinz von Foersters anschließen:

»[...] wenn die Eigenschaften des Beobachters, nämlich die Eigenschaften des Beobachtens und Beschreibens, ausgeschlossen werden, bleibt nichts mehr übrig, weder die Beobachtung noch die Beschreibung« (von Foerster 1993, S. 64).

2 Der innere Zusammenhang zwischen Zen und Systemtheorie

Man könnte sagen, dass die Welt mit der Beobachtung in unser Bewusstsein tritt und ohne unsere Beobachtung nicht für uns vorhanden ist. Wie sollte sich unsere Beobachtung von unserer Art zu beobachten trennen lassen? Als Beobachter können wir nicht anders als so, wie wir sind, also höchst subjektiv, auf die Welt zu schauen. Diese Subjektivität bringt es mit sich, dass wir in der uns eigenen Weise die Aufmerksamkeit fokussieren, um dann Unterscheidungen und Bezeichnungen vorzunehmen. Ich entscheide mich zum Beispiel, in einer Mediation auf die Interaktion der beiden Geschäftsführer zu schauen und nicht auf ihre Kompetenzen, gemeinsame Geschichte, Geschlechter, ihren Familienstand oder was auch immer. Diese Entscheidung hat zur Konsequenz, dass ich eine Unterscheidung auswähle und damit eine Unzahl anderer Unterscheidungsmöglichkeiten unter den Tisch fallen lasse. Dann bezeichne ich diese Interaktion als Konflikt und nicht als Tanz, Kräftemessen, verbalen Boxkampf, Gerangel junger Hunde, mimetische Rivalität oder was auch immer. Ich treffe also die Unterscheidung »Interaktion«, wähle die Bezeichnung »Konflikt«, und fertig ist meine Beobachtung: Die beiden Geschäftsführer interagieren offensichtlich konflikthaft. Diese Beobachtung dann objektiv zu nennen wäre kühn angesichts vieler anderer legitimer Beobachtungsmöglichkeiten, die vielleicht hilfreicher für den weiteren Prozess der Mediation wären. Das Problem der Beobachtung beginnt aber schon mit der Unterscheidung und Bezeichnung »Mediation«. Was wäre, wenn wir uns stattdessen für »Gespräch«, »Verhandlung«, »Endausscheidung« oder »Zweikampf« entschieden? Was wäre, wenn wir gar keinen »Prozess« initiieren würden, sondern eine Firmenfeier? Dauernd fokussieren wir als Berater, ebenso wie unsere Klienten, unsere Aufmerksamkeit, unterscheiden und bezeichnen und bahnen damit verengend die Wahrscheinlichkeit von Anschlussbeobachtungen. Hand aufs Herz: Wie oft ist uns bewusst, dass wir durch vermeintlich objektive Tatsachenfeststellungen das weitere Geschehen im Beratungsprozess in verengende Bahnen leiten? Es ist wichtig, uns bewusst zu sein, wie folgenschwer unser Beitrag zu diesem Prozess ist und wie tief wir darin verwickelt sind.

Auch Niklas Luhmann wendet sich gegen das Bild des unbeteiligten, aus der Distanz wahrnehmenden, objektiven Beobachters:

> »Der Beobachter kommt nicht irgendwie oberhalb der Realität vor, er fliegt nicht über den Dingen und betrachtet nicht von oben, was vor sich geht [...], sondern er ist mittendrin« (Luhmann 2002, S. 142).

Der Beobachter und das Beobachtete befinden sich in Interaktion und bedingen einander. Von Foerster wies 1990 in Paris in einem Vortrag mit dem Titel *Ethik und Kybernetik zweiter Ordnung*[16] auf den Unterschied hin, ob man sich vom Universum getrennt oder als Teil des Universums erlebt und begreift. In der Getrenntheit schaue man »wie durch ein Schlüsselloch auf das sich entfaltende Universum« (von Foerster 1993, S. 75). Das entspricht dem Bild des objektiven Wissenschaftlers. Dieser hat eigentlich nichts mit dem, was er beobachtet, zu tun. Damit suggeriert er, dass das Beobachtete ohne seine Beobachtung genauso sei und sich verhalte wie unter den Bedingungen seiner Beobachtung. Wenn man sich dagegen als prinzipiell untrennbarer Teil des Universums versteht, verändert man mit jeder Handlung unweigerlich sich selbst und damit auch das Universum. Von Foerster spitzt diesen Gedanken zu und bezeichnet die Schlüssellochgucker als Entdecker und die anderen als Erfinder, ja als Mitverschwörer in der Gestaltung der Welt.

Damit wächst dem Beobachter die Verantwortung für seine Entscheidung, was er beobachtet, ja sogar für das Beobachtete selbst, zu. Jede Aufmerksamkeitsfokussierung ist eine Entscheidung zur Interaktion, die unweigerlich Rückkopplungseffekte mit sich bringt. Gleichzeitig erzeugt sie, solange sie anhält, einen gigantischen blinden Fleck, nämlich den ganzen Rest der gleichzeitig nicht beobachteten Welt. Bei jeder Beobachtung handelt es sich insofern um einen äußerst exklusiven Akt der Weltgestaltung. Mit jeder Beobachtung konstruieren wir aktiv unsere Wirklichkeit und entscheiden uns gegen eine Unmenge anderer möglicher Wirklichkeitskonstruktionen. Die Verantwortung für unsere Welt und Wirklichkeit fällt damit auf uns zurück. Jede Entscheidung, anders zu beobachten, verändert die Wirklichkeit, und sei es nur in geringem Maße. Deshalb ist es wichtig, den Beobachter und seine Art des Beobachtens zu betrachten. Im Jargon der Systemtheorie sprechen wir von der Kybernetik zweiter Ordnung. Heutzutage weiß jeder, dass Statistiken trügerisch sein oder gar lügen können. Also ist es doch interessant, wer welche Statistik mit welchem Interesse und Weltbild präsentiert. Erinnern Sie sich an das brasilianisch-deutsche Halbfinale der Fußballweltmeisterschaft 2014 in Rio? Das quasi-objektive 7:1-Ergebnis für unsere Equipe wird sehr unterschiedlich kommentiert worden sein, je nachdem, ob wir einem brasilianischen

---

16 Abgedruckt in: von Foerster (1993).

oder deutschen Sportreporter gelauscht haben. Hätte ein japanischer Journalist die objektive Reportage liefern können? Wohl kaum. Und wer, außer den Japanern, hätte sie hören wollen? Auch das Weltbild des Zen propagiert keine objektiven Wahrheiten. Es nimmt für sich selbst nicht in Anspruch, eine Lehre zu sein, die andere Lehren ausschließt. Vielmehr erinnert es uns daran, immer wieder zu prüfen, wie wir auf die Welt schauen, also die eigene Art unseres Beobachtens zu erkennen, um sie gegebenenfalls auch suspendieren zu können. Das Zen zieht damit ähnliche Schlussfolgerungen für die Begegnung zwischen Individuum und Welt und auch für die Begegnung des Individuums mit sich selbst wie Systemtheorie und Konstruktivismus.

Wie lassen sich diese Gedanken zum Beobachterkonzept nun auf die Coachingkonstellation übertragen? Coach und Coachee steigen jeweils als Beobachter in die Coachingsession ein, fokussieren also ihre Aufmerksamkeit in ihrer jeweilig subjektiven Weise. Dabei beobachten sie den anderen in seiner körperlichen Präsenz, sie beobachten seine Kommunikationen, vielleicht aber auch etwas ganz anderes, vordergründig nicht dem Coaching Angehöriges. Dabei könnte es sich um ein draußen vorbeifahrendes Auto, die Geräusche eines spielenden Kindes oder die Erinnerung an den letzten Urlaub handeln. Das Besondere an der Coachingkonstellation ist aus systemtheoretischer Sicht, dass neben Coach und Coachee ein dritter Beobachter die Bühne betritt, nämlich das soziale System »Coaching«. Dabei handelt es sich um die Kommunikationen zwischen Berater und Klient, die ebenfalls dauernd unterscheiden und bezeichnen, also beobachten. Für welche Beobachtungen entscheidet sich dieses System? Welche blinden Flecken erzeugt es? Welche Wirklichkeit kreiert es? Es gehört zwar zum quasioffiziellen Anforderungsprofil des Beraters, Hypothesen über Gedanken und Gefühle des Klienten aufzustellen, aber auch der Coachee kommt nicht umhin, darüber nachzudenken, was der Coach in bestimmten Momenten denkt oder fühlt. Gleichzeitig beobachtet jeder seine eigenen Gefühle und Gedanken, also die Bedingungen seines eigenen Beobachtens. Es scheint eine ziemlich »komplizierte Kiste« zu sein, wie sich das Coaching abspielt. Nun kommt aber noch erschwerend hinzu, dass die Beteiligten über ihr Beobachtetwerden Bescheid wissen, und zwar nicht nur der Klient, zu dessen Rolle es ja gehört, beobachtet zu werden, sondern auch der Berater, der im konventionellen Verständnis der Situation eigentlich so eine Art

»Einbahnstraßenbeobachter« ist. Nicht selten wird ihm die Rolle des objektiven Beobachters zugeschrieben. Welche Konsequenzen hat dieses kommunikative Geflecht aus Beobachten, Selbstbeobachten und Beobachtetwerden sowie das Wissen darüber für die Coachingarbeit? Die Gesamtkomplexität des Coachings ist damit aber immer noch nicht erfasst. Nehmen wir den Kontext, nämlich die Organisation, der der Klient angehört, in die Betrachtung mit hinein, wird es noch verwobener. Wie beobachtet das soziale System der Organisation das Coaching? Welche Kommentierungen sind hier zu hören? »Wer zum Coach geht, muss auf die Couch« oder eher Wertschätzendes und Erwartungsvolles? Dann gibt es in der Regel Chefs, gelegentlich auch Personalentwickler, die ihre jeweils eigene, rollengebundene Art zu beobachten in die Situation einbringen. Berater und Klient müssen all diese Beobachterperspektiven in ihr Kalkül einbeziehen, und sei es nur, indem sie beschließen, sie zu ignorieren. Einigen sie sich auf eine gemeinsame Linie der Berücksichtigung, oder »regelt« jeder die Angelegenheit insgeheim so, wie er es für richtig hält? Je weiter man schaut, desto komplexer wird es. Man könnte sagen, dass der Komplexität keine Grenzen gesetzt sind. Wie viel Erfahrung, Kompetenz und Fertigkeiten braucht man, um als Coach mit dieser Komplexität erfolgreich umzugehen? Mit welchem Komplexitätsbewältigungsmodell tritt man als Berater an? Welche Tools sind geeignet, dieser Komplexität gerecht zu werden?

Die radikale Subjektivität allen Erkennens

»Das Perspektivische der Welt geht so tief, als heute unser ›Verständnis‹ der Welt reicht [...] Dass die Zahl eine perspektivische Form ist, so gut als Zeit und Raum, dass wir so wenig ›eine Seele‹ als ›zwei Seelen‹ in einer Brust beherbergen, dass die ›Individuen‹ sich wie die materiellen ›Atome‹ nicht mehr halten lassen, außer für den Hand- und Hausgebrauch des Denkens [...], dass ›Subjekt und Objekt‹, ›Aktivum und Passivum‹, ›Ursache und Wirkung‹, ›Mittel und Zweck‹ immer nur perspektivische Formen sind, in summa dass die Seele, die Substanz, die Zahl, die Zeit, der Raum, der Grund, der Zweck – miteinander stehen u n d f a l l e n« (Nietzsche 1999b, S. 648; Hervorh. im Orig.).

Für Nietzsche, einen der Wegbereiter der Postmoderne, war klar, dass es kein objektives Erkennen der Welt geben kann, sondern dass jede die Welt interpretierende Aussage eine Frage der Perspektive ist. Vor

2 Der innere Zusammenhang zwischen Zen und Systemtheorie

ihm hatten neben vielen anderen schon Immanuel Kant und lange vor Kant die Vorsokratiker ähnliche Auffassungen entwickelt. Mithilfe anschaulicher Experimente relativierten sie die Vorstellungen von Realität und Wahrheit:

> »Wenn man zum Beispiel seine Hand aus einem Behälter mit kaltem Wasser in einen Behälter mit lauwarmem Wasser steckt, dann fühlt sich dieses heiß an; beginnt man aber mit dem heißen Wasser, dann fühlt sich das lauwarme kalt an« (von Glasersfeld, 1996, S. 59).

Ernst von Glasersfeld hat dann im 20. Jahrhundert in der Tradition dieser und anderer Denker die Erkenntnistheorie des radikalen Konstruktivismus begründet. Sollte ich diese Theorie auf einen Satz reduzieren, dann würde ich sagen, radikaler Konstruktivismus bedeutet, dass jedes menschliche Erkennen und Wissen radikal subjektgebunden ist. Damit soll eine objektive Realität nicht geleugnet werden, nur haben wir keinen Zugang zu ihr, weshalb es müßig ist, sich mit ihr zu beschäftigen. Wie wollten wir über die Grenzen unserer individuellen, subjektiven Erfahrung hinausgelangen? Egal, womit wir uns auseinandersetzen, wir tun dies immer aus unserer Beobachterperspektive, also letztlich subjektiv. Auch die empirische Wissenschaft erforscht Erfahrungen und nicht etwa beobachterunabhängige Realitäten. Und auch unsere Sprache ist vollkommen subjektgebunden:

> »Wir benutzen Wörter, um anderen von unseren Erfahrungen zu erzählen, können aber unsere Erfahrungen auf diese Weise nicht mitteilen. Denn was der andere versteht, wenn er uns sprechen hört, kann sich nur aus den Bedeutungen erschließen, die er aufgrund seiner eigenen Erfahrungen mit den Klangbildern unserer Wörter verknüpft. Seine Erfahrung ist aber nie identisch mit der unseren« (Rautenberg 2010, S. 70).

Tatsachen, Fakten, die »Wahrheit« sind Ergebnisse von intersubjektiven Einigungsprozessen. Geld funktioniert als Zahlungsmittel nicht wegen einer objektiv feststellbaren Zahlungsmitteleigenschaft, sondern weil eine große Zahl Menschen, Gesellschaften, Länder, vielleicht die ganze Welt sich darauf verständigt, Geld als Zahlungsmittel anzuerkennen. Auf gleiche Weise funktioniert die Kreditkarte. Solche Einigungen können aber auch ihre Grenzen haben. Im Südsudan, wie in vielen armen Ländern mit schwacher Währung, hat der US-Dollar den Status einer Parallelwährung, weshalb er generell heiß begehrt ist. Während eines Projektaufenthaltes im Lande musste ich erfahren, dass von mir als vermeintlich reichem Ausländer erwartet wurde, dass ich nagelneue Banknoten ins Land bringe. Als ich in der Provinzhauptstadt Bor meine Hotelrechnung begleichen wollte, wurden meine Dollarnoten einer peinlichen Examination unterzogen, damit sichergestellt sei, dass sie keinerlei Gebrauchsspuren aufwiesen. An Kreditkartenzahlung als Alternative war selbstverständlich nicht zu denken. Nur Bares war Wahres! Aber auch, wenn Sie in unseren Breiten in den 1980er-Jahren in einem Restaurant mit Kreditkarte zahlen wollten, werden Sie festgestellt haben, dass nicht jedes Restaurant alle Kreditkarten akzeptiert.

Was immer wir in unserem Leben als »Wahrheit« oder »Realität« titulieren, steht in einer untrennbaren Beziehung zu unserem subjektiven Beobachten. Wenn etwas gemeinschaftlich als »Wahrheit funktionieren« soll, muss stets ein Einigungsprozess vorangegangen sein. Als wahr darf gelten, was intersubjektiv und nicht etwa objektiv so bezeichnet werden kann. Das trifft für die Gültigkeit von Zahlungsmitteln zu ebenso wie für die Frage, ob das Wetter schön ist oder wann ein Vertrag als geschlossen gelten darf.

Thorsten B., Vorstand eines regionalen Infrastrukturunternehmens, flatterten eines Tages anonyme Verleumdungsbriefe auf den Schreibtisch. Ziel der Diffamierung war eine seiner Führungskräfte, an der er selbst auch erhebliche Kritik übte. Tatsächlich ging seine eigene Kritik so weit, dass er sich am liebsten von dieser Führungskraft getrennt hätte. Als Vorstand sah sich mein Klient jetzt mit einer Reihe von »Realitäten« konfrontiert, die nicht durchgängig miteinander harmonierten. Es gab in seinem Unternehmen eine anonyme Verleumdungskampagne, was er selbstverständlich zutiefst missbilligte. Die Diffamierung enthielt persönliche Aggressionen, die Thorsten B. anwiderten und gleichzeitig, sachliche Argumente, die er durchaus teilte. Hätte er die Absetzung seines Mitarbeiters aktiv betrieben, wäre er Gefahr gelaufen, so wahrgenommen zu werden, als wäre er vor den Forderungen der Verleumder eingeknickt. Seiner Führungskraft den Rücken zu stärken hätte bedeutet, jemanden im Managementteam zu bestätigen, der seiner Meinung nach den Anforderungen des Jobs nicht entsprach. Das war ein echtes Dilemma. Wie er sich auch entschieden hätte, es wäre aus einer relevanten Perspektive »falsch« gewesen. In der Beschäftigung mit dieser verständlicherweise schwierigen und fordernden Situation blieb ein Aspekt im

> blinden Fleck meines Klienten, der meines Erachtens entscheidend für die Auflösung des Dilemmas war. Was bedeutete das Ganze für die Kultur der Organisation? Welche kulturellen Gegebenheiten ermöglichten oder ermutigten eine solche Verleumdungsaktion? Inwieweit handelte es sich bei dem Vorkommnis um ein systemisches Versagen und inwieweit um ein persönliches Versagen, welches in Richtung Einzeltäterschaft, also das berühmte »schwarze Schaf«, abgrenzbar gewesen wäre? Welche Kultursignale würde ein Festhalten an dem Verleumdeten vermitteln, welche würden durch seine Absetzung erzeugt? Erschwerend kam hinzu, dass die Öffentlichkeit »Wind von der Sache« bekommen hatte und damit nicht nur die Reputation einzelner Personen, sondern die der ganzen Organisation auf dem Spiel stand. Thorsten B. hat die Krise mit ruhiger Hand und kluger Stakeholderkommunikation umsichtig gemanagt. Er fand die richtigen Kanäle und Worte, um mit unternehmensinterner und -externer Öffentlichkeit, mit Mitarbeitern, Management und nicht zuletzt mit der verleumdeten Führungskraft zu kommunizieren. Die Aufregung ebbte ab, und die Verleumdungen hörten auf. Abgesehen davon, dass der Verleumder nie identifiziert wurde, kann man sagen: Die Krise wurde erfolgreich überwunden.

Offen blieb aber die Frage, welche systemischen Kräfte am Werk gewesen waren und welchen Beitrag Organisations- und Führungskultur für die Krise geleistet hatten. Es ist eine Unterscheidung, die einen bedeutsamen Unterschied macht, ob man in der Krisenbewältigung und Aufarbeitung dahin schaut oder nicht. Ob Zinsmanipulationen einer Bank oder Emissionsmanipulationen eines Autobauers, es macht einen gewaltigen Unterschied, ob man die Schwarzes-Schaf-Hypothese verfolgt oder ob man die Kulturfrage stellt. Anstelle der objektiven Klärung eines Tatbestandes tritt als Lösungsweg die multisubjektive Erforschung der Lage. Alle relevanten Wirklichkeiten oder Perspektiven werden nebeneinander gestellt und in ihrer Gleichzeitigkeit und Widersprüchlichkeit betrachtet. Dies ist, wie wir später sehen werden, ein wesentliches Element in der Kunst des Dialogs. Als Coachs müssen wir uns immer wieder Rechenschaft darüber ablegen, wie es mit unserer Subjektivität beschaffen ist. Wohin schweift unsere Aufmerksamkeit? Zu welchen Unterscheidungen neigen wir? Welche Bezeichnungen bevorzugen wir? Die Art und Weise unseres Beobachtens prägt die Art und Weise, wie wir uns in den Dialog mit unseren Klienten begeben.

Einheit und Differenz

Wir sind alle mit unserer jeweils eigenen Welt untrennbar verbunden und können nur sehen, was irgendwie schon in uns selber angelegt ist. Unsere Welt beginnt und endet für uns mit dem, was wir als unsere Existenz verstehen. In diesem Sinne könnte man sagen, dass vor und nach uns nichts ist, das unserer Welt angehören würde. So gesehen, sind wir also in unserer jeweiligen Welt der Ursprung von allem, vom ganzen Universum. Aus dieser Perspektive gehen unser Selbst und die Welt ineinander auf. Sie werden eins. Je mehr wir diese Einheit empfinden und annehmen, desto eher können wir »selbstvergessen« werden und uns unabhängiger von der Idee der Beständigkeit und Identität unseres Selbst machen. Vielleicht können wir sie sogar irgendwann loslassen. Wenn wir im Sinne dieses Einheitsgedankens alles in unserer Welt als uns angehörig empfinden, dann hat das Konsequenzen für unsere Gestaltung der Beziehung mit der Welt. Wir sollten sorgsam, verantwortungsvoll und solidarisch mit allen und allem umgehen: mit unseren Mitmenschen, gleich wie sie uns gesonnen scheinen, nicht nur mit unseren uns so lieben Haustieren, sondern auch mit den uns plagenden Insekten, mit der Natur und mit unserem blauen Planeten sowieso. Denn all diese Phänomene wären aus dieser Perspektive in unserem Leben Spiegel unseres Selbst.

Der Gedanke der Einheit tritt nicht etwa an die Stelle einer dualistischen Anschauung der Welt und soll sie ersetzen. Er tritt vielmehr an ihre Seite. Die Unterscheidung zwischen Hell und Dunkel, Gut und Böse, Mann und Frau, Tag und Nacht führt zwar einerseits dazu, diese Gegensätze voneinander zu trennen. Paradoxerweise steckt in der Unterscheidung aber gleichzeitig ihre Zusammengehörigkeit, weil sie sich gegenseitig bedingen. Das Schöne braucht das Hässliche, um als schön erkennbar zu werden. Ohne Nacht kein Tag, ohne Feuchtigkeit keine Trockenheit, ohne Vertrieb kein Innendienst und ohne Laurel kein Hardy. Die Gegensätze bedingen sich, und auch Einheit und Gegensatz bedingen einander. Gäbe es nur Helligkeit in der Welt und wir hätten keinen Begriff von Dunkelheit, dann wäre die Helligkeit in ihrem Wesen nicht erkennbar. Trennung und Dualismus sind also Voraussetzungen für Einheit. Sie zu überwinden hieße, die Einheit unerfahrbar zu machen, denn die Einheitserfahrung ist nur vor dem Hintergrund der Trennungserfahrung möglich. Das eine ist nur mit dem anderen zu haben, und ohne das andere ist das eine nicht vorstellbar. Hier geht es also nicht darum, eine Entscheidung zwischen einheitlicher und dualistischer Weltsicht zu treffen, sondern ihre Gleichzeitigkeit und gegenseitige Bedingtheit zu sehen. Weder wollen wir Trennung und Gegensatz dauerhaft in den Vordergrund stellen, noch kann es das Ziel sein, dass alle Gegensätze überwunden werden und vollkommen ineinander aufgehen. Einheit und Unterschiedlichkeit sollen in einen Prozess des produktiven Wechselspiels treten.

Warum konnte Ho Chi Minh so eine ungeheure Energie für die Sache der Einheit seines Landes entwickeln – und zwar persönlich und in seinem Volk? Wie ist es ihm gelungen, sich erfolgreich gegen die erdrückende Stärke einer Supermacht zu behaupten und in dieser Auseinandersetzung zu obsiegen? Er verstand es meisterhaft, eine zielorientierte, kräftebündelnde und letztlich produktive Spannung zwischen erwünschter Einheit und erlebter Trennung herzustellen. Dagegen waren die Kriegsziele der USA und ihres Verbündeten Südvietnam blasse Orientierungspunkte. Eine der Systemtheorie inhärente Paradoxie betrifft das Verhältnis zwischen Einheit und Vielheit grundlegend: Die Grenzziehung zwischen System und Umwelt ist Voraussetzung für den Einheitsgedanken. Man braucht immer das andere, um das eine zu erkennen, man braucht immer Zweiheit oder Vielheit, um den Gedanken der Einheit denken zu können oder überhaupt nur auf ihn zu kommen. Das Gefühl der Einheit setzt die Möglichkeit des Gefühls der Zweiheit oder der Vielheit voraus. Auf staatlicher Ebene wird dies besonders deutlich, wenn man an die klassischen Teilungsstaaten der jüngeren Nachkriegsgeschichte Deutschland, Korea und eben Vietnam denkt. Für Deutschland und Vietnam spielt die gewonnene Einheit im Lichte des Erlebens einer schmerzhaften Zweiheit eine wichtige Rolle. Korea schaut gewissermaßen aus der anderen Richtung auf die Beziehung von Ein- und Zweiheit. Der Gedanke der Einheit wird in diesen Ländern vermutlich eine lebendigere Rolle spielen als zum Beispiel in Chile, Schweden oder Japan.

Wenn es nur Einheit gäbe, würden wir keinen Gedanken an sie verschwenden. Alles Ausschließliche ist nicht unterscheidbar und kann also auch nicht bezeichnet werden. Der Gedanke an das Element der Luft zum Atmen wird für uns nur deshalb verständlich, weil wir sie unterscheiden können – zum Beispiel vom Element des Wassers, in dem wir nicht atmen können, welches für uns aber gleichermaßen lebenswichtig ist. In der Beziehung zwischen Coach und Klient kommt es auf das Wechselspiel zwischen Einheit und Zweiheit, zwischen Gemeinschaft und Trennung, zwischen Nähe und Distanz an. Sie müssen sich aufeinander einlassen, ohne ineinander aufzugehen. Aus ihrem Miteinander sollen Impulse hervorgehen, denen der Klient eine beratende Qualität zuschreibt. Das ist ein anderer Arbeitsmodus, als wenn ein Berater seinem Kunden Rat erteilt. Der Arbeitsmodus unterscheidet sich aber auch von der klassischen Prozessberatung, in der der Berater dem Klienten durch kluge Prozessgestaltung hilft, »seine« Lösungen zu finden. In der Gestaltung von Kommunikation und Interaktion achtet der Berater auf Augenhöhe und folgt nicht den Einladungen des Klienten, asymmetrische Arzt-Patienten-Muster zu bedienen. Das Berater-Klienten-System bringt die Leistungen hervor, mit denen der Klient, vielleicht auch der Berater, etwas anzufangen weiß. Es handelt sich auch nicht um eine Kunden-Lieferanten-Beziehung, in der der eine eine Leistung für den anderen erbringt. Gleichzeitig ist gerade die spezifische Individualität des Beraters Voraussetzung für die gemeinsame Leistung. Sein Beitrag ist nicht standardisierbar. Im beratenden Dialog kommt es darauf an, dass er sich mit seinem einzigartigen Profil einbringt. Insofern ist bei aller Gemeinschaft die Trennung, die Grenze, das Individuelle von Bedeutung. Das beratende Setting muss also Einheit und Zweiheit gewissermaßen gleichzeitig realisieren. In einem stabilen Trennungszustand könnten sich kaum anschlussfähige Impulse ergeben, und in der dauernden Einheit würden wenig kreative Anstöße erzeugt werden. Auch wenn diese Gleichzeitigkeit in streng logischem Sinne nicht möglich ist, so gilt es doch, sie anzustreben. An Paradoxien sollten wir uns als Berater ohnehin gewöhnen, ist das Feld, in dem wir agieren, doch voll davon, ganz zu schweigen von dem einzigen Instrument, über das wir letztlich verfügen, nämlich der Kommunikation. Man könnte hier von einer gemeinsamen Entwicklung zwischen Coach und Coachee sprechen. Das Coaching wäre demnach eine Art Koevolution auf Zeit. Hier kommt nun der Dialog ins Spiel. Er ist nämlich die kommunikative Form par excellence für eine solche gemeinsame Entwicklung. In ihm können Wechselspiel und gemeinsames Schwingen stattfinden. Er schafft einen authentischen Zwischenraum, aus dem die erwünschten Leistungen hervorgehen können. Für die Zwecke des Coachings ist der Dialog eine geeignete und meines Erachtens auch die ehrlichste Form der Ausgestaltung dieser Koevolution.

2 Der innere Zusammenhang zwischen Zen und Systemtheorie

Die aus Autopoiesis und operativer Geschlossenheit erwachsende Eigenständigkeit von Systemen resultiert entweder in ihrer Unabhängigkeit voneinander oder in ihrer gemeinsamen Entwicklung, ohne dass eines das andere bestimmend beeinflusst. Letzteres kann man auch als Koevolution von Subjekten verstehen – wie die »Ich-Du«-Beziehung im Dialog, die wir im nächsten Teil des Buches genauer anschauen werden. Mit der Möglichkeit determinierender Eingriffe über die Systemgrenzen hinweg würde es sich um eine Subjekt-Objekt-Beziehung handeln. Dies wäre eine tatsächliche Trennung, wie etwa zwischen Busfahrer und Bus oder zwischen Pilot und Düsenjet. Der eine bedient das andere wie ein Instrument, welches erwartbare Reaktionen zeigt, da es eine triviale Maschine ist. Oder er bedient sich des anderen in instrumenteller Weise und trivialisiert ihn damit ebenfalls. Ganz anders verhält es sich in der Subjekt-Subjekt- oder Ich-Du-Beziehung zwischen Berater und Klient. In ihr wird der andere ohne jeden Versuch der Trivialisierung und Instrumentalisierung als Person respektiert und angenommen. Es ist paradox, aber wichtig zu erkennen, dass erst die hochwirksame Grenzziehung, die sich aus der operativen Geschlossenheit zweier Systeme ergibt, die Perspektive ihrer Einheit im Sinne einer gemeinsamen Entwicklung ermöglicht. Diese Grenzen sichern nämlich die Eigenständigkeit der Systeme und sorgen auf diese Weise gewissermaßen für »Augenhöhe« zwischen ihnen. Und erst diese Augenhöhe ermöglicht eine produktiv-lebendige Perspektive der Einheit. Die Grenzen stellen somit eine wichtige Voraussetzung für das Sichaufeinandereinlassen dar.

Wir dürfen aber nicht vergessen, dass der Kontext des Klienten, das ist bei Managern ihre Organisation, stets mit »im Spiel« ist. Im koevolutionären Prozess des Schwingens zwischen Einheit und Differenz muss dieser Kontext immer wieder bedacht werden, sonst könnten Lösungen sich als nicht alltagstauglich erweisen. Dies gilt besonders für solche Lösungen, die eine gewisse Klienteneuphorie erzeugen. Während einer Coachingsitzung mag dieser Kontext ausdrücklich sehr präsent oder aus dem Hintergrund subtil wirkend sein, für den Klienten ist er letztlich unausweichlich. Wenn er zum Beispiel als Manager Mitglied und Rollenträger in einer Organisation ist, müssen die Eigenlogiken und Dynamiken dieser Organisation ins Kalkül einbezogen werden. Denn das System dieser Organisation »funktioniert« ebenfalls selbstreferenziell und operativ geschlossen. Lassen wir in diesem Zusammenhang noch einmal Robert Pirsig zu Wort kommen:

»Er spürte, dass Institutionen aller Arten, wie Schulen, Kirchen, Regierungen und politische Organisationen, sämtlich dazu neigten, das Denken auf andere Zwecke als die Wahrheit zu lenken. Dabei ging es um die Fortsetzung ihres Funktionierens und um die Kontrolle von Individuen im Dienst dieses Funktionierens« (Pirsig 1999, p. 121; Übers: M. R.).[17]

Unsere Klienten bewegen sich mit ihren Anliegen in einem Spannungsfeld zu einem oder mehreren Kontexten. Egal, ob Familie, Kirche, das Unternehmen, in dem er beschäftigt ist, oder der Taubenzüchterverein, in dem er die Rolle des Kassenwartes innehat: Die Erwartungen, Notwendigkeiten, empfundenen Zwänge üben alle einen mehr oder weniger starken Einfluss aus. Nach dem Coaching findet der Klient sich in seinen Alltagsrollen wieder und muss sich dort in einer von ihm als stimmig empfundenen Art und Weise bewähren. In obigem Zitat kontrastiert Robert Pirsig die Kontextnotwendigkeiten mit der »Wahrheit«. Das klingt radikal, ist aber in gewisser Weise sehr richtig. Denn die Erkenntnisse, die ein Coachee im Coaching gewinnt, haben für ihn einen besonderen Wahrhaftigkeitswert, da er sie ohne den manipulativen Einfluss anderer Interessenträger erlangt hat. Das ist ja gerade eine der wesentlichen Sinnperspektiven des Coachings. Der Klient mag die Interessen anderer durchaus in sein Kalkül einbezogen haben, aber dann begab er sich zum Coaching idealerweise aus eigenem Wunsch und nicht, weil es ihm aufgezwungen wurde. Eine Aufgabe des Coachings ist sicherlich, die Spannung zwischen dieser persönlichen Wahrhaftigkeit und den verschiedenen Kontextnotwendigkeiten auszuleuchten. Das kann sehr unbequem werden, weil es als eine Art Erweckung erlebt werden kann, die unumkehrbar ist. Dann folgen entweder Verdrängung oder Konsequenzen. Die notwendige Klarheit des Bewusstseins erlangt der Klient, indem er in die Lage versetzt wird, die Kontextbedingungen zu suspendieren, um sich ihnen dann wieder konsequent zu stellen. Das Pendel der Beratung sollte zwischen Kontext und Kontextfreiheit hin- und herschwingen und darf keinesfalls auf einer Seite hängen bleiben. Es wäre naiv und illusionär, wenn in der Beratung die Umfeldzwänge des Kunden unberücksichtigt blieben, und es wäre für den Möglichkeitsraum des

---

17 Orig.: »He felt that institutions such as schools, churches, governments and political organizations of every sort all tended to direct thought for ends other than truth, for the perpetuation of their own functions, and for the control of individuals in the service of these functions.«

Klienten zu eng und fantasielos, wenn diese Zwänge von vornherein als unverrückbare Prämissen akzeptiert würden. Mit der Besinnung auf die systemischen Wirkkräfte des Umfeldes wird das Pendel sich unweigerlich in Richtung Kontextbedingungen, Realismus und Illusionsfreiheit bewegen. In der Haltung des Zen und mit der Methode des Dialogs bekommt es dann wieder einen ordentlichen Schwung in Richtung Freiheit, Vielfalt und Grenzenlosigkeit.

3 Beziehung und Dialog

Wenn wir die Perspektiven der Systemtheorie und des Zen in ihrem Zusammenhang ernst nehmen, dann hat das Konsequenzen für die Beziehungsgestaltung zwischen Klient und Berater. Wie gestalten wir die Kommunikation zwischen ihnen? Wie wird die gewünschte Beratungsleistung erbracht, und wer erbringt sie? Wie sinnvoll ist die allseits geschätzte, weil sicherheitgebende asymmetrische Konstellation analog zur Arzt-Patienten-Beziehung? Wie tauglich ist die Idee der professionellen Distanz noch? Es ist ja schon mehrfach angeklungen, dass für *Zen in der Kunst des Coachings* die Beziehung im Sinne eines dialogischen Miteinanders bedeutsam ist. Im Laufe meiner Beschäftigung mit dem systemtheoretisch-konstruktivistischen Komplex, dem Zen und dem Dialog habe ich erkannt, dass diese Gedankenwelten tiefe innere Zusammenhänge aufweisen. Den dritten Teil möchte ich deshalb Fragen der Beziehungsgestaltung und des Dialogs widmen. Schauen wir uns nun näher an, wie Grundlagen einer dialogischen Beziehungsgestaltung für die Praxis des Coachings aussehen. Knüpfend an die Fragen, die uns in dem Abschnitt »Einheit und Differenz« beschäftigt haben, möchte ich zunächst eine Arbeit näher unter die Lupe nehmen, die schon Ende der 1960er-Jahre entstanden ist. Sie hat meines Erachtens nachhaltigen Bestand im Zusammenhang mit zentralen Fragen der Beziehungsgestaltung in der Beratung.

Das grundlegend Dialogische in der Beziehungsgestaltung spielt sich zwischen Polaritäten ab

> »Im Grunde sind es doch die Verbindungen mit Menschen,
> die dem Leben seinen Wert geben.«
> Wilhelm von Humboldt

Helm Stierlin hat die Dynamik menschlicher Beziehungen mithilfe von fünf grundlegenden Polaritäten ausgearbeitet, die für eine dialogorientierte Beratungsarbeit erhebliche praktische Bedeutung haben. Es soll uns nicht stören, dass sein 1971 erschienenes Buch mit dem Titel *Das Tun des Einen ist das Tun des Anderen* (Stierlin 1971) durch Erfahrungen aus der psychotherapeutischen Arbeit mit Neurotikern

3 Beziehung und Dialog

und Psychotikern inspiriert wurde. Interessant ist, dass Stierlin selber diese psychischen Phänomene immer weniger als intrapsychologische Störungen, sondern zunehmend als Beziehungsstörungen begriff. Dieser Erkenntnisprozess veranlasste ihn, über das Wesen menschlicher Beziehungen im Allgemeinen nachzudenken und sie begrifflich und modellhaft zu erfassen. Stierlin nimmt sich den »Entwurf einer allgemeinen Beziehungslehre« (ebd., S. 66) vor und bezeichnet ihn als »Phänomenologie der Gegenseitigkeit« (ebd., S. 66 ff.). Im Rahmen seiner Überlegungen wird das grundsätzlich Dialogische menschlicher Beziehungen deutlich, weshalb eine dialogische Beziehungsgestaltung für Lebendigkeit und Frische menschlichen Miteinanders unerlässlich erscheint.

Polaritäten bestimmen den Charakter jeder Beziehung und erzeugen ein andauerndes Spannungsfeld für ihre Gestaltung. In Beziehungen findet ein ständiges Austarieren zwischen Augenblick und Dauer, Verschiedenheit und Gleichheit, Befriedigung und Versagung, Stimulierung und Stabilisierung sowie Nähe und Distanz statt. Sämtliche Beziehungen, so Stierlins These, spielen sich in den Spannungsfeldern dieser Polaritäten ab. Die Polaritäten stehen in einer dialektischen Beziehung, deren Wert die aus dem Zusammenspiel von Gegensätzen entstehende Fruchtbarkeit ist. Dabei hat der hintergründige Charakter von Beziehungen im tieferen Sinne dialogische Eigenschaften.

> »Ein entscheidendes Moment jeder positiven Gegenseitigkeit wurde bereits hervorgehoben: *die Bewegung der Beziehung*. Diese Bewegung muss notwendigerweise immer weitere und tiefere Persönlichkeitsbereiche des Partners erfassen. In ihr teilt sich ein wesentliches Merkmal jeder positiven Gegenseitigkeit mit, *ihr Charakter als Dialog* [...]. Dieser Dialog ist jedoch nicht nur eine Sache des Miteinandersprechens; es kommen darin vielschichtige psychologische Bereiche und Prozesse ins Spiel« (ebd., S. 67; Hervorh. im Orig.).

Stierlin begreift eine positive, gelungene Beziehungsgestaltung in ihrem Wesen also als dialogisch und in Bewegung. Diese Bewegung ist offenkundig eine den Beziehungspartnern gemeinsame. Wenn die Gegenseitigkeit positiv ist, findet eine gemeinsame Entwicklung der Beziehungspartner, die dann Dialogpartner sind, statt. Ganz allgemein kann man dies als koevolutionären Prozess bezeichnen. Wichtig ist, dass Dialog wesentlich mehr ist, als einfach nur miteinander zu reden, und sei die Qualität des Gesprächs auch besonders gut. Die angesprochene dialogische Vielschichtigkeit spielt für unser beraterisches Verständnis eine entscheidende Rolle. Schauen wir uns nun die angesprochenen Polaritäten systematisch und genauer an.

Nähe und Distanz

Wie bei der Gegenüberstellung von Einheit und Differenz handelt es sich bei Nähe und Distanz um Polaritäten, die sich gegenseitig bedingen.

»Die nächste Nähe, die denkmöglich ist, setzt noch eine gewisse Distanz zwischen zwei Objekten voraus. Fehlt dieser Rest von Distanz, dann wird Nähe zur Fusion, und der Begriff Nähe ist nicht länger anwendbar« (Stierlin 1971, S. 61).

Eine Beziehung braucht zunächst ein Mindestmaß an Nähe, damit man in Tuchfühlung gehen und überhaupt in Beziehung treten kann. Gleichzeitig braucht sie immer ein Mindestmaß an Distanz, sonst können Partner sich nicht mehr als hinreichend unterschiedlich erleben und insofern nicht mehr in Beziehung zueinander kommen. Folgende Analogie zur Sehschärfe unserer Augen mag dies verdeutlichen: Wenn wir einen Schriftzug aus größerer Entfernung anschauen, wird er für unsere Wahrnehmung verschwommen und nicht entzifferbar sein. Dafür können wir aber vieles drum herum wahrnehmen. Nun bewegen wir uns kontinuierlich auf diesen Schriftzug zu und stellen fest, dass wir irgendwann den Punkt erreichen, von dem aus es uns möglich ist, ihn zu lesen. Dafür werden wir jetzt viel weniger von dem wahrnehmen, was sonst noch auf der Seite steht oder wo sich das Buch oder die Zeitung befindet. Wenn wir uns dem Schriftzug nun immer weiter annähern, werden wir nach einer Phase der Lesbarkeit einen Punkt erreichen, von dem aus der Schriftzug wieder undeutlicher wird, bis er schließlich nicht mehr entzifferbar ist. Irgendwann werden wir mit unseren Augen so nah dran sein, dass wir gar nichts mehr erkennen können. Wir müssen wieder etwas mehr Distanz einnehmen. Das Spiel zwischen Nähe und Distanz ermöglicht es uns, zwischen Wahrnehmungen des großen Ganzen und denen detaillierter Kleinteiligkeit hin- und herzuschwingen.

»Auf dem Boden einer psychologischen und emotionalen Distanzierung können wir den anderen [...] in seiner Andersheit erkennen. So wie wir nach Nietzsche aus den Mauern einer Stadt heraustreten müssen,

3 Beziehung und Dialog

um sie überschauen zu können, müssen wir zeitweilig das Band unserer emotionalen Verbundenheit mit dem anderen sprengen, damit wir diesen verstehen« (ebd., S. 63).

Das Band zu »sprengen« klingt recht radikal, aber es kann festgehalten werden, dass in einer guten Beziehung eine gelegentliche Distanzierung notwendig ist, damit ein gesundes Verhältnis von Nähe und Distanz austariert und dann wieder erneuerte Nähe gewonnen werden kann.

Die beraterische Distanz ist in jedem Coaching elementarer Bestandteil einer professionellen Beziehungsgestaltung. Je dialogischer der Charakter des Coachings ist, desto weniger handelt es sich dabei aber um eine asymmetrische Distanz, sondern vielmehr um eine Distanz auf Augenhöhe. In diesem Augenhöhenverhältnis bemühen wir uns immer wieder um ein hohes Maß an Nähe, denn wir wollen nicht nur aus der Perspektive des Beobachters verstehen, sondern auch regelrecht erspüren, was den Klienten bewegt. Es handelt sich dabei um eine innere Nähe, die entsteht, wenn wir uns auf den anderen einlassen, egal, ob wir uns mit ihm in einem Raum befinden oder über Tausende von Kilometern Entfernung miteinander telefonieren. Ein Sicheinlassen auf nächste Nähe ist möglich, wenn wir uns angesichts des Klienten kontemplativ-dialogisch in ihn versenken, wie es mir versehentlich in dem im Einführungskapitel geschilderten Coaching mit Karin E. geschah. Eine solche Versenkung kann als »Verwischen« der Subjekt-Objekt-Grenzen erlebt werden, was uns automatisch wieder die Gegenbewegung, also die Distanzierung, abnötigt. Nur in ausreichender Distanz haben wir im übertragenen Sinne die »Arm- und Beinfreiheit«, um das aus der Nähe Geschöpfte praktisch nutzbar machen zu können.

Ein ganz außergewöhnliches Nähe-Distanz-Erlebnis hatte ich 2011 in Toronto. Im Vorfeld einer kleinen Tagung, auf der ich meine Dialogforschung vorstellen durfte, nahm ich mir einen Tag Zeit, um die Stadt kennenzulernen. In einem netten kleinen Pub nahm ich ein Abendessen ein und trank dazu ein oder zwei Bier. Als ich aus dem Lokal auf die Straße trat, um auf einem der großen Boulevards den Weg zurück zu meinem Hotel anzutreten, stand die Sonne bereits tief und tauchte die Stadt in spätsommerlich warmes Licht. Ich war schon seit einigen Minuten in Gedanken bei meinem Großvater väterlicherseits, der im Krieg ermordet worden war. Traurig, ihm nie begegnet zu sein, und insgesamt in sehr melancholischer Stimmung in mich gekehrt, setzte ich mit leicht gesenktem Kopf einen Fuß vor den anderen. So mit mir selbst beschäftigt, bemerkte ich zunächst nur halb bewusst und aus dem Augenwinkel, dass mir auf dem gleichen Bürgersteig ein sehr großer, athletischer Mann, Typ Basketballspieler, und eine kleine, zierliche Frau entgegenkamen. Sie schienen zusammenzugehören. Die immer geringer werdende Distanz erfüllte mich langsam mit gemischten Gefühlen. Unweigerlich kamen wir uns immer näher und als wir schließlich auf die gleiche Höhe gelangten, sagte der Mann zu mir »Hey, man, gimme the high five« und hob seine rechte Hand auf Ohrhöhe, die Innenfläche zu mir gewandt. Ich war immer noch derart in mich gekehrt, dass ich selbst diese Ansprache nur halb bewusst wahrnahm. Aber meine rechte Hand verselbstständigte sich irgendwie. Wie von magischen Kräften gesteuert, hob sie sich rechtzeitig weit über meine Ohrhöhe, um in die seine zu klatschen. Das Ganze geschah, ohne dass wir angehalten hätten, und so entfernten der Mann und seine Freundin sich, schon die Straße rechts hinter mir überquerend, immer weiter, als er mir zurief: »Yeah, man, that's it! You gotta keep that goin'! You gotta keep the high five goin'!« Innerhalb weniger Sekunden wandelte sich meine Verfassung, wichen Traurigkeit und Melancholie. Plötzlich fühlte ich mich wieder mit dem Leben verbunden, fröhlich und leicht. Dann beschloss ich, den Abend in einer Bar ausklingen zu lassen, statt den direkten Weg ins Hotel zu nehmen.

Augenblick und Dauer

Die Momente von Augenblick und Dauer gehören gleichermaßen in eine lebendige Beziehung. Der Augenblick gebiert Intensität und Vitalität im Erleben. Das Augenblickliche repräsentiert das tatsächliche und erlebbare Sein im Hier und jetzt. Damit einher geht die Unmittelbarkeit von Gefühlsqualitäten wie Genuss, Lust, Zorn und Traurigkeit. Der Augenblick allein ist jedoch flüchtig:

> »Die Augenblicksbeziehung, die ohne Konsequenzen bleibt, hat die Qualität eines Kinoerlebnisses. [...] Soll die Beziehung wirklich werden, muss in den Augenblick die Dauer hineingenommen werden. Erst in der Dauer kann die Beziehung eine Tiefendimension gewinnen [...], kann der Prozess des gegenseitigen Anerkennens mehr sein als eine Parallelbewegung von Illusionen« (Stierlin 1971, S. 45).

Man ist vom Erlebnis gebannt und im Moment gefangen, aber danach kann alles schon wieder vorbei sein. Mit der Nachhaltigkeit wird die

3 Beziehung und Dialog

Oberflächlichkeit des bloßen Anknüpfens überwunden, und es entsteht Beziehungswirklichkeit und Verbindlichkeit. Im obigen Zitat klingt außerdem ein Motiv an, welches man auch in Martin Bubers Dialogverständnis findet, nämlich die gegenseitige Anerkennung und der Respekt als Bedingung für das Sichaufeinandereinlassen.

Beide Pole, Augenblick und Dauer, bergen Gefahren für die Beziehung, wenn sie zu stark ausgeprägt sind. Überwiegt die Dimension des Augenblicks, so wird die Beziehung nur schwer Nachhaltigkeit, Verbindlichkeit und Tiefe erlangen. Überwiegt jedoch die Dimension der Dauer, so kann es geschehen, dass die Beziehung Lebendigkeit und Anpassungsfähigkeit verliert. Stierlin weist darauf hin, dass in der bürgerlichen Gesellschaft oft Konventionen das Moment der Dauer in Beziehungen verankern, so zum Beispiel in der Ehe, die seines Erachtens eine »tönerne, beengende Qualität« (ebd., S. 46) in die Dialektik von Augenblick und Dauer bringt: »Indem der Einzelne sich dem Anspruch der Konvention unterwirft, fühlt er sich zu Dauer und Routine der Beziehung verdammt« (ebd.). Darum wird in starken Beziehungen ein ausgewogenes Verhältnis zwischen beiden Polaritäten herrschen.

Vordergründig könnte man auf die Idee kommen, dass in einem an Zen und Dialog orientierten Coaching das Jetzt und damit der Augenblick einen Vorrang vor der Dauer genießt. Denn die Bedeutung des Augenblicks, in dem sich letztlich unser Leben abspielt, liegt ja auf der Hand. Ist dann das Element der Dauer überhaupt noch notwendig? Kann nicht in einer augenblicklichen Intensität des Moments eine Intervention mit nachhaltiger Wirkung geschehen? Damit wäre doch die Polarität zwischen Augenblick und Dauer aufgehoben. Tatsächlich ist es denkbar, dass eine Einmalintervention, die nicht in einen dauerhaften Prozess eingebettet ist, bei einem Klienten Wirkung über den Tag hinaus erzeugt. Auch nach beinahe zehn Jahren denke ich immer noch gerne an die Begegnung mit dem großen Mann und seiner zierlichen Freundin in Toronto, wenn ich mich traurig fühle. Wenn wir aufmerksam, mit offenen Augen und bereit durch die Welt und unseren Alltag gehen, bietet das Leben an sich uns wohl eine Fülle an Möglichkeiten für solche Crash-Lernerlebnisse. Und selbst wenn wir unaufmerksam sind, bekommen wir immer mal wieder die Chance, innezuhalten und zu lernen.

Vor inzwischen vielen Jahren hatte ich eine merkwürdige Begegnung mit einer Supermarktkassiererin, die mir seither lebendig in Erinnerung geblieben ist. Mit »merkwürdig« meine ich, dass sie wahrhaft würdig ist, sie sich zu merken – sowohl die Begebenheit als auch die Kassiererin. Nach einem harten Arbeitstag, abgehetzt und müde, hielt ich auf dem Heimweg noch beim Supermarkt, um schnell die nötigsten Lebensmittel für die Familie zu kaufen. Ich wollte den Einkauf möglichst zügig hinter mich bringen, um bald zu Hause die Beine hochlegen zu können. In entsprechender Stimmung, ungeduldig und gereizt, reihte ich mich mit meinem Einkaufswagen in die Kassenschlange ein und fragte mich, warum das bloß wieder so lange dauerte. Die Kassiererin schien mit einer unangemessenen Seelenruhe ihrer Aufgabe nachzukommen. Nachdem ich endlich meine Artikel auf das Kassenband gelegt hatte, die Dame an der Kasse ihren Job verrichtet und mir schließlich das Wechselgeld überreicht hatte, sprach diese Frau folgende Worte: »Es war mir ein Vergnügen, heute Abend mit ihnen zu arbeiten.« So muss sich der Stockschlag eines Zen-Meisters anfühlen! In dem Moment fiel mir auf, dass ich mein Gegenüber bis dahin eigentlich nicht wahrgenommen hatte. Ich war wie unter einer Käseglocke unterwegs, abgetrennt vom Rest der Welt in meinen Gedanken- und Gefühlsschleifen gefangen. Diese »Intervention« beförderte mich schlagartig aus meiner Negativtrance, ich fühlte mich leicht und beschwingt und war sicher auch in einer besseren Verfassung hinsichtlich der familiären Feierabenddynamik als zuvor. Ich halte es für äußerst unwahrscheinlich, dass diese großartige Frau dieses Buch liest, möchte ihr an dieser Stelle aber dennoch ein ganz großes Dankeschön aussprechen, denn ich fürchte, das habe ich damals vergessen.

Bin ich seit diesem Erlebnis gelegentlich wieder in dysfunktionale Trancen verfallen? Na klar! Aber immerhin wirkt die Erfahrung über viele Jahre nach und ist für mich verfügbar. Trotzdem wird an ihr auch deutlich, wie wichtig bei aller Genialität einer Einmalintervention das Element der Dauer grundsätzlich ist. Es sorgt für eine gute Einbettung des einzelnen Beratungsereignisses in das Gesamtgeschehen, und zwar mit der notwendigen Vertrauensbildung, die zu einem tieferen Verständnis zwischen Coach und Coachee führt. Dieses Verständnis wird in aller Regel benötigt, damit die besonderen Potenziale in der beratenden Begegnung erschlossen werden können. Das *ausschließliche* oder vorwiegende Erleben von Einmal- oder Blitzinterventionen bringt außerdem die Gefahr mit sich, dass Berater und Klient in eine ungute Asymmetrie geraten, die eher dem Guru- oder Wunderheiler-Genre entspricht.

3 Beziehung und Dialog

Das mag zwar der angestrebten Positionierung und auch der Pose des einen oder anderen Beraters entgegenkommen, wäre aber ganz und gar nicht im Sinne einer dialogischen, auf Augenhöhe bedachten Beziehungsgestaltung.

Verschiedenheit und Gleichheit

Die Dynamik von Beziehungen entsteht zunächst einmal durch Verschiedenheit, denn:

> »Die Asymmetrie und Andersartigkeit des Partners verspricht uns die Ergänzung unserer selbst, [...] dabei machen wir uns selbst komplexer und gewinnen reichere Möglichkeiten der Beziehung und des psychologischen Verständnisses« (Stierlin 1971, S. 47).

Wir haben in Beziehungen ein Interesse an Unterschiedlichkeit und auch eine entsprechende Aufmerksamkeit dafür. Der Volksmund weiß: Gegensätze ziehen sich an. Unterschiedlichkeit stößt die Bewegung in einer Beziehung an. Stierlin erinnert in diesem Zusammenhang an Hegels Beispiel von der Beziehungsdialektik zwischen Herr und Knecht. Sie ist das Beispiel par excellence für eine asymmetrische Konstellation, in welcher nach Hegel die Realität der Macht des Herrn zum Beispiel auch die Realität der Furcht vor dem Herrn nach sich zieht (vgl. ebd., S. 48). Damit bildet sie einen erhellenden Kontrast zur symmetrisch-dialogischen Augenhöhenbeziehung.

Während wir für Unterschiedlichkeit mit ihren uns ergänzenden Komponenten eine gewisse Attraktion empfinden, sind wir gleichzeitig auch auf der Suche nach Gleichheit, mit welcher die Verschiedenheit zu versöhnen ist. Auch hier kommt es auf das richtige Mischungsverhältnis der beiden gegensätzlichen Dimensionen an. Stierlin führt als Beispiel Lust und Sexualität an, wo das Verlangen nach dem, was anders ist, mit der Suche nach dem, was uns vertrauen lässt, einander ergänzen (vgl. ebd., S. 50). In diesem Zusammenhang erwähnt er auch das Wesen des ästhetischen Genusses, der sich seines Erachtens aus dem Spannungsfeld zwischen Verschiedenheit und Gleichheit ergibt:

> »[...] wir lieben ein Bild oder eine Melodie, wenn sich darin, auf eine meist schwer zu durchschauende Weise, der Reiz des Unbekannten mit dem des Bekannten paart« (ebd.).

Vertraute und vertrauensbildende Elemente sind in einer Beziehung die Voraussetzung dafür, Schwellen für die Annäherung an das fremdartig andere zu überwinden und die beteiligten Menschen füreinander zugänglich zu machen.

»Wir können einen anderen Menschen nur verstehen, wenn wir in ihm eigenes Erleben – das Gleiche und Vertraute – wiederfinden. Aber weil die Erfahrungen zweier Menschen nur ähnlich und niemals ganz gleich sein können, bedarf es der Fähigkeit, von der eigenen Erfahrung Brücken zur Erfahrung des anderen schlagen zu können. Dies verlangt eine charakteristische Arbeit des Sichhineinversetzens in den anderen und – ebenso wichtig – des Sichherausnehmens aus dem anderen« (ebd., S. 51).

Das Moment der Gleichheit erzeugt die notwendige Anschlussfähigkeit zwischen den Beziehungspartnern, damit die jeweilige Verschiedenheit erschließbar gemacht und Verstehen gefördert werden kann. Mithilfe der systemtheoretischen Terminologie könnte man sagen: Strukturelle Koppelung und eine Koevolution der gekoppelten Systeme können glücken, wenn es gemeinsame Anknüpfungspunkte gibt.

Im Coaching muss Verschiedenheit überbrückt werden, will man Kommunikation im eigentlichen Sinne ermöglichen. Lateinisch *communicare* bedeutet unter anderem auch so viel wie »in Verbindung stehen«. Um verbunden zu sein, brauchen wir den Anknüpfungspunkt der Gleichheit. Nehmen wir das Beipiel eines Klienten, der sehr aktionsorientiert ist, schnelle Fortschritte erzielen möchte und seinen Erfolg als oberste Priorität sieht. Bei ihm werden wir nicht ohne Weiteres auf Verständnis hoffen dürfen, wenn wir von den Segnungen der Entschleunigung sprechen. Ein Vokabular, das mit Wörtern wie »Ruhe«, »Besinnung« und »Achtsamkeit« gespickt ist, könnte sich nicht nur als wenig anschlussfähig erweisen, sondern sogar provokativ wirken und den Coachee nervös machen. Selbst wenn wir noch so überzeugt wären, dass er davon profitieren würde, beispielsweise ein Achtsamkeitstraining zu absolvieren, würde er es womöglich für sinnvoller erachten, sich einen neuen Coach zu suchen. Gleichheit fühlt sich angenehmer an, wenn man nach Verbindung, also Kommunikation, sucht, sie ist letztlich eine Voraussetzung für den Anschluss. Je mehr Gemeinsamkeiten Coach und Coachee jedoch haben, desto größer ist die Gefahr, dass in ihrer Kommunikation blinde Flecken entstehen. Das kann dazu führen, dass sich die Beteiligten über einen längeren Zeitraum in einem Wohlfühlmodus miteinander befinden, ohne wirklich Fortschritte zu erzielen. Der Klient freut sich, wie viel

3 Beziehung und Dialog

Verständnis der Berater für seine Situation aufbringt, und verwechselt dies mit guter Beratung. So müssen wir als Berater zwar immer wieder knüpfen an die Gemeinsamkeiten mit unseren Klienten, um den Anschluss zu ihnen zu halten. Aber wir dürfen uns von diesem Gleichklang nicht einlullen lassen, zumal der Klient gegebenenfalls auf die Gemeinsamkeiten besonders positiv reagiert. Wir müssen bereit sein, immer wieder konstruktive Störimpulse zu setzen und die Beziehung durch Verschiedenheit zu inspirieren, ja gegebenenfalls auch zu strapazieren. Aus der Unterschiedlichkeit schöpft der Dialog mit dem Klienten seine Impulse für neue Erkenntnisse und Handlungsoptionen.

Auch im Zusammenhang mit den Polaritäten »Verschiedenheit« und »Gleichheit« erinnere ich mich gerne an eine Reiseanekdote. Im Jahr 1997 war ich auf den Spuren Ernest Hemingways in Key West unterwegs. Eines Abends, es war »Spring Break«[18] und entsprechend viel los, schlenderte ich durch das Vergnügungsviertel der Stadt auf der Suche nach der legendären »Sloppy-Joe's«-Bar. Ich wollte den Ort in Augenschein nehmen, an dem der Autor und Abenteurer unzählige Daiquiris ohne Zucker getrunken hatte. In einiger Entfernung vor mir saß ein nicht mehr ganz junger Mann afroamerikanischer Herkunft auf einem Stuhl, sein – einziges – Bein schrankenartig quer über den Gehsteig auf einen zweiten Stuhl gelegt. Auf diese Weise versperrte er mir gewissermaßen den Durchgang auf dem Trottoir. Mich ihm nähernd, begann ich zu überlegen, auf welcher Seite ich ihn am besten passieren konnte. Schließlich entschied ich mich, ein kleines Stück auf die Straße zu treten, um ihn sozusagen fußseitig zu umrunden. Als ich dies tat, sprach er mich an: »Hey, who are you? What's your name?« Ich muss zugeben, dass diese direkte Ansprache und Vertraulichkeit mich irritierte und auch ein wenig einschüchterte. Aber andererseits wollte ich nicht den interkulturell unbewanderten und steifen Deutschen geben. Also entschied ich mich, höflich zu antworten: »I am Michael.« Daraufhin erwiderte der Einbeinige: »I like your style, Michael. I am Greg – nice to meet you.« Damit demonstrierte er diese typische amerikanisch-unverkrampfte Offenherzigkeit, die doch sehr sympathisch sein kann. Nun wollte er wissen, woher ich kam, und als er »Germany« hörte, nahm unser Gespräch einen voll-

---

18 Meist einwöchige Frühjahrsferien im US-amerikanischen Hochschulbetrieb, die für den hohen Alkohol- und Nikotinkonsum der Studenten berüchtigt sind.

kommen unerwarteten Verlauf. »Do you happen to know a German Philosopher called Heidegger?« Ich besorgte uns zwei Dosen Bier, und er, von dem ich nun erfuhr, dass er sein anderes Bein in Vietnam gelassen hatte und obdachlos war, erzählte mir, dass er in jungen Jahren Philosophie studiert und der deutsche Philosoph mit seiner Technikaversion es ihm besonders angetan hatte. Dies hatte wohl auch mit seiner Vietnam-Erfahrung zu tun. Ich war vollkommen ahnungslos, was Heidegger betraf, den ich nur dem Namen nach kannte, aber die Geschichte meines neuen Bekannten berührte mich sehr. Immerhin hat Greg mich dazu gebracht, mir sofort nach meiner Rückkehr in der Heimat ein Exemplar von *Sein und Zeit* zu besorgen. Der einbeinige Greg war in mancher Hinsicht anders als ich. Und doch gab es Anknüpfungspunkte, die uns ermöglichten, eine berührende Begegnung zu erleben – Heidegger und das Bier.

Befriedigung und Versagen

Das Spannungsfeld zwischen Befriedigung und Versagung erläutert Stierlin ausführlich mithilfe der Phänomene »Nahrungsaufnahme« und »Sexualität«. Aus diesen Überlegungen leitet er die Schlussfolgerung ab, dass beide Pole einander gewissermaßen in Schach halten:

> »Soll die Begierde daran gehindert werden, am Genuss zu verschmachten, muss Versagung erlebt und verarbeitet werden« (ebd., S. 56 f.).

Bevor wir uns dem weiteren Genuss hingeben, sollten wir unserem Appetit eine Chance geben, sich zu entwickeln. Der Autor überträgt dieses Wechselspiel zwischen Befriedigung und Versagen auf die sozialen Bedürfnisse des Menschen und stellt seine Bedeutung für die Beziehungsgestaltung heraus. Als Beispiel dafür nimmt er abermals die Herr-Knecht-Dialektik Hegels auf, in welcher sich die Versagung in der Machtlosigkeit des Knechts manifestiert, welche aber durch das Zusammenspiel mit der durch Geborgenheit erlangten Befriedigung versöhnt wird (vgl. Stierlin 1971, S. 58 f.). Darüber hinaus sind Befriedigung und Versagung elementare Bestandteile jeder Beziehung, und das Übergewicht eines der Pole würde sie gefährden. So wäre es auch in der Beziehung zwischen Mann und Frau:

> »Liefert die Beziehung keine wesentlichen Befriedigungen mehr, stirbt sie eines natürlichen Todes (wobei konventionelle Rücksichten und andere Umstände diese Tatsache verschleiern können). Aber ohne Arbeit

an der Beziehung, die aus der Versagung geboren wird und die durch innere Umstrukturierungen der Partner neue Beziehungsmöglichkeiten schafft, stirbt die Beziehung ebenfalls. Die eigentliche Aufgabe besteht immer darin zu erkennen, welche wesentlichen Bedürfnisse jeweils gesucht werden und welche Versagungen ertragen werden müssen« (ebd., S. 59 f.).

Hier wird deutlich, dass zu einer echten Befriedigung auch die Zumutung der Entsagung gehört. Für das Coaching gilt, dass sowohl der Klient als auch der Berater die Beziehung als befriedigend erleben müssen. Sie dürfen es sich aber nicht wohlig auf diesem Ende der Polarität einrichten. Typisch für eine beratende Beziehung ist nämlich auch der Aspekt der Versagung oder Entsagung. Insbesondere im Coaching gilt ja prinzipiell, dass der Coach sich mit konkretem Rat zurückhält und dem Kunden hilft, seinen eigenen Weg zu finden. Es ist aber eine immer wiederkehrende Erfahrung, dass Klienten unumwunden konkreten Rat zu konkreten Fragestellungen erbitten. Dieser Einladung zu widerstehen und dem Klienten die Befriedigung dieses Wunsches zu versagen ist nicht immer einfach. Darüber hinaus sollten die einzelnen Coachingereignisse nicht zu eng aneinandergereiht sein, damit der Klient niemals Gefahr läuft, sich an die stützende Funktion des Coachings zu gewöhnen und damit zu verlernen, auf eigenen Beinen zu laufen. Die grundsätzliche und als besonders hoher Wert zu erachtende Autonomie des Klienten drückt sich auch darin aus, dass er sich selbst im Prozess als immer weniger hilfsbedürftig und abhängig empfindet. Seine steigende Autonomisierung zeigt sich typischerweise in der sinkenden Frequenz von Treffen mit dem Coach. Der Klient ist buchstäblich in der Lage, sich immer mehr Beratungssitzungen zu versagen. Das Element der Unabhängigkeit vom Berater ist während des gesamten Beratungsprozesses zu hegen und zu pflegen. Andernfalls würde das dialogische Prinzip der Augenhöhe verletzt. Der höchste Grad an Autonomie bringt letztlich das Loslassen der Beratungsbeziehung in der Gewissheit mit sich, dass es nun an der Zeit und gut so ist. Genau darin sollte am Ende die größte Befriedigung für die Beteiligten liegen.

Stimulierung und Stabilisierung

Stimulierung in einer Beziehung ist notwendig, wenn man sie mit neuen Reizen versorgen will, welche helfen, sie in Bewegung zu halten. Die durch die Stimulierung erfolgende Anregung kann als bereichernd und befriedigend erlebt werden. Als Impulsgeber für Neues sorgt die Stimulierung dafür, dass eine Beziehung sich weiterentwickelt, und bewahrt sie vor Stagnation. Dieses Moment der Dynamisierung braucht ein Gegengewicht, damit die Beziehung nicht durch Überstimulierung in einen Strudel von Überreizung gerissen wird.

»Die Stabilität in der Beziehung ist notwendig, damit unser Bedürfnis nach Sicherheit und Geborgenheit befriedigt werden kann« (Stierlin 1971, S. 60).

Zu viel Stabilität birgt wiederum die Gefahr der Stagnation. Es kommt also in der Beziehungsgestaltung auf das ausgewogene Verhältnis von Stimulierung und Stabilität an. Stierlin führt für die Bedeutung dieser Ausgewogenheit zwei interessante Beispiele an. Im psychoanalytischen Setting zwischen Patient und Therapeut kommt es zu einer Stimulierung und Verstärkung von Reizen aus dem Innenleben des Patienten. Diese Reize bedürfen aber wiederum der Stabilisierung. Letztere wird in erster Linie durch Erfahrung und Persönlichkeit des Analytikers erzeugt, der ständig kontrollierend auf das Gleichgewicht von Stimulierung und Stabilität achtet. Hinzu kommt, dass die zeitliche Begrenzung einer jeden Therapiesitzung stabilisierend wirkt. Im zweiten Beispiel hebt Stierlin auf das Muster der Kombination von körperlicher Erschöpfung und monotoner Einsamkeit ab, wie es bei Schiffbrüchigen, Polarforschern in Gefahr oder Einzelhäftlingen zu beobachten ist. Diese Menschen in Extremsituationen haben gemeinsam, dass sie ihrer aufgestöberten Innerlichkeit ausgesetzt sind, die keine äußere Bändigung mehr erfährt:

»Die inneren Stimulationen, Ängste, Fantasiegebilde und Wahrnehmungsprozesse blähen sich jetzt ungehindert auf und liefern den Einzelnen buchstäblich dem Wahn-Sinn aus« (ebd., S. 61).

Valentin S. war ein aufstrebender Nachwuchsmanager, der klärenden Rat im Hinblick auf seinen nächsten beruflichen Entwicklungsschritt gesucht und dafür eine Coachingsession gebucht hatte. Zu Beginn unserer Sitzung erklärte er mir, dass er zwei Angebote habe und ein drittes in Aussicht. Er sei völlig konfus, da alle drei Optionen wirklich interessant seien und großartige Möglichkeiten böten. Es war nicht besonders schwer, die verschiedenen Vor- und Nachteile der Offerten »aufzudröseln« und auch »den Bauch« von Valentin S. zu befragen,

3 Beziehung und Dialog

damit man langsam klarer sah. Das fühlte sich an, als würde aufgewirbelter Staub sich allmählich setzen und den Blick auf das Wesentliche freigeben. Insofern wäre die Arbeit mit diesem Klienten recht zügig vorangekommen, wenn der sich setzende Staub nicht immer wieder von Neuem aufgewirbelt worden wäre. Dies geschah, indem Valentin S. jede Anregung meinerseits als Stimulanz »missbrauchte«. So berichtete ich ihm zum Beispiel von Konrad Adenauers Methode der Entscheidungsfindung, und er wollte mehr darüber erfahren, als für seine eigene Entscheidung notwendig war. Oder ich erzählte ihm, wie ein anderer deutscher Kanzler, nämlich Helmut Schmidt, seine Kabinettssitzungen führte, um zu guten Entscheidungen zu kommen, und er zeigte sich fasziniert von Entscheidungsprozessen in der politischen Sphäre im Allgemeinen. Dann fragte er nach Literatur, in der man diese Dinge nachlesen könne. Andere Klienten hätten ähnliche Anregungen mehr oder weniger interessiert zur Kenntnis genommen, um sich damit der eigenen Problemlösung zuzuwenden oder sie gegebenenfalls auch zu verwerfen. Valentin S. jedoch nahm sie zum Anlass, interessante Nebenpfade zu beschreiten und damit die Sicht auf die eigene Fragestellung immer wieder zu vernebeln. Man darf dabei nicht unterschätzen, dass es etwas Schmeichelhaftes hat, wenn der Coachee auf des Coachs Anregungen derart stimuliert reagiert, und Letzterer sollte lernen, der darin steckenden Verführung zu widerstehen.

Es liegt auf der Hand, dass auch das Element der Stimulierung zum Wesen der Beratung gehört. Der Klient erwartet vom Berater, neue Reize und Anregungen zu bekommen. Er darf aber nicht durch ein Feuerwerk solcher Impulse überstimuliert werden. Nicht die maximale, sondern die optimale Dosis an Reizen ist ihm zu verabreichen. So kann es durchaus zur Rolle des Beraters gehören, die Gier des Klienten nach »beraterischen Stimulanzien« zu bremsen. Manchmal ist weniger tatsächlich mehr, damit das Erlebte, Erkannte und Erfahrene auch verarbeitet und im Alltag des Klienten zur Anwendung gebracht werden kann. Eine Überdosis an Anregungen kann dazu führen, dass der Klient regelrecht darauf »hängen bleibt«. Auch das Stimulans der Beratung bedarf somit als Gegenpol der Stabilisierung. Dabei können vielerlei Formen stabilisierend wirken. In erster Linie bietet es sich natürlich an, Phasen in den Beratungsprozess einzubauen, die ausschließlich der Umsetzung von Coachingerkenntnissen dienen, ohne dass neue Impulse gesetzt werden. Das Ausprobieren neuer Handlungsmöglichkeiten bedarf ohnehin immer wieder justierender Überlegungen, die an sich bereits einen stabilisierenden Charakter haben. Längere Beratungspausen zwischen den Treffen dienen dem gleichen Zweck. Die Erlebnisse können sich setzen, damit der Klient mit »gut abgehangenen« Erfahrungen in die nächste Sitzung kommen kann. Es hat sich auch bewährt, während einer Sitzung Gesprächsequenzen weniger intensiv zu gestalten, damit das Stimulierende gewissermaßen »verdaut« werden kann. Eine sehr schöne Form der Stabilisierung, die sich besonders gut für den hier vertretenen Coachingansatz eignet, ist, Phasen der Stille in einer Sitzung zuzulassen. Die Stille ist ein kraftvolles Element sowohl im Zen als auch im Dialogischen. Sie kann ihre Kraft ebenfalls im Coaching entfalten.

Wenden wir uns nun dem Dialog im engeren Sinne zu.

Der Dialog und das dialogische Prinzip

Der Dialog unterscheidet sich von anderen Formen und Formaten des Kommunizierens sehr grundsätzlich. Leider wird das Wort »Dialog« inflationär und gelegentlich auch missbräuchlich verwendet. Deshalb ist es wichtig, ein präziseres Verständnis seines Wesens zu entwickeln. Mit einer netten Konversation hat er gemeinsam, dass beide kein konkretes Ziel haben und vollkommen untaktisch verlaufen. Er kann auch so unterhaltsam wie eine Konversation sein, wird aber, wenn er gelingt, viel mehr Tiefe haben. Die Diskussion ist im Gegensatz zum Dialog gerade taktisch, handelt es sich bei ihr doch um eine argumentative Auseinandersetzung mit dem Ziel, die Oberhand zu behalten, also Gewinner des kommunikativen Geschehens zu sein. Letzteres gilt für die Debatte in besonderem Maße, die sich außerdem dadurch auszeichnet, dass sie im politischen Raum stattfindet und prozessual strukturiert und ritualisiert ist. Dialoge können auch rituelle und strukturierende Elemente haben, wie zum Beispiel die Lagerfeuergespräche der nordamerikanischen Indianer oder bei der Verwendung von »Talking Sticks«[19]. Aber sie dürfen durch Strukturierung nicht so beengt werden, dass sie ihren frei assoziierenden Charakter einbüßen. Das Verhandlungsszenario unterscheidet sich vom Dialog dadurch, dass die Beteiligten durch und durch interessengeleitet für sich selbst ein möglichst gutes Ergebnis anstreben. Der kluge Verhandler wird

---

19 Talking Stick: Redestab, der rituell bei Stammesberatungen in der Weise eingesetzt wurde und wird, dass derjenige, der diesen Kultgegenstand in der Hand hat, auch das Wort hat.

3 Beziehung und Dialog

sich zwar auch für die Interessen der anderen Seite interessieren, aber letztlich geht es ihm um einen Deal, von dem er profitiert. Mit dem Diskurs, wie ihn sich Jürgen Habermas vorgestellt hat, kommen wir dem Dialog vielleicht schon am nächsten, weil auch in ihm das Gemeinsame maßgeblich ist und nicht die individuellen Vorteile oder Interessen. Mit dem »zwanglosen Zwang des besseren Arguments« (Habermas) bewegen sich die im Diskurs Befindlichen ganz und gar sachlich und untaktisch in Richtung einer quasiobjektiven gemeinsamen Lösung. Widersprüche werden in diesem Diskursprozess aufgelöst. Anders als im Diskurs wird im Dialog jedoch keine Lösung angestrebt, und Widersprüche dürfen bestehen bleiben. Es gehört geradezu zu den Tugenden des Dialogs, Widersprüche nebeneinander stehen und wirken zu lassen.

Der Prozess des Dialogs ist keine gemeinsame Lösungsbewegung, sondern eine gemeinsame Explorationsbewegung, die ohne Ziel und ohne Taktik die Tiefen einer Fragestellung in ihrer Ganzheit erkundet und auslotet. Lösungen für Fragestellungen oder Antworten auf Fragen können sich in diesem Prozess gewissermaßen als »Beifang« ergeben, ohne dass sie bewusst angesteuert worden wären. Der Dialog vertieft den Gesprächsverlauf bewusst, um einen wirklichen Austausch der Teilnehmenden zu erreichen und den Weg zur Erzeugung neuer Einsichten zu ebnen. Es geht darum, sich von eigenen Werturteilen, vorgefassten Meinungen und automatisierten Gesprächsdynamiken frei zu machen und sich jenseits von Rollenbildern und Vorerfahrungen neu zu begegnen. Die Erfahrung von Intensität und Qualität des dialogischen Austausches eröffnet Räume, in denen Neues, zuvor womöglich nicht einmal Denkbares, entstehen kann. Insofern handelt es sich beim Dialog auch um einen gemeinsamen Lern- und Entwicklungsprozess der Dialogisierenden. Die Teilnehmer praktizieren die Kunst des gemeinsamen Denkens und Erkundens und bewegen sich dabei assoziativ-zirkulär in Tiefen und Breiten, die anderen Kommunikationsformen nur schwer zugänglich sind. Auf einem Kontinuum, dessen eines Extrem die gemeinschaftliche Exploration und dessen anderes Extrem die individuelle Durchsetzungsabsicht bildet, befindet sich der Dialog ganz bei Ersterem, während sich die Debatte wohl sehr nah bei Letzterem bewegt. Idealerweise agieren die Dialogführenden im Modus der Präsenz und respektieren das – vielleicht befremdende – andere als Teil eines Ganzen. Sie hören in das »Zwischen« aller

Beteiligten und in die eigene Innerlichkeit, und sie artikulieren sich im Sinne des Gesprächs. Deshalb fragen sie sich nicht nur, was sie aus persönlicher Sicht zum Ausdruck bringen möchten, sondern auch, was aus der Perspektive des Gesprächs gesagt werden sollte. Dafür brauchen sie viel Selbstreflexion, Vorbehaltlosigkeit, kommunikative Experimentierfreude und ein gewisses Maß an Selbstlosigkeit.

Der Dialog kann bilateral oder in Gruppen stattfinden. Vom therapeutischen Setting unterscheidet er sich, weil er keine heilende Absicht verfolgt, obgleich er eine heilende Wirkung haben kann. Mit Encounter-Gruppen[20] hat er gemeinsam, dass er auch offen, ehrlich und direkt geführt wird. Andererseits legt er es aber nicht auf eine ehrliche Konfrontation mit sich selbst oder anderen an. Die Konfrontation zwischen Personen bleibt im Dialog eher aus, da konfligierende Perspektiven im »Zwischen« der Beteiligten in Beziehung gesetzt und gemeinsam betrachtet werden. Im Unterschied zur Gruppendynamik geht es im Dialog auch nicht um die Analyse von Gruppenphasen, Rollen oder Machtverteilungen, die aber, ebenso wie Konflikte, einer gemeinsamen Betrachtung zugeführt werden können.

Der systemisch-konstruktivistische Charakter des dialogischen Prinzips

Im nun folgenden Abschnitt lehne ich mich sehr eng an Ausführungen, die ich bereits an anderer Stelle festgehalten habe (Rautenberg 2010, S. 104–112). Darin möchte ich den inneren Zusammenhang zwischen Systemtheorie und Konstruktivismus einerseits und dem Dialog im Sinne Martin Bubers andererseits aufzeigen. Martin Buber ist meines Erachtens das Zentralgestirn des Dialogs. Wer immer sich mit dieser anspruchsvollen Kommunikationsform beschäftigt, sei es in der Managementlehre, in der Literatur, in der Philosophie oder sogar in den Naturwissenschaften, scheint an ihm nicht vorbeizukommen. Am in der Nähe von Boston gelegenen MIT (Massachusetts Institute of Technology) gibt es eine starke dialogische Tradition, die ich in einer früheren Publikation untersucht habe und die ganz sicher auch auf dem Denken Bubers fußt (ebd.). Für die Psychotherapie und damit auch das Coaching spielt der sogenannte sokratische Dialog eine

---

20 Therapeutische Selbsterfahrungsgruppen, die auf Carl Rogers und andere Vertreter der humanistischen Psychologie zurückgehen.

3 Beziehung und Dialog

wichtige Rolle. Damit ist aber mehr die Technik der Gesprächsführung gemeint als eine grundlegende Philosophie des Dialogs.

Martin Buber (1878–1965) war bis 1933 Professor für jüdische Religionslehre und Ethik in Frankfurt am Main und emigrierte 1938 nach Jerusalem. 1953 erhielt er den Friedenspreis des Deutschen Buchhandels. Vom Chassidismus geprägt, einer bis ins Mittelalter zurückreichenden Strömung innerhalb des Judentums, war für sein Denken das unmittelbare Verhältnis zum Gegenüber entscheidend. Daraus entwickelte er sein dialogisches Prinzip, welches letztlich auch das Verhältnis zu Gott bestimmen soll. Bubers zentrale Aussage »Im Anfang ist die Beziehung« (Buber 1999, S. 22, 31) darf man sicher als Dreh- und Angelpunkt seines dialogischen Denkens verstehen. Der biblische, an »Am Anfang war das Wort« erinnernde Gestus deutet auf den fundamentalen Charakter dieser Aussage. Die Beziehung der Menschen – das »Zwischen« den Menschen – spielt eine zentrale, letztlich existenzstiftende Rolle in Martin Bubers *Das dialogische Prinzip* (1999). Dieses »Zwischen« ist mehr als nur eine mehr oder weniger gute Beziehungsverbindung. Es nimmt einen eigenen Raum ein und entwickelt einen eigenen Charakter. Für den hier dargelegten Beratungsansatz spielt es eine zentrale Rolle. Buber hat sein dialogisches Prinzip in einer Reihe von Schriften entfaltet, die zwischen den 20er- und 50er-Jahren des 20. Jahrhunderts entstanden sind: *Ich und Du* (1923), *Zwiesprache* (1929), *Die Frage an den Einzelnen* (1936) sowie *Elemente des Zwischenmenschlichen* (1953). Die Lektüre dieser Schriften hat in mir die Überzeugung reifen lassen, dass das Wesen des Dialogs im Sinne des buberschen Denkens einen systemisch-konstruktivistischen Charakter hat. Instrumentarium und Begriffe von Systemtheorie und Konstruktivismus können schon aus historischen Gründen bei Martin Buber keine Rolle spielen. Wenn wir uns aber sein Denken und seine Philosophie hinsichtlich des Dialoges gründlich anschauen, lassen sich bemerkenswerte Parallelen entdecken. Daraus ziehe ich den Schluss, dass Bubers dialogisches Prinzip mit einem systemisch-konstruktivistischen Weltbild durchaus vereinbar ist.

Grundlegend für Bubers Religionsphilosophie sind zwei Wortpaare, die er als Grundworte bezeichnet: »Das eine Grundwort ist das Wortpaar Ich-Du. Das andere Grundwort ist das Wortpaar Ich-Es [...]« (Buber 1999, S. 7). Ich-Du stiftet die Welt der Beziehung, ist unmittelbare Begegnung in der Gegenwart und wird von Buber wirkliches Leben genannt. Helm Stierlins Überlegungen zu Polaritäten in der

Gestaltung von Beziehungen finden immer in dieser Ich-Du-Welt statt. Ich-Es stiftet die Welt des Gegenstandes, sei er materiell oder immateriell. Diesen Gegenstand, dieses Etwas kann man haben, wahrnehmen, erfahren, empfinden oder denken. Es sind Inhalte, die für Buber der Vergangenheit angehören, da Fertigsein Stillstand repräsentiert (vgl. ebd., S. 7–17). Sie sind vollendet, fixiert, abgeschlossen und damit vom Subjekt klar unterscheidbare Objekte. Während zur Gegenständlichkeit des Ich-Es also die Grenzziehung zwischen Subjekt und Objekt gehört, ist in der Beziehung des Ich-Du die Subjekt-Objekt-Trennung aufgehoben. Buber macht diesen Unterschied an einem Beispiel deutlich:

> »[…] ist der Satz ›Ich sehe den Baum‹ erst so ausgesprochen, dass er nicht mehr eine Beziehung zwischen Menschen-Ich und Baum-Du erzählt, sondern die Wahrnehmung des Baum-Gegenstands durch das Menschen-Bewusstsein feststellt, hat er schon die Schranke zwischen Subjekt und Objekt aufgerichtet: Das Grundwort Ich-Es, das Wort der Trennung, ist gesprochen« (ebd., S. 27).

Das Beispiel zeigt, dass es aus Bubers Sicht zwischen Mensch und Baum also sowohl die Beziehung des Ich-Du geben kann als auch die

3 Beziehung und Dialog

Subjekt und Objekt unterscheidende Konstellation des Ich-Es. Die Welt der Beziehung beschränkt sich also nicht auf das Zwischenmenschliche. So könnten wir nach meinem Verständnis mit einem Gemälde in eine Ich-Du-Beziehung eintreten, indem wir uns an ihm erfreuen, uns in seine Farbenwelt versenken und uns von ihm inspirieren lassen. Wir könnten es aber auch als reines Investitionsobjekt sehen, in den Tresor sperren und damit ganz und gar vergegenständlichen, also als Objekt der Gewinnerwirtschaftung behandeln. Ich-Es begründet nach Buber die Welt der Kausalitäten und des Wissenschaftlichen:

»Das uneingeschränkte Walten der Ursächlichkeit in der Eswelt, für das wissenschaftliche Ordnen der Natur von grundlegender Wichtigkeit, bedrückt den Menschen nicht, der auf die Eswelt nicht eingeschränkt ist, sondern ihr immer wieder in die Welt der Beziehung entschreiten darf. Hier stehen Ich und Du einander frei gegenüber, in einer Wechselwirkung, die in keine Ursächlichkeit einbezogen und von keiner tingiert [tingieren *(Chemie)* = eintauchen, färben] ist« (ebd., S. 54).

Hier klingt an, dass der menschliche Geist sich für den wissenschaftlichen Umgang mit der Natur des kausalen Denkens bedient, wie z. B. in den Ingenieurwissenschaften unumgänglich. In Bubers Denkwelt hat diese mechanistische Seite des Lebens etwas Bedrückendes, da die Entfaltung des menschlichen Lebens in der Beziehungsdimension des Ich-Du geschieht. Für die durch das Ich-Du begründete Welt der Beziehung haben die Zwänge der Kausalitäten keine entsprechende Bedeutung, sondern hier ist eher vom freien Spiel einer Wechselwirkung die Rede. Das Ich am einen Ende der Relation Ich-Es ist ein einseitig auf ein Objekt einwirkendes Subjekt, während das Ich am einen Ende der Relation Ich-Du ein Subjekt ist, das sich in einem wechselseitigen Beeinflussungsverhältnis, also in Koevolution mit einem anderen Subjekt, nämlich dem Du, befindet.

Grundlegend für das Denken Martin Bubers ist, dass die Existenz einer Person aus der Beziehung erwächst. Für diese Vorstellung greift Buber auf Fichte und Jacobi zurück, die ähnliche Gedanken im späten 18. Jahrhundert formuliert hatten[21]. Etwas später, in der ersten Hälfte des 19. Jahrhunderts, ist die Bedeutung der Ich-Du-Beziehung auch

---

21 »Ohne Du ist das Ich unmöglich« (Jacobi 1785); »Das Bewusstsein des Individuums ist notwendig von einem anderen, dem eines Du, begleitet und nur unter dieser Bedingung möglich« (Fichte 1797) [beide Zitate aus Buber (1999), S. 301].

von Wilhelm von Humboldt und Ludwig Feuerbach unterstrichen worden.[22] Es gibt kein Du ohne ein Ich, und es gibt kein Ich ohne ein Du. Damit schwenkt die Aufmerksamkeit von der Fokussierung auf einzelne Personen zu der Betrachtung des »Zwischen« den Personen, und gleichzeitig wird damit die Person als solche in ihrer Existenz begründet. Mit anderen Worten: Durch das Schauen auf ihr »Zwischen« treten die Personen überhaupt erst in Erscheinung. In seinem Text *Ich und Du* aus dem Jahre 1923 leitet Buber die Existenzbegründung der Person aus der Beziehung unter besonderer Berücksichtigung seines (Bubers) Wirklichkeitskonzeptes her:

> »Der Zweck der Beziehung ist ihr eigenes Wesen, das ist: die Berührung des Du. [...] Alle Wirklichkeit ist ein Wirken, an dem ich teilnehme, ohne es mir eignen zu können. Wo keine Teilnahme ist, ist keine Wirklichkeit. [...] Die Teilnahme ist umso vollkommener, je unmittelbarer die Berührung des Du ist. Das Ich ist wirklich durch seine Teilnahme an der Wirklichkeit. Es ist umso wirklicher, je vollkommener die Teilnahme ist. [...] Die Person wird sich ihrer selbst als eines am Sein Teilnehmenden, als eines Mitseienden und so als Seienden bewusst« (ebd., S. 65 f.).

Und 30 Jahre später, 1953 in *Elemente des Zwischenmenschlichen,* bringt er diesen Zusammenhang noch einmal auf den Punkt:

> »Der Mensch ist nicht in seiner Isolierung, sondern in der Vollständigkeit der Beziehung zwischen dem einen und dem andern anthropologisch existent: Erst die Wechselwirkung ermöglicht, das Menschentum zulänglich zu erfassen« (ebd., S. 290).

Buber spricht damit der Beziehung, also dem »Zwischen«, ein eigenes Wesen zu, welches in der Lage ist, den anderen zu berühren und ihm nahezukommen. Jedes Ich befindet sich in einem Wirkzusammenhang, den es nicht beherrschen oder steuern kann. Nur die Teilnahme an diesem Wirken erzeugt Wirklichkeit. Teilnahme bedeutet Berührung des Du, je unmittelbarer, also direkter, die Berührung, desto vollkommener die Teilnahme und desto wirklicher das Ich. Durch die Teilnahme an dieser Wirklichkeit wird das Ich wirklich. Also wird das Ich nur durch die Berührung des Du wirklich. Wirkzusammen-

---

22 »Der Mensch sehnt sich auch zum Behuf seines bloßen Denkens nach einem dem Ich entsprechenden Du [...]« (W. von Humboldt 1827); »Die wahre Dialektik ist kein Monolog des einsamen Denkers mit sich selbst, sie ist ein Dialog zwischen Ich und Du« (Feuerbach 1843) [beide Zitate aus Buber (1999, S. 178].

3 Beziehung und Dialog

hang und Wechselwirkung zwischen Ich, Du und letztlich auch dem »Zwischen« begründen die menschliche Existenz und, wie am Schluss des Zitats deutlich wird, auch das Bewusstsein für Ich und Du. Die Person tritt als solche und mit ihrem Bewusstsein demnach aufgrund der Beziehung in das Sein. Für Buber ist Beziehung Gegenseitigkeit, also Wechselwirkung, und alles wirkliche Leben ist Begegnung (vgl. ebd., S. 12, 15 u. 19).[23] Die Identitätsbildung findet in der Beziehung statt: »Ich werdend, spreche ich Du« (ebd., S. 15). Oder, an anderer Stelle: »Der Mensch wird am Du zum Ich« (ebd., S. 32).[24] Der Mensch ist in seinem Werden und Bewusstwerden sowie in seinem Sein und Bewusstsein also nicht ohne den anderen, nicht außerhalb einer Beziehung, denkbar. Vermutlich musste Daniel Defoe aus ebendiesem Grunde seinen Helden Robinson Crusoe an einem Freitag einen Eingeborenen treffen lassen, der sein Gefährte werden konnte. Denn wie hätte sich jener seiner Existenz sicher sein können, ohne sich in diesem ihrer zu vergewissern?

---

23 »Alles wirkliche Leben ist Begegnung« ist konsequenterweise auch der Titel einer von Stefan Liesenfeld herausgegebenen Zitatesammlung aus dem buberschen Werk (Liesenfeld 1999).
24 Dies ist für Buber ein bereits im Kind angelegter entwicklungspsychologischer Vorgang: »Die Entwicklung der Seele im Kinde hängt unauflösbar zusammen mit der des Verlangens nach dem Du, den Erfüllungen und Enttäuschungen dieses Verlangens, dem Spiel seiner Experimente und dem tragischen Ernst seiner Ratlosigkeit« (Buber 1999, S. 32).

Ich bin der Ansicht, dass in Bubers Auffassung vom Dialogischen personenorientierte und systemische Perspektiven zu einem neuen Ganzen integriert werden. Systemisches Denken ist grundsätzlich am »Zwischen« orientiert, sei es in der Kybernetik erster Ordnung die Wirkweise zwischen den Teilen einer trivialen Maschine, in der luhmannschen Kommunikationstheorie das Element der Kommunikation zwischen Anwesenden oder in der systemischen Aufstellungsarbeit die Wirkkraft zwischen den aufgestellten Repräsentanten. Immer ist das Eigentliche jenes, welches sich zwischen Personen oder Elementen abspielt. Das ist auch in Bubers Philosophie der Fall. Der Mensch tritt durch das »Zwischen« in Erscheinung, er gewinnt durch das »Zwischen« Identität und Bewusstsein. In die Sprache der Systemtheorie übersetzt, bedeutet dies, dass psychisches System und soziales System sich wechselseitig bedingen. Sie sind ohne einander undenkbar und können ohne einander nicht existieren. In der buberschen Beziehungswelt sind sie auch nicht voneinander unterscheidbar als das eine und das andere als Subjekt und Objekt, sondern bilden eine Einheit. So wie er In-Beziehung-Treten versteht, lässt es sich als eine neue Grenzziehung zwischen innen und außen, also als eine neue Unterscheidung hinsichtlich dessen, was wir als System bezeichnen könnten, deuten. »Jede Beziehung in der Welt ist ausschließlich« (ebd., S. 101). Das heißt, dass sie nicht nur etwas ausschließt, sondern auch etwas einschließt. Man könnte auch sagen: Jede Beziehung bedeutet eine Grenzziehung, in der die Unterscheidung zwischen System und Umwelt getroffen wird. »Aber in der vollkommenen Beziehung umfasst mein Du mein Selbst« (ebd.). Zwei Bewusstseinssysteme integrieren sich gewissermaßen zu einem neuen, personalsozialen System, welches temporär neu in Erscheinung tritt, wenn die Beziehung gelingt.

Der oben beschriebene Prozess der Konstitution der Person gilt ähnlich für die Entstehung einer Gemeinde, also für ein soziales System. Die

> »wahre Gemeinde [...] entsteht durch diese zwei Dinge: dass sie alle zu einer lebendigen Mitte in lebendig gegenseitiger Beziehung stehen und dass sie untereinander in lebendig gegenseitiger Beziehung stehen« (Buber 1999, S. 47).

Es wird also wieder der Beziehungsaspekt hervorgehoben. Nicht etwa die Summe der Gemeindemitglieder, sondern das »Zwischen« aller

3 Beziehung und Dialog

und der einzelnen Gemeindemitglieder ist konstituierend für die Gemeinde. Hier sehe ich das gleiche Muster wie im neueren systemtheoretischen Denken, in welchem das soziale System nicht aus der Summe von Menschen, sondern aus dem Geflecht der Kommunikationen besteht. Die Menschen mit ihrem Bewusstsein und ihren Psychen sind dann nach systemtheoretischer Lesart relevante Umwelten dieses sozialen Systems. Nicht der Mensch steht im Mittelpunkt, sondern das Miteinander, welches wir mit Martin Buber »Zwischen« nennen. Kierkegaard zitierend, entwickelt Buber erkenntnistheoretische Gedanken mit konstruktivistischer Prägung:

> »›Das, wovon ich rede [...], ist etwas Schlichtes und Einfältiges: dass die Wahrheit für den Einzelnen nur da ist, indem er sie selber handelnd erzeugt‹« (ebd., S. 266).

Und diese Wahrheit muss sich dann noch bewähren:

> »Der Mensch findet die Wahrheit erst wahrhaft, wenn er sie bewährt. Die menschliche Wahrheit ist hier an die Verantwortung der Person gebunden« (ebd.).

In diesem kleinen Zitat steckt eine Menge erkenntnistheoretischen Gehalts konstruktivistischer Prägung. Zunächst einmal deutet der Begriff »menschliche Wahrheit« schon darauf hin, dass Buber nicht an einen objektiven und allgemeinverbindlichen Wahrheitsbegriff denkt. Dieses menschlich-subjektive Verständnis von Wahrheit reichert Buber dann mit dem Kriterium der Bewährung an, in der systemtheoretisch-konstruktivistischen Begriffswelt sprechen wir von »Viabilität«. Viable Wirklichkeiten haben gewissermaßen den Test auf Alltagstauglichkeit bestanden und bleiben deshalb so lange bestehen, wie sie sich weiter bewähren. Dabei erheben sie aber keinen Anspruch auf allgemeine, dauerhafte Gültigkeit oder gar Objektivität. Wenn das Wesen unserer menschlichen Wirklichkeiten und Wahrheiten derart an unser subjektives Bewusstsein gebunden ist, ist es nur konsequent, dass wir die Verantwortung für ihre Erzeugung übernehmen. Auch in der radikalkonstruktivistischen Sicht Ernst von Glasersfelds kommt dem Individuum eine besondere Verantwortung für sein Denken und Tun zu, da das Wissen nicht passiv von außen aufgenommen, sondern aktiv im Bewusstsein des denkenden Subjekts erzeugt wird (vgl. etwa von Glasersfeld 1996, S. 50 f.).

An anderer Stelle zitiert Buber den Philosophen Max Stirner: »Wahrheit [...] existiert nur – in deinem Kopfe« (Buber 1999, S. 208.) Sowie: »Die Wahrheit ist eine – Kreatur« (ebd.). Dieser grundlegend konstruktivistischen Stellungnahme schließt Buber sich an: Stirner unternehme die Auflösung der gehabten, in Besitz nehmbaren und von der Person unabhängigen Wahrheit, die ein allen Personen zugängliches Allgemeingut sei. Das Mittel, mit dem er diese Auflösung betreibe, sei »der Nachweis ihrer Personbedingtheit« (ebd., S. 209). Nochmals Stirner zitierend: »›Was ich für wahr halte, ist bestimmt durch das, was ich bin‹« (ebd.), stellt er die Beziehung zwischen der Eigenart des wahrnehmenden Subjekts und dem Wahrheitsbegriff her.[25] Hier kann man eine Parallele zum systemtheoretischen Beobachterkonzept erkennen. Mit Bezug auf die Wirklichkeit lässt Buber ebenfalls ein systemtheoretisch-konstruktivistisches Verständnis erkennen:

»In der gelebten Wirklichkeit gibt es keine Einheit des Seins. Wirklichkeit besteht nur im Wirken, ihre Kraft und Tiefe in der seinen. Auch ›innere‹ Wirklichkeit ist nur, wenn Wechselwirkung ist. Die stärkste und tiefste Wirklichkeit ist, wo alles ins Wirken eingeht, der ganze Mensch ohne Rückhalt [...]« (Buber 1999, S. 90).

Mit Bezug auf die Natur des Menschen und seines Verhaltens grenzt sich Buber von Vorstellungen der Eindeutigkeit und Vorhersehbarkeit ab und lässt Motive anklingen, welche an die Aspekte von Kontingenz und Autopoiesis erinnern:

»Nicht seine Radikalität kennzeichnet den Menschen als von allem Nur-Animalischen urtief abgehoben, sondern seine Potenzialität. Stellen wir ihn allein vor die gesamte Natur, dann erscheint in ihm der Möglichkeitscharakter des naturhaften Daseins [...]« (ebd., S. 259).

Und: »Das bedeutet, dass die Tat des Menschen nach Art und Maß unvorhersehbar ist, dass er [...] das Überraschungszentrum der Welt bleibt« (ebd., S. 260). Die menschliche Natur ist nicht absolut oder radikal etwa als gut, böse oder sündhaft zu charakterisieren, sondern

---

25 Dass Buber über die hier interessierenden Bezüge hinaus durchaus einen allgemeinen Wahrheitsbegriff, nämlich den Gottesbegriff, hat, soll uns nicht davon abhalten, seine grundsätzliche erkenntnistheoretische Haltung im Zusammenhang mit dem Dialog als konstruktivistisch zu bezeichnen.

3 Beziehung und Dialog

trägt die Möglichkeiten für Verschiedenheit in sich und kann nicht ausgerechnet werden.

Buber sieht die Unterschiedlichkeit der Menschen als grundlegend und wesenhaft an und bezieht sie auf Gemüt, Denkweise, Gesinnung, Haltung, Wahrnehmung, Erkenntnis und Sinnhaftigkeit. Diese Unterschiedlichkeit gilt es zu erkennen, zu akzeptieren und zu bejahen. Dann kann es gelingen, »an die ›Wahrheit‹ oder ›Unwahrheit‹ [...] des andern in Demut und redlicher Erforschung zu rühren« (ebd., S. 234). Wir lernen den anderen also kennen im Wege einer Erforschung, deren Voraussetzung das Wahrnehmen, Akzeptieren und Bejahen seiner fundamentalen Andersartigkeit ist. Und dabei wird noch einmal ausdrücklich betont, dass sein Wahrheitsbegriff ein individueller ist.

Kommen der eine und der andere sich auf diese Weise näher, dann beginnen die Subjekt-Objekt-Grenzen zu verschwimmen, und beide können auf der Grundlage ihrer jeweiligen Besonderheit in einen koevolutionären Prozess eintreten:

> »Es kommt auf nichts anderes an, als dass jedem von zwei Menschen der andere als dieser bestimmte andere widerfährt, jeder von beiden des andern ebenso gewahr wird und ebendaher sich zu ihm verhält, wobei er den anderen nicht als sein Objekt betrachtet und behandelt, sondern als seinen Partner in einem Lebensvorgang, sei es auch nur in einem Boxkampf« (Buber 1999, S. 274).

Es erfolgt der Eintritt in die Welt der Beziehung, in welcher zwei Menschen einander frei gegenüberstehen, ohne einseitige Ursächlichkeit, sondern in Wechselwirkung:

> »Die Gestalt, die mir entgegentritt, kann ich nicht erfahren und nicht beschreiben; nur verwirklichen kann ich sie. [...] Und wirkliche Beziehung ist es, darin ich zu ihr stehe: Sie wirkt an mir, wie ich an ihr wirke« (ebd., S. 14).[26]

Buber grenzt das Verwirklichen des andern, welches hier geschehe, von Vorgängen des Erfahrens oder Beschreibens ab. Auch hier finden wir ein konstruktivistisches Motiv. Das Erfahren oder Beschreiben bezieht sich eher auf ein objekthaftes Etwas, welches schon vorhanden sein muss. Das Verwirklichen in der Beziehung kann man

---

26 Vgl. auch Buber (1999), S. 54.

als gemeinsam sich entwickelnden Erzeugungsvorgang verstehen. Im Relationalen entsteht Sozialität als gemeinsame Schöpfung im »Zwischen«. Hier erfolgt die Grundlegung des dialogischen Prinzips, welches Buber von der Individualpsychologie abgrenzt:

> »Die Sphäre des Zwischenmenschlichen ist die des Einander-gegenüber; ihre Entfaltung nennen wir das Dialogische. Demgemäß ist es auch von Grund aus irrig, die zwischenmenschlichen Phänomene als psychische verstehen zu wollen« (ebd., S. 276).

Die Seelenvorgänge von zwei miteinander Sprechenden seien ...

> »nur die heimliche Begleitung zu dem Gespräch selber [...], dessen Sinn weder in einem der beiden Partner noch in beiden zusammen sich findet, sondern nur in diesem ihrem leibhaften Zusammenspiel, diesem ihrem Zwischen« (ebd.).

In den Kategorien der Systemtheorie ausgedrückt, heißt das, dass alles Psychische Umwelt für das Eigentliche, nämlich das System der Kommunikationen im »Zwischen« der Sprecher, ist. Diese Sicht der Dinge hat fundamentale Konsequenzen für Coaching und Beratung. Die Psychologie tritt in den Hintergrund und die Kommunikation in den Vordergrund. Das dialogische »Zwischen« erlangt einen eigenständigen Status als Teilnehmer am sozialen Geschehen.

In *Zen in der Kunst des Coachings* wollen wir die Konstellation zwischen Coach und Coachee als eine dialogische Beziehung verstehen, wie sie von Martin Buber entwickelt wurde. Damit ergibt sich aus meiner Sicht eine grundlegend systemisch-konstruktivistische und nicht psychologische Fundierung des beratenden Miteinanders. Der tiefere Gehalt dieser Beziehung erschließt sich in der von Martin Buber begründeten Welt des dialogischen Prinzips. Darin bringt er eine wesentliche Unterscheidung konsequent auf den Punkt. Begegnen wir unserer Umwelt und allem, was darin enthalten ist, indem wir mit ihr eine Welt der Beziehung oder eine Welt des Gegenstandes herstellen? Beide Formen der Begegnung sind legitim, haben aber vollkommen unterschiedliche Folgen. In der Welt des Gegenstandes, Buber charakterisiert sie als »Ich-Es«-Begegnung, wird eine klare Grenzlinie zwischen Subjekt und Objekt gezogen. Diese Trennung ermöglicht die dinghafte Behandlung von Phänomenen in der Welt und damit auch die Errungenschaften der Mechanik, der Naturwissenschaften und Ingenieurkunst. Hier herrschen die Einsichten über Ursachen und Wirkungen. Letztlich konnte vieles, was das Leben leicht und bequem macht, nur unter dieser Voraussetzung geschaffen werden: Kühlschränke, Automobile, Flugzeuge und Kraftwerke. Das andere oder den anderen als Objekt zu sehen und zu verstehen ermöglicht die Dimension des Instrumentellen – auch bei Menschen. Die Sklavenhaltergesellschaft sieht den Sklaven als Objekt, dem man einen monetären Wert zumessen kann und auf den man instrumentell einwirken kann, denken wir nur an die bekannte Incentivierung durch Zuckerbrot und Peitsche. Der Eigentümer darf mit seinem Besitz tun, was ihm beliebt. Er darf ihn in der Landwirtschaft einsetzen, für die Unterhaltung bei Brot und Spielen oder als Vorleser nutzen. In unserer heutigen Welt sehnt sich manch einer oder eine regelrecht danach, die Rolle des Objekts einzunehmen. Der talentierte Nachwuchsfußballer kann im System des Profifußballs nur dann zum millionenschweren Topspieler werden, wenn er von einem Spitzenverein als Investitionsobjekt genutzt wird. Gelingt dies, so haben Club und Spieler das gemeinsame Interesse, die Relation von Finanzströmen zu optimieren. Und in diesem Sinne mag es naheliegen, einen verletzten Torjäger vor einem wichtigen Match fit zu spritzen, statt einen gründlichen Ausheilungsprozess abzuwarten. Ganz ähnlich verhält es sich mit spätpubertierenden Mädchen, deren sehnlichster Wunsch ist, von »Heidi« ein Foto zu bekommen. Die Verletzungsgefahr beim ungeübten Stöckeln auf hohen Absätzen ist ja ähnlich erheblich wie die beim Fußballspielen. Diese Beispiele veranschaulichen, in welcher Weise die Verwertung, gerade auch die Selbstverwertung, von Personen zu einer »Ich-Es«-Begegnung führen.

In der Welt der Beziehung, nach buberscher Lesart »Ich-Du«, treten Begegnung und Berührung an die Stelle von Kausalität und Klarheit, von Mechanik und Machbarkeit. Zwei oder mehrere Subjekte lassen sich aufeinander ein und damit einen Prozess der echten Begegnung zu, in welchem die Beteiligten sich gemeinsam entwickeln. Freie Wechselwirkung charakterisiert dieses Verhältnis, und aus ihr entsteht die Beziehung, an der die Subjekte gleichberechtigt teilnehmen und aus der sie als Personen erkennbar werden, ja Identität entwickeln. Buber misst der Beziehung in der Berührung des Du ein eigenes Wesen mit eigenem Zweck zu. Sein Blick richtet sich auf dieses »Zwischen«, an dessen Teilnahme der Mensch erst Bewusstsein für sein eigenes Sein erlangt.

Mit der hier vorgeschlagenen Coachinghaltung möchte ich die Vorzüge einer dialogischen Beziehungsgestaltung im Sinne der buberschen »Ich-Du«-Welt betonen. Damit einher geht eine grundsätzliche Skepsis gegenüber instrumentellen Zugängen zum Klienten, denn alles Instrumentelle hat einen instrumentalisierenden Charakter und entfernt uns damit von der Sphäre des Dialogs. Als Coachs sind wir uns bewusst, dass wir von jeder Begegnung mit einem Klienten selber berührt werden und sich unsere Identität im Gespräch weiterentwickelt. Wir verändern uns in der Interaktion mit dem Klienten, ebenso wie der Klient sich in der Interaktion mit uns verändert. Coach und Coachee sind Umwelten eines Geschehens, nämlich des Dialogs in ihrem »Zwischen«, dem beide zugehörig sind und zu dessen Erzeugung beide beitragen. Gleichzeitig entfaltet dieses dialogische Geschehen ein eigenes, genuin unkontrollierbares Wesen. In seiner Autopoiesis wirkt es auf Coach und Coachee zurück. Gemeinsam tragen sie Verantwortung dafür, dass *zwischen* ihnen Nützliches geschieht. In der systemtheoretischen Terminologie handelt es sich bei dem »Zwischen« um das soziale System »Coachinggespräch«. Aus der besonderen Qualität der Begegnung erwächst das, was aus ihr mitgenommen werden kann. Die Qualität der Begegnung ist dann angemessen, wenn *beide* sich verändern, beide etwas mitnehmen, beide sich entwickeln. Die Vorstellung, dass einer gibt und der andere nimmt, ist eine gedankliche Konstruktion, die letztlich nicht durchhaltbar ist, wenn die Beziehung »stimmt«. Wenn Klient und Berater mit dem Gefühl auseinandergehen, dass Letzterer für Ersteren eine Dienstleistung erbracht hat, dann ist die dialogische Beziehungsgestaltung nicht gelungen.

4 Zwischenfazit: No guru, no method, no teacher

Dieser Refrain aus Van Morrisons *In The Garden* bringt prägnant und poetisch-musikalisch auf den Punkt, was aus den bisherigen Überlegungen folgt, wenn wir sie ernst nehmen. Wenn wir Beratung vor dem Hintergrund eines systemtheoretisch-konstruktivistischen Verständnisses in Kombination mit Dialog und Zen betrachten und entsprechende praktische Erfahrungen hinzuziehen, so hat dies erhebliche Konsequenzen:

1. Alle an einer Beratung beteiligten psychischen und sozialen Systeme operieren autopoietisch, selbstreferenziell und operativ geschlossen. Daraus folgt, dass sie ihre jeweiligen Wirklichkeiten ausnahmslos aus ihrer eigenen Disposition, also vollkommen »eigenmächtig«, herstellen.
2. Berater, Beratene und die Beratung als soziales System »zwischen« den beteiligten Personen haben keinen direkten Zugang zueinander. Im Miteinander dieser Systeme finden keine absichtsvoll gezielten Einwirkungen mit planbaren Ergebnissen statt.
3. Das soziale System der Beratung als dialogischen Raum zu gestalten bedeutet, den Gegebenheiten von Autopoiesis, Selbstreferenz und operativer Geschlossenheit gerecht zu werden. Das »Zwischen« im Sinne von Martin Bubers dialogischem Prinzip entwickelt einen eigenen Charakter und einen eigenen Platz im systemischen Arrangement der Beratung.
4. Beim Coaching entsteht dieser dialogische Raum im Miteinander der beteiligten Personen und hat wiederum Rückkoppelungseffekte auf sie. Daraus folgt, dass Coach, Coachee und dialogischer Raum sich in einem koevolutionär-rückbezüglichen Prozess bewegen. Ich, Du und »Zwischen« erlangen einen gleichen Rang im Beratungsgeschehen.
5. Wichtige Prinzipien des Zen, wie zum Beispiel Ruhe des Geistes, Hinwendung zum Jetzt und Loslassenkönnen, wirken sich förderlich auf die Gestaltung dieses dialogischen Raumes aus. Loslassen vom Anhaften im Sinne des Zen und Suspendieren

von Vorurteilen im Sinne des Dialogs sind analoge Grundhaltungen, die nützlich dafür sind, mit der systemischen Selbstorganisation, der Autopoiesis, operativen Geschlossenheit und Selbstreferenzialität umzugehen.
6. Das dialogische Verständnis entfernt Beratung und Coaching von der Sphäre der Psychologie und nähert sie der Welt von Systemtheorie und Konstruktivismus an.
7. Wir nehmen als Berater nicht eine professionell-distanzierte Position in der Beziehungsgestaltung mit unseren Klienten ein, sondern bewegen uns zwischen Polaritäten wie Nähe und Distanz oder Verschiedenheit und Gleichheit hin und her. Essenziell ist die Bewegung mit dem Klienten, nicht eine Position zum Klienten.
8. Der Berater befindet sich nicht außerhalb oder oberhalb dieses Geschehens, sondern mittendrin. Daraus folgt, dass er sich immer auch selber verändert. Das Gleiche gilt für den Klienten und damit auch für die Berater-Klienten-Konstellation. Also begegnen sich im Zeitablauf nie zwei gleiche Personen, Situationen oder Konstellationen. Es ist immer anders, als es war. Jeder Moment ist einzigartig.
9. Berater, Klient und »Zwischen« erbringen eine gemeinsame Leistung. Andere Phänomene, wie das Problem oder das Anliegen des Klienten, können in ihrer Autopoiesis eine eigenständige und aktive Rolle im Beratungsgeschehen spielen.
10. Beratung findet in einem Modus statt, der weder aktiv noch passiv ist. Er entspricht weder der fachlichen Expertenberatung noch der puristisch prozessorientierten Beratung. Was wäre eine stimmige Bezeichnung für diese Art des Beratens?

Es ist ein hypnodialogischer Weg. Im Laufe der letzten Jahre habe ich immer öfter Kundenfeedbacks bekommen, die ähnlich lauteten, wie das folgende von Gerald B. (sinngemäß): »Unsere letzte Sitzung war sehr hilfreich, und ich konnte mich in meinem Führungsalltag mit Orientierung und Souveränität bewegen. Aber ich weiß eigentlich gar nicht, warum.« Die ersten Male, als ich solches oder Ähnliches hörte, war ich mir unsicher, wie ich das empfinden sollte. Einerseits gefiel mir die Wertschätzung, andererseits war ich besorgt, ob Wirkungen, die im Coaching erzielt wurden, genügend Nachhaltigkeit entfalten konnten, wenn die Klienten nichts Anfassbares aus unserer Arbeit mit-

4 Zwischenfazit

nahmen, auf das sie später zurückgreifen konnten. Nach und nach ist mir deutlicher geworden, dass ich tatsächlich immer weniger Anfassbares geliefert habe. Modelle, Konzepte, Tools und Verfahren haben sich stattdessen stetig aus meiner Arbeit mit Klienten geschlichen – so nützlich und bewährt sie auch sein mögen und so verführerisch es ist, sich auf sie zu stützen. Das war kein aktiver und von mir willkürlich gesteuerter Ausgrenzungsprozess. Dahinter steckte keine bewusste Strategie. Vielmehr hat das Dialogische beharrlich mehr und mehr Raum in meiner Arbeit eingenommen, sodass alles Instrumentelle automatisch weniger stattfand. Dabei fiel mir auf, dass es so etwas wie eine dialogische Trance gibt.

Die Haltung des Zen im Zusammenspiel mit einer dialogischen Beziehungs- und Kommunikationsgestaltung wird meines Erachtens den Bedingungen eines systemtheoretisch-konstruktivistischen Verständnisses der Beratungssphäre in besonderer Weise gerecht. Sie begegnet Autopoiesis, Selbstreferenz und operativer Geschlossenheit der beteiligten Systeme mit Respekt und Wertschätzung. Sie gibt sich keiner Illusion hinsichtlich der eigenen Wirkmöglichkeiten hin.

Wenn wir das Augenhöhenprinzip mit größtem Respekt und konsequent einhalten und uns möglichst präsent dem gegenwärtigen Moment hingeben, wenn wir auf den Einsatz von Tools verzichten und alle Ziele loslassen, wenn wir erkennen, dass die Wörter bzw. Worte nicht das Wichtigste im Coaching sind, wenn wir außerdem in der Lage sind, Vorgefasstes zu suspendieren, mit allen Sinnen zuzuhören und das zu artikulieren, was in den kommunikativen Raum drängt, dann nehmen wir eine Haltung ein und praktizieren ein Handeln im Geiste des Zen und des Dialogs. Wenn der Klient darauf »einsteigt«, ermöglichen wir auf diese Weise eine Sphäre, die in sich selbst organisierender Dynamik einen Trancecharakter entwickelt. Dies stelle ich mit dem größten Respekt vor der Riege der Hypnotherapeuten und Hypnosystemiker fest. Dabei lasse ich mich von dem hypnosystemischen Trancebegriff leiten, der ja eine Art aufmerksamkeitsfokussierende Selbstvergessenheit bedeutet, wie sie zum Beispiel auftreten kann, wenn man ein spannendes Fußballspiel anschaut. Allen voran Gunther Schmidt, von dem ich viel gelernt habe, legt in seiner Arbeit größten Wert auf eine äußerst respektvolle Symmetrisierung der Berater-Klienten-Beziehung. Carl Rogers ging mit seiner Gesprächstherapie wie Schmidt Wege, die diesbezüglich weit über das Durchschnittsmaß hinauswiesen. All dies in Betracht ziehend, schlage ich vor, den mit *Zen in der Kunst des Coachings* beschriebenen Ansatz »hypnodialogisch« zu nennen.

5 Eine etwas andere Coachingwelt

Wenn wir die Beratungskonstellation des Coachings ernsthaft systemtheoretisch-konstruktivistisch verstehen und wenn wir das Zen und den Dialog als nützliche beraterische Haltungen und Verhaltensweisen begreifen, dann hat dies grundlegende Konsequenzen für die Beratung als helfende Beziehung. Stimmen wir grundsätzlich zu, dass die beteiligten Personen in ihrer Autopoiesis und Selbstreferenzialität nicht direkt und linear steuerbar sind? Gehen wir sogar davon aus, dass dies für das soziale System »Coaching« gilt? Folgen wir dem erkenntnistheoretischen Gedanken, dass die Begrenzung unserer Welterkenntnis in der Begrenzung unseres menschlichen Wahrnehmungsapparates liegt, wodurch unser Bewusstsein gewissermaßen zum »Wahrgeber« von Wirklichkeiten wird? Oder wollen wir doch weiterhin davon ausgehen, dass wir als Berater über Wahrnehmungen als Repräsentationen von im Außen liegenden Objekten und Phänomenen verfügen? Wollen wir doch irgendwie unterstellen, dass wir einen direkten Zugang zu Gedanken und Gefühlen unserer Klienten haben, oder ist die Psyche des anderen für uns prinzipiell eine Blackbox? Wollen wir uns in der Lage sehen, dass wir klug und planvoll und absichtlich gewünschte Wirkungen bei unseren Coachees erzielen können? Oder wollen wir demütig anerkennen, dass jede Kausalität eine Wirklichkeitskonstruktion ist und dass wir niemals mit Bestimmtheit sagen können, was sich wie im Bewusstseinsprozess unseres Klienten auswirkt? Mir scheint, dass es nicht so sehr an Einsicht mangelt. Die meisten gut geschulten und erfahrenen Beraterinnen und Berater würden diese Fragen im Sinne einer modernen Kommunikations- und Erkenntnistheorie beantworten. Aber welche Konsequenzen werden daraus in der Praxis gezogen? Hier liegt meines Erachtens der »Hase im Pfeffer«. Tun wir nicht alle allzu oft so, als könnten wir Informationen zwischen Personen transportieren oder als wüssten wir, was in den Köpfen, Bäuchen und Herzen unserer Klienten vor sich geht? Unsere Praxis hinkt diesbezüglich vielleicht ein wenig hinterher. Im nun folgenden Abschnitt sollen Hinweise für eine Umgestaltung der praktischen Coachingarbeit gegeben werden.

Kultivierungshilfe leisten

Wenn wir das Planungs- und Steuerungsdenken in der Beratung konsequent loslassen, kann uns eine mächtige Metapher helfen, Orientierung für unsere Haltung und unser Vorgehen zu erlangen. Es handelt sich um die Idee von Beratung als Kultivierungshilfe. Die ihr zugrunde liegenden archetypischen Vorstellungen und Haltungen des Gärtners, des Landwirtes oder Försters weisen den Weg in Richtung einer Beratung in angemessen demütiger Haltung. Der Bauer im archetypischen Sinne weiß von der Bedeutung sich selbst organisierender Kräfte und von Dynamiken im organischen Wachstum. Er sät seine Saat im Vertrauen auf einen bewährten Wachstumsprozess, ohne genau zu wissen, welches Ergebnis an seinem Ende steht. Ihm ist bewusst, dass er äußere Einflüsse wie Sonne, Regen, Hagel oder Wind nicht manipulieren kann. Der Förster sieht seinen Wald als ganzheitliches Ökosystem, in welchem jedes Tier und jede Pflanze ihren Platz haben. Interveniert wird vorwiegend bedächtig und immer mit Blick auf die Risiken und Nebenwirkungen für das Ganze. Der Gärtner betrachtet einzelne Pflanzen als Bestandteile des Gesamtsystems und in ihren Wechselwirkungen unter dem Gesichtspunkt einer Gesamtästhetik und eines optimalen Gesamtergebnisses. Allen dreien liegt die Nachhaltigkeit am Herzen. Sie praktizieren eine geduldige Grundhaltung. Beratung als Kultivierungshilfe ist demütig gegenüber den Selbstorganisationskräften und der Eigenlogik von Systemen. Systemeigene Mechanismen lassen sich nicht per Knopfdruck, Anweisung oder klugem Rat, also durch triviale Interventionen, verändern. Essenzielle Veränderungserfolge benötigen eine Kombination aus Entschlossenheit zur Umgewöhnung, Hartnäckigkeit und Durchhaltevermögen. Nicht zuletzt gehört dazu die Bereitschaft, sich auf eine Lernexpedition mit großer Ungewissheit zu begeben. Über das zu durchquerende Terrain und das Ergebnis dieses Abenteuers wissen die Reisenden im Vorhinein naturgemäß nur wenig.

Bei der Veränderungsarbeit des Klienten handelt es sich um einen Lernprozess, um einen Vorgang der Selbstkultivierung. Er gewöhnt sich eine veränderte Einstellung, Denk- oder Handlungsweise an, um sie zur alltagspraktisch verfügbaren Form werden zu lassen. Es ist im Grunde nichts anderes, als sich das Zähneputzen anzugewöhnen. Wenn es erst zu einem selbstverständlichen Ritual geworden ist, vergisst man schnell, welcher Anstrengung es bedurfte, die richtige Technik zu erlernen und zum richtigen Zeitpunkt daran zu denken. Selbstkultivierung heißt Hege, Pflege und Entwicklung des individuell-menschlichen Körper-Geist-Systems. Ziele der Selbstkultivierung sind Stärkung, Flexibilisierung, Wachstum und gegebenenfalls auch Heilung. Diese Ziele werden erreicht durch Umgewöhnungsprozesse, also Angewöhnung von funktionalen, hilfreichen, wachstumsfördernden und stärkenden Denk- und Verhaltensmustern sowie Abgewöhnung von dysfunktionalen, nicht nützlichen, wachstumshemmenden und schädigenden oder schwächenden Denk- und Verhaltensmustern. Nicht nur das Coaching, auch das Selbstmanagement oder die Personalentwicklung können zum Container bzw. Instrument für Selbstkultivierungsprozesse werden. Das Selbstmanagement ist, genau genommen, das Gefäß, in welchem sich die Erkenntnisse des Coachings entfalten. Es gibt kein erfolgreiches Coaching ohne erfolgreiches Selbstmanagement. »Selbstkultivierung« als Begriff gibt den entschleunigend-organischen Charakter dieser Art der Entwicklung wieder, während »Management« stärker das aktiv gezielte Gestalten zum Ausdruck bringt. »Kultivierung« klingt nach dauerhaft angelegter Veränderung, während mit »Management« eher situatives Eingreifen assoziiert wird. Ich würde Praktiken wie zum Beispiel Tai-Chi, Yoga oder Meditation als ganzheitliche Formen der Selbstkultivierung bezeichnen. Der Geist des Zen integriert die Praxis der Selbstkultivierung in den Alltag mit all seinen vermeintlich unbedeutenden Verrichtungen. Religiöse Glaubenssysteme bieten mit ihren Normen und Werten ebenfalls Anleitungen für Selbstkultivierung. Das gilt für den Islam, das Christentum und das Judentum, den Buddhismus und den Hinduismus gleichermaßen. Im systemtheoretischen Verständnis ist Selbstkultivierung immer auch Systemkultivierung, da jede Veränderung des »Selbst« automatisch mit einer Veränderung des Bewusstseinsprozesses gekoppelt ist. Einer meiner Klienten, der mit Esoterik eigentlich nichts am Hut hat, schwärmt von seiner Meditations-App. Allmorgendlich nimmt er sich zehn Minuten Zeit für eine geleitete Meditation. Für ihn als zeitlich eng getakteten Manager, der regelmäßig mit dem Flugzeug nach Westen und Osten durch die Zeitzonen reist, war es keineswegs trivial, sich die tägliche Auszeit von zehn Minuten anzugewöhnen. Es bedurfte einer Bewusstseinsveränderung dafür, die Meditationspraxis zu einer Gewohnheit werden zu lassen, die mit dem Zähneputzen vergleichbar ist. Nach einiger Zeit stellte er fest, dass die Praxis sich nach und nach auf sein Bewusstsein auswirkte. Immer weniger hatte er das Gefühl, sich die allmorgendlichen zehn Minuten »abknapsen« zu müssen, immer mehr verstand er diesen Aufwand als hilfreich dabei, gut in den Tag zu kommen – ähnlich wie die morgendliche Dusche, deren Zeitaufwand die meisten von uns ja auch nicht infrage stellen. Für solche Veränderungen bedarf es eines Vorgehens im Sinne des radikalen Inkrementalismus, um ein Wort Ernst-Ulrich von Weizsäckers zu verwenden. Man könnte auch sagen, dass eine hartnäckige Politik der kleinen Schritte erfolgversprechender ist als mancher große Wurf.

Fassen wir den Systembegriff größer, dann nähern wir uns mit der Systemkultivierung den Bemühungen der Organisationsentwicklung. Das System, sei es ein Team, eine Organisationseinheit, ein Unternehmen, ein Staat oder die UNO, soll befähigt werden, in seiner Reaktions- und Antwortfähigkeit mit komplexer werdenden Umwelten und Herausforderungen Schritt zu halten. Unterschiedliche Formen der Systemkultivierung und entsprechende Beratung können sich etwa mit Fragen der Kooperation (z. B. Teambuilding), der übergeordneten Orientierung (z. B. Strategieprozess), der Effizienz (z. B. Business Process Reengineering) oder der personellen Ressourcen (z. B. Rekrutierung) befassen.

Der Dialog in einem weitgreifenden Sinne ist das zentrale Mittel für beraterische Kultivierungsprozesse. Er verflüssigt die Eigenlogik von Systemen, er entspannt ihre mächtigen Beharrungskräfte und ermöglicht so Veränderung und Lernen. Er greift diese Beharrungskräfte nicht an, sondern arbeitet eher mit ihnen. Er ermöglicht auf diese Weise ihre zeitweise Suspendierung und hält die damit verbundenen Veränderungsängste gering. Damit wird es möglich, neue Handlungsoptionen ins Auge zu fassen und letztlich das Spektrum an Möglichkeiten für tatsächliche Veränderungen zu erweitern.

Das Bewusstsein als Wahrgeber unseres Seins anerkennen

»Immer erschien er den Frauen nicht als derjenige, der er war, sie liebten an ihm nicht ihn selbst, sondern den Menschen, den sich ihre

Vorstellung geschaffen hatte und den sie in ihrem Leben so sehnsüchtig gesucht hatten; später, wenn sie ihren Fehler erkannten, liebten sie ihn dennoch« (Čechov 2013, S. 45).

Was Čechov in seiner Erzählung *Die Dame mit dem Hündchen* schildert, kennen wir als bewusstseinsmäßiges Alltagsphänomen: Es kann nicht sein, was nicht sein darf. Scheinbar kontrafaktisch sehen die Frauen in dem bewunderten Mann einen anderen, als der tatsächlich ist. Sie benutzen ihn als Projektionsfläche für ihre Wünsche und Sehnsüchte. Als sie feststellen, dass er sich dazu eigentlich nicht so recht eignet, halten sie, wieder im Widerspruch zu den vermeintlichen Tatsachen, an ihrer Liebe zu ihm fest. Wie kann so eine irrationale Selbsttäuschung gelingen? Eine Erklärung könnte sein, dass die Frauen in Čechovs Erzählung nicht den Mann als objektiven Gegenstand ihrer Neigung lieben, sondern weil ihr Bewusstsein in der Lage ist, alle Fakten so zu arrangieren, dass ihr emotionaler Apparat »Liebe« erzeugt. Die Etymologie des Wortes »Faktum« gibt ja bereits untrügliche Hinweise auf die Flexibilität sogenannter Tatsachen. Lateinisch *facere* bedeutet »machen« – eine sprachkundliche Flankierung der konstruktivistischen Vorstellung, dass Tatsachen letztlich eine Kreation unseres Bewusstseins sind.

Das Sein bestimmt das Bewusstsein. Mit diesem Gedanken hat Karl Marx weltweit für ziemlich viel Aufruhr gesorgt. Seine Idee, dass die ökonomischen, gesellschaftlichen und familiären Verhältnisse unser Erleben, unsere Einstellungen und Werthaltungen, also unser Bewusstsein, bestimmen, ist ja auch wirklich bestechend. Sie hatte zudem im historischen Kontext seines Schaffens ihre ganz besondere Berechtigung. Aber letztlich ist die Bestimmungswirkung zwischen Sein und Bewusstsein keine Einbahnstraße, sondern ihr Zusammenhang ist zirkulär. In gewisser Weise hat in diesem gegenseitigen Beeinflussungsverhältnis das Bewusstsein jedoch immer ein bisschen »die Nase vorn«. Denn sobald wir uns auf Marx' Seite stellen und unser Sein im Sinne unserer materiellen Verhältnisse als bestimmender Faktoren reflektieren, findet diese Reflexion schließlich im Bewusstsein statt. Wir räumen dem Sein also bewusstseinsmäßig seine determinierende Stellung ein. Die primäre Bewegung findet somit im Bewusstsein statt. Erst danach kann die Feststellung, dass das Sein das Bewusstsein bestimme, eine relevante Wirkung erzielen. Das Bewusstsein sitzt, wenn man so will, im »Driver Seat«. Je nachdem, welche Kausalität man in dieser Rückbezüglichkeit für »wahr« hält, ergeben sich natürlich vollkommen unterschiedliche Konsequenzen. Vom marxschen Standpunkt aus gesehen, bedürfen grundlegende Veränderungen einer Revolution, also einer Umkehrung der gesellschaftlichen Verhältnisse. Die Alternative wäre ein individueller Bewusstseinswandel. Was ist erfolgversprechender? Man braucht diese Frage nicht lange zu beleuchten, um zu verstehen, dass jede Veränderung der Verhältnisse im Großen auch einer Veränderung individuellen Bewusstseins bedarf, damit sie gelingt. Jede Form in der Welt braucht ihre Idee als Voraussetzung. Die Idee des Hauses geht dem Haus voraus, das Gleiche gilt für das Internet oder ein Buch, es gilt sogar für die Revolution. In der Konsequenz heißt das: Unser menschliches Bewusstsein ist zugleich Voraussetzung und Grenze von allem, was wir als Menschen auf der Welt zustande bringen. Unsere Erfolge, auch als Coachingklienten, hängen davon ab, was wir für möglich halten. Was erfolgen kann, muss vorstellbar sein.

Wenn wir eine Einstellung zur Welt im Sinne des Zen praktizieren, dann erlauben wir uns ein philosophisch-spirituelles Pendant zur konstruktivistischen Erkenntnistheorie, nach der wir unsere Welt im mental-emotionalen Prozess unseres Bewusstseins erzeugen. Aus systemtheoretischer Sicht, nämlich speziell der Autopoiesis unseres Bewusstseins sowie der operativen Geschlossenheit und Selbstreferenzialität unseres psychischen Systems, ist es unmöglich, aus dem gedanklich-emotionalen Prozess unseres Bewusstseins auszusteigen und direkt auf unsere Umwelt zuzugreifen. Aber wir können als Beobachter alles um uns herum, die Welt, ganze Galaxien, ja das gesamte Universum in unser Bewusstsein holen, indem wir, was immer wir wollen, uns »vor-stellen«. Wenn jemand behauptet, dass es noch unentdeckte Galaxien gibt, passiert etwas sehr Interessantes. Im selben Moment nämlich, in welchem unser Bewusstsein sich diese Behauptung vorstellt, hat es die unentdeckten Galaxien bereits als Möglichkeit in den eigenen Prozess integriert. Es ist in der Lage, blitzschnell alles Vorstellbare prozessual zu vereinnahmen und kann sich dabei paradoxerweise sogar das Unvorstellbare vorstellen. Hier treffen sich moderne Erkenntnistheorie und vermeintliche Esoterik. Aus systemtheoretisch-konstruktivistischer Sicht kann es plausibel sein zu sagen: Ich bin eins mit der Welt und dem Universum. Denn das Universum ist für mich immer das Universum meines Bewusstseins. Selbst wenn ich feststelle, dass ich das Universum in seiner Unendlichkeit nicht begreifen kann, dann gehört genau dies zu dem Universumsverständnis, welches mein Bewusstsein mir ermöglicht. Ich kann mich von den Flügeln meiner Vorstellungskraft und Fantasie zu schwindelnden Höhen universaler Gedanken emportragen lassen. Aber wie ungewöhnlich auch immer sie mir scheinen, nie gelange ich jenseits meiner Vorstellungskraft, nie gelange ich über meine Fantasie hinaus. Immer bin ich an die Grenzen meines Bewusstseins gebunden. In einer Ansprache vor Absolventen des Kenyon College im Jahre 2005 bemerkt David Foster Wallace zur Hochschulbildung in den »Liberal Arts«[27]:

»[...] weil die tatsächliche Bedeutung, die Orte wie dieser für die Ausbildung unseres Denkens haben, nicht in der Fähigkeit zu denken, sondern in der Auswahl, worüber wir nachdenken, liegt« (Wallace 2009, p. 14; Übers.: M. R.).[28]

---

[27] Am ehesten wohl mit »Geisteswissenschaften« zu übersetzen.
[28] Orig.: »[...] because the really significant education in thinking that we're supposed to get in a place like this isn't really about the capacity to think, but rather about the choice of what to think about.«

Später im Text heißt es:

»›Denken lernen‹ bedeutet eigentlich lernen, wie man eine gewisse Kontrolle darüber ausübt, wie und was man denkt« (ebd., p. 53; Übers.: M. R.)[29]

Aufmerksamkeitsfokussierung und Bewusstsein beeinflussen unser Sein, unsere Gefühle und unsere Entwicklung. Was wir ein wenig summarisch als Lebensgefühl beschreiben, weist uns unseren Weg mit seinen eigenen Leitplanken. Wo und wie es sich am stärksten entfaltet, öffnen sich die Räume unserer individuellen Freiheit. So werden wir das, was wir wahrnehmen, denken, empfinden und fühlen. Dies sind die Bahnungen unseres Werdens.

Freiheit ist, so gesehen, in erster Linie eine Frage des Bewusstseins. Denken wir an Diogenes, der, so sagt es die Legende, äußerst genügsam in einer Tonne lebte. Als er nicht wie die anderen Bürger Athens dem von einem siegreichen Feldzug zurückkehrenden Alexander huldigte, suchte der Feldherr den Philosophen auf und stellte ihm einen Wunsch frei. Daraufhin bat Diogenes, dass Alexander ihm doch ein wenig aus der Sonne gehen möge, und Alexander entgegnete, dass er Diogenes sein wollte, wenn er nicht Alexander wäre. Ach, wo ist sie hin, die persönliche Größe der Weltenherrscher?! Diogenes war scheinbar arm, aber er fühlte sich wohl frei. Mancher scheinbar reiche Mensch lebt in der Sorge um den Verlust seiner Besitztümer und macht sich zum Sklaven seiner Angst. Mancher scheinbar mächtige Mensch lebt in der Sorge um den Verlust seiner Macht und macht sich zum Sklaven ebendieser Angst. Und manche Menschen, die nach Gütern und Macht streben, um Sicherheit zu erlangen, deren Bewusstsein aber nie in dieser Sicherheit ankommt, machen sich zu Sklaven ihres Sicherheitsstrebens. Unser Bewusstseinsprozess bestimmt die einzige Wirklichkeit, die wir unseren Einstellungen, Bewertungen und Handlungen zugrunde legen können. Hier und nirgendwo anders entscheidet sich, was wir für wahr halten. Wir sind, oder genauer: unser Bewusstsein ist die »wahrgebende« Instanz unseres Seins. Nicht »Wahrnehmung«, sondern »Wahrgebung« ist Wirklichkeit. Unser Bewusstsein ist in der Lage, zahllose Wirklichkeitsoptionen zu produzieren, wenn wir es nur lassen. Ernst von Glasersfeld hat diesen

---

29 Orig.: »›Learning how to think‹ really means learning how to exercise some control over how and what you think.«

Zusammenhang für die Gestaltung von Beziehungspartnerschaften wundervoll auf den Punkt gebracht:

»Der Partner ist immer das, was wir von ihm oder ihr erleben. Wir haben ihn oder sie aus unseren eigenen Erfahrungen abstrahiert, und darum ist er oder sie unsere Konstruktion – nicht etwa ein ›Ding an sich‹, das unabhängig von uns existiert. Und es ist diese von uns konstruierte Person, der wir unsere Interpretation einer Vergangenheit angedichtet haben, die in uns Erwartungen hervorruft. Wenn diese Erwartungen dann nicht eintreffen, sind wir enttäuscht und neigen dazu, die Schuld dem anderen zu geben. Wir vergessen, dass eigentlich nur wir selbst dafür verantwortlich sind, wie wir über den Partner denken – denn wie sie oder er handelt und spricht, lässt sich immer auf sehr verschiedene Weisen interpretieren« (von Glasersfeld 1990, S. 9).

Im Coaching gilt es, dieser wahrgebenden Kraft des Bewusstseins nachzugehen. Viele entsprechende Fragen gehören zum gängigen Repertoire erfahrener Berater: Wie viel Einfluss gestehe ich mir auf mein Leben, meine Gedanken, Gefühle und mein Lebensgefühl zu? Welchen Einfluss gestehe ich anderen zu? Welche, unter Umständen wenig bewussten, Werthaltungen und Glaubenssätze leiten mein Denken, Fühlen und Handeln? Welche Charakteristika meiner von mir selbst festgestellten Identität tragen zur Problemerzeugung bei? Inwieweit sehe ich mich als Opfer der Umstände oder der Entscheidungen anderer? Welche Aufmerksamkeitsfokussierungen bringen mich in ein reaktives und welche in ein initiatives Denken? Was verändert sich in meinem Bewusstsein, wenn ein Problem sich löst? – Aber wie konsequent stellt sich der Berater diesen Fragen im Coachingprozess? Wenn er das nicht tut, werden die unbewussten Bahnungen seines eigenen Bewusstseins in ihrer je eigenen Weise das Gespräch mit dem Klienten prägen. Dann könnte sich der Dialog nicht wirklich entfalten, und es würde kein echtes Gespräch auf Augenhöhe stattfinden.

Autotelisch praktizieren

Coaching im Geiste des Zen und des Dialogs ist eine Arbeitsweise, in der das Geschehen zum Selbstzweck wird. Im gemeinsamen Tun in der Dreierbeziehung zwischen Coach, Coachee und ihrem »Zwischen« mit Bezug auf ein Anliegen oder eine Fragestellung des Klienten findet sich das Motiv des Beraters. Die Freude an der Ausübung der eigenen

Praxis zeigt dem Coach, dass er auf dem richtigen Weg ist. Sie ist vergleichbar mit der Freude am Musizieren um des Musizierens Willen. Wie bei der Yogapraxis des Yogi ist der Prozess das Entscheidende. Ziele und Zwecke außerhalb dieses Prozesses treten in den Hintergrund. Im besten Sinne ist hier der Weg das Ziel. Absichtslosigkeit und in gewisser Weise auch Anstrengungslosigkeit kennzeichnen diesen Weg. Alle Absichten des Beraters kulminieren in dem Wunsch, sich auf einen helfenden Dialog einzulassen, ohne das Augenhöhenprinzip zu verletzen. Anstrengungen werden unternommen, ohne dass man in eine Leistungsverspannung gerät. Die Arbeit mag sehr intensiv und fordernd sein, aber sie ist nicht verkrampft. Wir fordern uns und unseren Klienten, ohne das Gefühl der Erschöpfung zu riskieren. Je mehr dies gelingt, desto eher können Coach und Coachee in eine Qualität des Miteinanders gelangen, die Michály Csikszentmihályi als »Flow« (Csikszentmihályi 2010) beschrieben hat.

»Ja, du tust etwas, nicht weil du es tun musst, sondern weil du es tun willst, weil du dich selbst als Mensch in deinem Tun erfüllst – dein Tun spiegelt deine Kreativität wider, du findest darin deine Gestaltungs- und Ausdruckskraft« (ebd., S. 148).

»Zum Beispiel musst du fähig sein, dich in einer ganz bestimmten Situation zu sammeln, wenn es nötig ist – wenn du im Gebirge eine Klettertour machst, musst du mit deiner ganzen Energie und Aufmerksamkeit [dabei, Anm. des Autors] sein, jede Bewegung muss bedacht vollzogen werden, sonst stürzt du ab« (ebd., S. 67).

»Wenn du [als Chirurg, Anm. des Autors] also mit der Operation anfängst, dann musst du ganz bei dir selbst sein, dich auf das fokussieren, was du tust, und das perfekt machen wollen – in dem Augenblick denkst du nicht mehr an dein Honorar und auch nicht mehr an den Patienten, du konzentrierst dich lediglich auf den nächsten Schritt« (ebd., S. 150).

»Was du unter Kontrolle hast, ist deine eigene Performance, aber mehr nicht. Und: Du bist dir deiner selbst als die und die Person nicht bewusst, sondern bloß – im Falle des Kletterns – deiner Finger und Füße [...] du bist wirklich nur auf den nächsten Augenblick konzentriert: Du bist nichts als die Interaktion mit dem Felsen, mit der Geige, mit dem Tennisball [...]. In diesem Augenblick versuchst du, präsent zu sein und dich zu kontrollieren, aber du weißt gleichzeitig, dass du nichts im absoluten Sinne im Griff haben kannst. Wenn du nämlich etwas wirklich im Griff hättest, dann wäre es voraussehbar und nach einer gewissen Zeit langweilig, das wäre dann der Garaus für das Flow-Erlebnis« (ebd., S. 178 f.).

Wenn wir Coaching mit dieser Haltung der präsenten Selbstvergessenheit im Flow betreiben, können wir von einer autotelischen Praxis sprechen. In unserer Praxis selbst sind ihr Ziel und ihr Zweck enthalten. Wir haben keine Sorge vor einer Bewertung durch andere, und einer Situation können wir gerecht werden, ohne sie kontrollieren zu wollen. Wir spüren Bedeutung und folgen intuitiv ihren Spuren. Das schöne Erlebnis der Belohnung empfinden wir bereits in der Beratungssituation selbst. Selbstverständlich erwarten wir darüber hinaus als professionelle Berater eine monetäre Honorierung. Der in der autotelischen Praxs angelegte »Lohn« schließt sie nicht aus – ganz im Gegenteil! Keine Nervosität, Unruhe und Zweifel plagen uns. Wir üben und üben und üben uns in unserer Praxis, und es bereitet uns Freude!

Berührungsqualität zulassen und »Zwischen« entfalten

Jede einzelne beratende Begegnung entspricht nicht einem Muster, einem Typus oder einer Klasse von Beratungssituationen. Wir haben es als Coachs nicht mit einer bestimmten Anzahl definierbarer Anliegen zu tun, denen man mit einer entsprechenden Anzahl bewährter Rezepturen beikommen kann. Es gibt nie zwei gleiche Beratungssituationen, jede einzelne ist höchst individuell. Das ergibt sich bereits aus der absoluten Individualität der beteiligten Personen und der entsprechenden Individualität ihres »Zwischen«. Erschwerend kommt hinzu, dass wir es bei Menschen mit einer sich im Zeitablauf ständig wandelnden Individualität zu tun haben. Genauso wenig, wie ein Mensch zweimal in denselben Fluss steigen kann, ist es möglich, dass derselbe Mensch zweimal in einen Fluss steigt. Wirklich gerecht werden kann man einer Beratungssituation also nur in ihrer einzigartigen Qualität, nur dort schlummert ihr besonderes Potenzial. Die Einzigartigkeit jeder Beratungssituation ergibt sich zwingend aus der radikalen Subjektivität und Historizität der Beteiligten. Man sieht sich wieder, aber wenn man nur genau genug hinschaut, sieht man sich nie mit der gleichen Identität wieder. Stets hat im Zeitablauf Veränderung stattgefunden.

Das Ergebnis einer echten dialogischen Beziehung zwischen einzigartigen Subjekten oder auch Subjekten und Objekten hat eine besondere Qualität:

> »Qualität können wir nicht unabhängig mit Subjekt oder Objekt in Verbindung bringen, sondern wir können sie *nur in der Beziehung zwischen den beiden* auffinden. Dort begegnen sich Subjekt und Objekt« (Pirsig 1999, p. 239; Hervorh. im Orig.; Übers.: M. R.).[30]

Es ist das Besondere der dialogischen Begegnung, was eine außerordentliche Qualität ermöglicht. Im Falle des Coachings begegnen sich zwei Subjekte, ihr »Zwischen« und ein Thema. Das Anliegen des Klienten wird im dialogischen »Zwischen« von Berater und Beratenem entfaltet und in einen Lösungsmodus gebracht. Die sich beratenden Personen und das Thema treten in eine Wechselbeziehung ohne Anfang und Ende. In einer tiefen dialogischen Begegnungsqualität beeinflusst das Anliegen nicht nur die Identität des Klienten, sondern auch die des Coachs. Wenn Letzterer sich einmal auf diese besondere Beziehung einlässt, ist er »mit von der Partie« und kann sich den Wechselwirkungen nicht entziehen. Wenn er sich nicht einlässt, sondern in Distanz verharrt, wird der Dialog nicht gelingen. Wir haben es also mit drei in einem koevolutionären Prozess sich ständig wandelnden Einheiten zu tun: dem Subjekt »Berater«, dem Subjekt »Klient« und ihrem speziellen, dialogischen »Zwischen«, welches auch eher den Charakter eines Subjekts als den eines Objekts hat. Alle drei widmen sich dem Anliegen des Klienten. In einer vordergründig-konventionellen Betrachtung bringt der Klient dieses Anliegen mit in die Beratungssituation. Der Berater schaut sich das Thema mit professioneller Distanz, also »von außen«, an. Er verfügt über Erfahrungen und Kompetenzen, um den Coachee dabei zu unterstützen, sich selber zu helfen und gelegentlich hilfreichen Rat zu geben. In diesem Szenario bleibt der Coach stets im Außen, in einer unberührten Entfernung. Um die Qualität der dialogischen Beziehung zu erschließen, muss er sich jedoch berühren lassen und einlassen. Er muss die Distanz, die vormals als professionell bezeichnet wurde, letztlich zeitweise suspendieren. Solange der Berater oder auch der

---

30 Orig.: »Quality couldn't be independently related with either the subject or the object but could be found *only in the relationship of the two with each other*. It is the point at which subject and object meet.«

Klient das Gefühl der Abgrenzung erlebt, kann sich nicht die volle Qualität der helfenden Beziehung im »Zwischen« erschließen. Der Coach kann das Anliegen seines Klienten nicht wirklich erfassen, wenn es nicht zu einem gemeinsamen Anliegen der drei Subjekte Coach, Coachee und »Zwischen« geworden ist. Nach gängigem Verständnis muss der Berater die professionelle Distanz wahren, damit seine Urteilskraft nicht beeinträchtigt wird. Aber die aus der Nähe gewonnene Berührungsqualität reichert die Urteilsfähigkeit des Beraters ebenfalls an. Deshalb wird das Beraterpotenzial am stärksten genutzt, wenn die Beziehungsgestaltung zwischen Nähe und Distanz hin- und herschwingt, wie wir es bei Helm Stierlin gesehen haben.

Dies wäre anders, wenn kategorial diagnostizierbare Anliegen mit vorgefertigten Rezepturen »behandelbar« wären. Dann wäre das soziale System »Coaching« vergleichbar mit einer trivialen Maschine. Füttere sie mit irgendeinem Anliegeninput, und sie spuckt ein erwartbares Rezept aus. Qualität bedarf des echten Sichkümmerns um die einzigartige Situation, die beim Zusammentreffen von Klient, Berater und Anliegen entsteht. Eine Voraussetzung dafür, dass diese besondere Qualität entstehen kann, ist, dass der Coach »Tempo aus dem Spiel« nimmt. Dies kann für manchen Klienten durchaus irritierend sein, da vor allem Führungskräfte gewohnt sind, ihre Arbeitstage mit einer »hohen Schlagzahl« zu verbringen und ihre Leistung und Produktivität mit Geschwindigkeit zu assoziieren. Langsamkeit kann so leicht mit Nichtstun verwechselt werden. Deshalb ist es entscheidend, die Andersartigkeit des Coachingsettings deutlich zu markieren.

»Wenn man sich mit etwas beeilen möchte, bedeutet das, dass es einen nicht mehr so recht kümmert« (Pirsig 1999, p. 35; Übers.: M. R.).[31]

Zutreffender kann man die Notwendigkeit des Tempowechsels kaum auf den Punkt bringen. Wollen wir als Berater Zugang zu dieser besonderen Beratungsqualität erlangen, müssen wir uns und unsere Klienten konsequent entschleunigen, denn jede Eile bedeutet, dass wir aufhören, uns zuzuwenden und zu kümmern. Dann geht auch die Qualität des Berührtseins verloren. Robert Pirsig verwendet für diese besondere Verbindung zwischen Person und Qualität das wunderschöne altschottische Wort »Gumption« und vergleicht es mit dem

---

31 Orig.: »When you want to hurry something, that means that you no longer care about it.«

griechischen »Enthousiasmos« (vgl. ebd., pp. 302 ff.), der göttlichen Inspiration. In der Stille kann es gelingen, durch tieferes Sehen, Hören und Empfinden diese besondere Verbindung entstehen zu lassen, eine »zen-gefüllte« Beratungsqualität, wenn man so will. Ein solcher Raum bietet das optimale Ambiente, damit Lösungen aufscheinen und sich ergeben können, statt erarbeitet werden zu müssen. »Gumption« ist überall am Werk, wo zauberhafte Momente entstehen, sei es im sportlichen Wettkampf, in einer musikalischen oder schauspielerischen Darbietung oder beim Kochen. In jedem Flow-Erlebnis wirkt »Gumption«. Man könnte auch von Liebe sprechen.

Dazu gehört ebenfalls, dass im Coaching nicht das Muster einer typischen Arzt-Patienten-Beziehung imitiert wird. Dabei handelt es sich um eine durch und durch asymmetrische Konstellation. Der hilfsbedürftige und weitgehend ahnungslose Kranke wendet sich an den erfahrenen und wissenden Experten in der Hoffnung, dass der ihn wieder gesund macht. Qualität und Erfolg der Behandlung hängen davon ab, dass der Arzt die richtige Diagnose stellt und sich mit den entsprechenden Rezepturen auskennt. Ein bakterieller Befall der Nebenhöhlen erfordert die Einnahme von Antibiotika – Punkt. Historizität und besondere Individualität des Patienten spielen allenfalls dann eine Rolle, wenn er beispielsweise durch intensive vorherige Behandlungen mit Antibiotika resistente Keime entwickelt hat, sodass ein neues Antibiotikum ausprobiert werden muss. Natürlich gibt es Ärzte, die andere Behandlungsmethoden bevorzugen. Aber ist es denkbar, dass ein Arzt keine Behandlung bevorzugt oder vorschlägt, dass er all sein Wissen los- und sich vollständig auf den Patienten und seine Krankheit einlässt, wie auf eine Angelegenheit, der er nie zuvor begegnet ist? Die Zen-Beratungsqualität ist vollkommen abhängig von der gelingenden Kokreation durch Berater und Klient. Es steht einer guten Lösung im Wege, wenn der Klient in Patientenmanier zum Coach geht, um sich von seinen Problemen in gleicher Weise befreien zu lassen wie von einer Warze. Für eine gute Problemlösung ist es zuträglich, wenn der Coachee möglichst guten Zugriff auf seine Ressourcen hat, und dafür wiederum ist es hilfreich, wenn der Berater ihm auf Augenhöhe begegnet. Denn die asymmetrische Unterordnung bringt nolens volens eine Einschränkung des Klientenpotenzials mit sich. Dann blieben Ressourcen für hilfreiche Lösungen ungenutzt. Manche Ärzte behaupten, dass die Heilung von Patienten ebenfalls erfolgskritisch von deren Ressourcen, hier »Selbstheilungskräfte« genannt, abhängen. Aber das ist eine andere Geschichte.

Achtsamkeit üben und präsent werden

Gottlieb ist ein Künstler und geht den Weg der Achtsamkeit. Ich habe ihn im Winter 2013/14 in einem österreichischen Wellnesshotel im Salzkammergut kennengelernt. Wenn ich ihn als Künstler bezeichne, dann meine ich damit nicht, dass er Bilder malt, bildhauerisch tätig ist oder Romane und Gedichte verfasst. Nein, Gottlieb ist ein Künstler, wie wir alle Künstler sein könnten, indem er seiner Arbeit in dem Hotel in einer besonderen Weise nachgeht. Dies konnte ich als Gast erleben, indem ich Gottlieb dabei beobachtete, wie er Saunaaufgüsse durchführte.

Ich selbst sauniere für mein Leben gerne und genieße die geführten Aufgüsse mit verschiedenen Duftrichtungen, sei es Eukalyptus, Fichte, Orange oder, wie bei meinem ersten Saunaerlebnis mit Gottlieb: einen mediterranen Aufguss mit Rosmarin. Wenn Gottlieb zum Aufguss kommt, dann öffnet er die Tür mit einer eleganten Bewegung. Er tritt nicht einfach in die Sauna ein, sondern tastet sich mit seinen Füßen behutsam über den heißen Boden. Sehr bewusst schöpft er das Wasser aus dem Bottich, um es dann in einer langsamen, fließenden Bewegung auf den heißen Stein zu geben. Allein vom Zuschauen gerate ich in einen meditativen Zustand. In der Sauna verbreitet sich eine sanfte und ruhige Stimmung. Es gibt kein Stöhnen und Ächzen. Wenn Gottlieb mit dem Handtuch arbeitet, dann nicht etwa hektisch oder heftig schlagend und wedelnd. Gottlieb bewegt das Handtuch mit stetig ruhiger Anmut. Ich verspanne mich nicht in der zunehmenden Saunatemperatur, sondern bin in der Lage loszulassen und habe keinerlei unangenehme Hitzeempfindungen. Die Art und Weise, wie Gottlieb seine Arbeit verrichtet, lässt sich im besten Sinne mit »achtsam« beschreiben. Von dem Moment an, da er sich mit Wasserbottich und Handtuch in die Sauna begibt, bis zu dem Moment, wenn er die Saune wieder verlässt, ist er ganz und gar bei sich und seinem Tun und gleichzeitig bei seinen Saunagästen. Damit erzeugt er einen seltenen Raum der Gemeinsamkeit und des ungewöhnlich angenehmen kollektiven Schwitzens. Ich habe ihn im weiteren Verlauf meines Aufenthaltes in jener Wellness-Oase auf seine Arbeit angesprochen, und er hat gesagt, dass er beim Aufgießen das Denken suspendiert und ganz im Fühlen und Tun ist. Diese achtsame Art, im Flow seine Arbeit zu verrichten, ist aus meiner Sicht echtes Künstlertum, insbesondere verglichen mit den vielen »Saunahandwerkern«, die dem allgemeinen Trend der Erlebnisorientierung auch bei 90 Grad huldigen – neuerdings sogar mit Unterstützung durch Musik aus der Konserve.

Wer gelegentlich mit dem Flugzeug unterwegs ist, kennt folgende Bordansage vor dem Start eines Passagierflugzeuges: »Im unwahrscheinlichen Fall eines Druckabfalls in der Kabine ... ziehen Sie bitte die Sauerstoffmasken fest an Mund und Nase ... helfen Sie dann mitreisenden Kindern ...« Wenn ich in der Kabine eines Flugzeuges ohne hinreichenden Luftdruck anderen helfen will, muss ich bei Bewusstsein bleiben. Wer anderen helfen will, muss dafür sorgen, dass er selbst gut atmen kann. Präsenz ist kein digitaler Zustand in dem Sinne, dass man entweder präsent ist oder eben nicht. Es ist ein gradueller Zustand zwischen den Extremen »Gerade noch bei Bewusstsein« auf der einen Seite und »Voll da sein« auf der anderen Seite. Als Coachs sind wir unseren Klienten schuldig, uns selbst in einen möglichst günstigen Zustand der Präsenz zu versetzen. Je besser wir körperlich, geistig und seelisch-emotional schwingen und uns balanciert fühlen, desto hilfreicher können wir unsere Klienten unterstützen. Wenn wir das Gefühl des Fließens haben, kann es auch im »Zwischen« zum Fließen kommen. Dann kann die dialogische Beziehung sich entfalten. Wenn wir unser Coaching im Geiste von Zen und Dialog praktizieren wollen, streben wir als optimalen Arbeitsmodus an, dass der Klient, wir selbst und das »Zwischen« mit ihrem jeweiligen Bewusstsein möglichst präsent sind, damit diese drei in ein rhythmisches Schwingen miteinander gelangen.

Den historischen Moment in der Präsenz ergreifen

Es scheint, als könnten wir uns selbst nie wirklich zu fassen zu bekommen. Unser Ich, unsere Identität oder gar unser wahres Selbst, sind Begriffe, deren Klärung uns deutlich schwerer fällt als »Auto«, »Tisch« oder »Stuhl«. Über Bewusstsein, Körper und Kommunikation versuchen wir, uns an unser Selbst anzupirschen, aber das verhält sich wie ein scheues Reh.

Das Bewusstsein ist kein statisches Gebilde, sondern ein Prozess. Gedanke knüpft an Gedanke, Vorstellungen lösen einander ab, mal richten sie sich nach innen, mal nach außen. Dieser Vorgang ist sogar weitgehend selbst organisiert, denn Gedanken, Vorstellungen und innere Bilder kommen und gehen, ohne dass wir viel dafür tun müssen. An unser Bewusstsein geknüpft sind unsere Beobachtungen, über die wir in Kontakt zur Außenwelt – aber auch die Selbstbeobachtungen, über die wir in Kontakt zu unserer Innenwelt treten. Unser

5 Eine etwas andere Coachingwelt

Beobachten von Außen- und Innenwelt schweift umher, fokussiert sich auf einen Gegenstand, ein Auto, eine Erinnerung oder den amerikanischen Präsidenten und lässt in dem Moment der Fokussierung die ganze restliche Welt außer Acht. Auch hier haben wir es mit einem unablässigen Prozess zu tun, der in hohem Maße selbst organisiert ist. Wer kann schon sagen, dass er vollkommener Herr seiner Aufmerksamkeitsfokussierungen ist? Die Kommunikation ermöglicht uns, Beziehungen zu anderen aufzunehmen und uns im Verhältnis zu unserem sozialen Umfeld zu erleben. Und auch das Kommunizieren ist ein Prozess, der mit viel Ungewissheit, insbesondere hinsichtlich kommunikativer Verständigung, verbunden ist. Ein hervorstechendes Merkmal der Kommunikation ist, dass sie sich in mancher Hinsicht unserer Kontrolle entzieht. Die Schwierigkeiten fangen schon damit an, dass immer der andere entscheidet, ob er unser kommunikatives Angebot annimmt. Dass er uns inhaltlich so versteht, wie wir uns das wünschen, können wir eigentlich nur hoffen, geschweige denn, dass wir es präzise determinieren könnten. Dann bleibt noch unser Körper. Ist er nicht ein substanzieller Ausweis unseres Selbst? Haben wir hier nicht die materiell-konkrete Ich-Gewissheit, das anfassbare Selbst, nach dem wir uns vielleicht auch sehnen? Eher nicht! Wo genau beginnt der Körper, und wo hört er auf? Sind die ungeheuren Mengen gerade sterbender Zellen noch zum Körper gehörig? Oder die höchst aktiven, aber potenziell gefährlichen Krebszellen? Wie sieht es mit der Luft in unserer Lunge aus, mit dem Urin in unserer Blase? Abgesehen davon, stellt sich natürlich folgende logische Frage: Wenn *ich dieser Körper* bin, aber dies *mein Arm, mein Auge, meine Leber* ist, dann können der Arm, das Auge und auch die Leber eigentlich nicht ich sein! Zu guter Letzt: Der Körper ist im Grunde ein Ort ständiger biochemischer Veränderungsprozesse, zwar anfassbar, aber keinesfalls stabil, konstant oder identitär. Körper, Bewusstsein und Kommunikation sind, so gesehen, Prozesse, die eine Menge Ungewissheit in sich bergen.

Fassen wir zusammen, wohin uns diese Pfade der Selbsterkenntnis, des Bewusstseins, der Kommunikation und des Körpers führen, müssen wir uns eingestehen: Es kann sich so anfühlen, als würden wir versuchen, an einem Bach Forellen mit bloßen Händen zu fangen, nur dass wir uns nicht sicher sein können, ob es überhaupt Forellen in dem Bach gibt. Und wenn wir glauben, eine erwischt zu haben, flutscht sie uns auch schon wieder durch die Finger. Der Gedanke an unser wahres Selbst als eine Art Kern, gar als heiligen Gral oder goldenes Vlies, erweist sich zumindest als unpraktisch, wenn nicht als illusionär. Es ist im wahrsten Sinne des Wortes unfassbar. Mit Blick auf unser Ich oder wie auch immer wir es nennen wollen, ist Heraklits Aussage zutreffend: Panta rhei, alles fließt. Wenn alles fließt, also ein Prozess ist, kommt dem Moment eine besondere Bedeutung zu. Man braucht kein New Ager oder Esoteriker zu sein, um zuzustimmen, dass sich unser Leben im Hier und Jetzt ereignet. Aus und mit unserer Vergangenheit wachsen wir ständig in diesen Moment hinein und an die Zukunft heran. Im Spannungsfeld zwischen dem, was bisher geschah, und dem, was sich gleich ereignen wird, schreiben wir die Geschichte unseres Lebens von Augenblick zu Augenblick fort. Deshalb ist jeder Moment unseres Lebens ein historischer Moment. In der englischen Sprache unterscheidet man zwischen »History« und »Story«. Daran angelehnt, möchte ich den historischen Moment (Kairos) sowohl im Sinne seiner Bedeutsamkeit als auch im Sinne seines literarischen Charakters betonen. Jeder Moment unseres Lebens ist als solcher wichtig, und er ist Teil unserer Erzählung über uns selbst. Wenn unser Ich etwas ist, dann ist es genau diese Erzählung, also tatsächlich ein Prozess, allerdings einer, der sich beliebig oft umschreiben lässt.

Als Konsequenz aus diesen Überlegungen ergibt sich, dass Präsenz nicht nur das reine Sein im Jetzt, losgelöst von Vergangenheit und Zukunft, ist. Denn mal ganz ehrlich: Geübten Meditierenden gelingt es bestimmt, sich während der Meditation von den Gedanken an Vergangenheit und Zukunft zu lösen. Aber wer ist wirklich in der Lage, sich im alltäglichen Leben von dem frei zu machen, was bisher geschah, und keine Gedanken an das, was kommen könnte, zu verschwenden? Wer ist frei von dem, was Bruno Latour (2014) »Skripte« nennt und was uns durch den Fluss des Alltags steuert, indem es uns Verabredungen zum Essen einhalten lässt, den Zug oder das Flugzeug rechtzeitig erreichen lässt oder dafür sorgt, dass wir für das Alter Geld auf die hohe Kante legen? Es gibt zwar immer nur dieses Hier und Jetzt, aber Präsenz ist mehr als das Sein im Jetzt. Präsenz ist eingebunden in eine Geschichte. Jeder jetzige Moment ist ein historischer Moment, in dem wir unsere Geschichte fortschreiben, ob wir es wollen oder nicht. Dieses Fortschreiben der Geschichte ist noch nicht einmal auf die Gegenwart beschränkt. Wir können auf die Vergangenheit zugreifen und dort unsere Geschichte einen anderen Verlauf nehmen lassen, indem wir unsere Beziehung zu Geschehenem verändern.

Ebenso können wir unsere Aufmerksamkeit auf ersehnte Zustände in der Zukunft fokussieren und auf diese Weise versuchen, die Wahrscheinlichkeit eines entsprechenden Verlaufs unserer weiteren Geschichte zu erhöhen. In der auf Milton Erickson zurückgehenden Hypnotherapie und in der hypnosystemischen Beratung, die besonders durch Gunther Schmidt geprägt wurde, gibt es bewährte Verfahren für entsprechende Interventionen. Präsenz bedeutet also auch Bewusstsein für das Jetzt als historischen Moment, in dem wir eingebettet in Vergangenes und Künftiges Entscheidungen treffen. Hier und jetzt gilt es, die Erzählung oder die Dichtung unserer persönlichen Geschichte fortzuführen. Darin steckt das aktive Gestaltungspotenzial des Moments. Das Bewusstsein für diesen historischen Moment spielt in dem hier dargelegten Ansatz eine besonders wichtige Rolle für die Haltung des Coachs. Jeder ungenutzt verstreichende Moment ist eine vertane Chance. Aber: kein Druck!

Spiel ermöglichen, in Bewegung kommen und Beweglichkeit steigern

Das Bild vom Menschen als »Homo ludens« kommt uns sehr entgegen, wenn wir Coaching im Geiste von Zen und Dialog praktizieren. Leichtigkeit, Experimentierfreudigkeit und Spaß am Prozess sind nicht nur erlaubt, sondern gehören zum Wesen dieser Art der Beratung. Besonders glücklich erweist sich der Begriff des Spiels in seiner Doppeldeutigkeit. Einerseits steht er für den freudigen Zeitvertreib, wie zum Beispiel beim Kartenspiel, beim Schachspiel oder paradoxerweise auch bei »Mensch ärgere dich nicht«. Und gleichzeitig beschreibt er den Zustand der Bewegungsfreiheit. Wenn etwas im mechanischen Sinne »Spiel hat«, ein Scharnier, eine Türangel oder ein Gelenk, kann es sich bewegen. In diesem Zusammenhang sei auch an das englische Wort *game* erinnert, welches sowohl das Spiel als Zeitvertreib als auch jene anmutigen Tiere, die wir im Deutschen als »Wild« bezeichnen, benennt. Den Schlüssel für die Analogie zwischen Beratung und spielerischer Beweglichkeit liefert Heinz von Foerster mit seinem Postulat, dass man stets so handeln soll, dass die Zahl der weiteren Handlungsoptionen steigt. Denn damit erlangen wir Beweglichkeit zumindest im übertragenen Sinne. Hier sei nur am Rande erwähnt, dass von Foerster ein sehr experimentierfreudiger und spielerisch veranlagter Denker war.

Einige der klassischen systemischen Interventionen sind in diesem Sinne Einladungen zum Spiel, um der von-foersterschen Forderung gerecht zu werden. Nehmen wir zum Beispiel die »Als-ob«-Technik: Tun Sie jetzt mal so, als ob der gewünschte Zustand bereits eingetreten wäre. Was wäre jetzt anders? Was würden Sie empfinden? Wie wäre Ihre Körperhaltung? Wie Ihre Mimik? Wer wäre jetzt dabei? Oder denken Sie an die berühmte Wunderfrage: Wenn ein Wunder geschähe und über Nacht der gewünschte Zustand einträte, woran würden Sie erkennen, dass das Problem nun nicht mehr existiert? Oder die »Gute-Fee«-Technik: Wenn eine gute Fee Sie in der kommenden Nacht aufweckt und ihnen einen Wunsch gewährt ... und so weiter. Diese Techniken sollen den Klienten dazu ermuntern, mit lösungs- und ressourcenorientierten Varianten der Wirklichkeit zu spielen. Sie sollen seine gedankliche Bewegungsfreiheit stärken und die Zahl seiner Entscheidungsoptionen erhöhen. Es handelt sich also um ein Prinzip, welches jeder Art der Beratung guttäte.

In unserer Rolle als Coachs ist es hilfreich, unser Bewusstsein dafür zu schärfen, dass es eigentlich immer um Bewegung und Beweglichkeit geht. Um diesen Gedanken bei Ihnen zu entfalten, schlage ich vor, dass Sie bei nächster Gelegenheit ein kleines Experiment durchführen. Dazu benötigen Sie nichts weiter als eine echte Sorge. Welcher Umstand in Ihrem Leben gibt Ihnen Anlass zur Sorge? Es muss sich dabei um einen Umstand handeln, der von Ihnen als real erlebt wird. Das könnten finanzielle Sorgen sein, Sorgen um Ihre Kinder oder um Ihre Eltern. Es könnte sich auch um Sorgen im Zusammenhang mit Ihrer Arbeit handeln. Was immer es ist, der erste Schritt in unserem kleinen Experiment besteht darin, dass Sie sich eine dieser Sorgen herauspicken und sie sich konkret vergegenwärtigen. Denken Sie daran, was Sie besorgt, gehen Sie ein bisschen in diese Sorge hinein, und beobachten Sie sich selbst dabei. Wie drückt sich diese Sorge emotional aus, und wo manifestiert sie sich körperlich? Spüren Sie sie zum Beispiel im Bauch, im Hals, im Nacken oder in den Beinen? Welche Gedanken gehen mit der Sorge einher? Wie verändert sich unter Umständen Ihre Atmung? Wie würde ein Beobachter jetzt Ihren Gesichtsausdruck beschreiben? Wo würden Sie Ihr Befinden jetzt auf einer Hell-dunkel-11er-Skala einordnen (0 = tiefschwarze Dunkelheit, 10 = sonnige Helligkeit)? Wo würden Sie Ihre Beweglichkeit auf einer 11er-Skala einordnen (0 = totale Erstarrung, 10 = vollkommene Beweglichkeit)? Im zweiten Schritt suchen Sie sich nun bitte eine

Bewegungsart aus, die zu Ihnen passt und die Sie unmittelbar im Anschluss an den ersten Schritt intensiv ausführen können. Wenn Sie ein Läufer sind, gehen Sie laufen. Wenn Sie gerne Rad fahren, so tun Sie dies. Wenn Sie eher athletisch sind, probieren Sie es mit Liegestützen, Sit-ups oder beidem. Es kommt nicht darauf an, für welche Art der sportlichen Betätigung Sie sich entscheiden, und Sie sollen auch keine rekordverdächtigen Leistungen erbringen. Wichtig ist nur, dass Sie die Bewegung eine Zeit lang intensiv genug ausführen, damit Sie in einen gewissen Erschöpfungszustand kommen. Das soll nicht die totale Erschöpfung, nicht die vollkommene Atemlosigkeit oder ein Zustand sein, in dem Sie Ihren Herzschlag schmerzhaft pochend zwischen den Schläfen spüren. Leichte Ermattung, gesteigerter Puls und etwas Schwitzen reichen im Sinne unseres Experiments vollkommen aus. Wenn Sie diesen Zustand der Erschöpfung erreicht haben, horchen Sie wieder in sich, und beobachten Sie sich. Wie viel körperliche und emotionale Manifestation Ihrer Sorge ist noch da? Welche Gedanken gehen Ihnen durch den Kopf? Wo befinden Sie sich nun auf der Hell-Dunkel-Skala und wo auf der Beweglichkeitsskala? Wie würde ein Beobachter Ihre Mimik jetzt beschreiben? Was ist geschehen? Unter Nutzung Ihrer körperlichen Beweglichkeit sind Sie in die Bewegung gegangen. Wenn es günstig gelaufen ist, werden Sie auf diese einfache Weise geistige und seelische Beweglichkeit gewonnen haben. Es kann sogar sein, dass Sie sich mit Ihren Gedanken aus einer Art Tunnel befreit haben. Ihr Blick hat sich geweitet. Sie haben ein größeres Spektrum an möglichen Gedanken als vorher.

Edgar Schein beschreibt in seinem Konzept *Humble Consulting* (Schein 2017) die von ihm so genannten Anpassungsbewegungen. Dabei handelt es sich um kleine, effektive Veränderungen des praktischen Alltagshandelns im Unterschied zu gezielten Interventionen, die im Rahmen übergreifender Beratungskonzeptionen oder Interventionsarchitekturen geplant und durchgeführt werden. Sie haben nicht den Anspruch, das jeweilige Problem zu lösen. Sie funktionieren schnell und problemmildernd. Sie erzeugen Bewegung im übertragenen Sinne, z. B. in scheinbar festgefahrenen kulturellen Mustern der Organisation. Dabei kann es sich um Meetingrituale oder Konfliktverdrängungsmechanismen oder auch die Art und Weise, wie man sich begrüßt, handeln. Zum Bewirken solcher Bewegungen bedarf es einer gewissen Beweglichkeit der Organisation und natürlich auch der beratenden Person, falls eine solche beteiligt ist. Geist und Haltung des Zen und die Fähigkeit zum Dialog sind hilfreich für diese Beweglichkeit im übertragenen Sinne. Sie öffnen im eigentlichen Sinne des Wortes Spielräume.

An dieser Stelle möchte ich Ihnen noch ein Experiment vorschlagen, das Bewegung und Beweglichkeit mit einem weiteren wichtigen Element unseres Coachingverständnisses kombiniert. Es handelt sich um eine Übung, die ich beim Wing Tsun, einer dem Kung-Fu verwandten chinesischen Kampfkunst, kennengelernt habe. Die Übung heißt »Chi Sao«, im Deutschen wird sie auch »klebende Hände« genannt. Zur Ausführung benötigen Sie eine Partnerin oder einen Partner. Stellen Sie sich nah zueinander gegenüber auf, und heben Sie Ihre Hände auf Schulterhöhe, wie bei »Hände hoch!«. Die Handinnenflächen zeigen zum Partner und werden zueinander geführt, sodass sie sich berühren. Einer der Partner darf nun die Hände bewegen, wie immer es ihm gefällt. Der andere muss mit seinen Handinnenflächen an denen des »Bewegers« »kleben« bleiben. Dabei darf er keinen eigenen Druck ausüben, sondern soll sich vollständig der Führung des Partners überlassen. Wenn das gut klappt, führen beide Partner die gleiche Übung mit geschlossenen Augen durch. Nun werden Sie merken, worauf es eigentlich ankommt. Sich dem Partner zu überlassen bedeutet, jegliches Denken und Planen zu suspendieren. Sich der Führung des anderen hinzugeben heißt, den Bewegungen nachzuspüren und ihnen zu folgen. Der »Beweger« selbst kann plan- und absichtsvoll vorgehen und beispielsweise die Beweglichkeit des an seinen Händen klebenden Partners testen. Er kann sich aber auch eher spontan-intuitiv durch die Übung bewegen. Das gelingt besonders gut mit geschlossenen Augen. Eine weitere Steigerungsform dieser Übung ist, wenn Sie die Rollen des Sichbewegenden, also des Bewegers, und des an seinen Händen Klebenden aufgeben. Dann können Sie in eine Art fließenden Improvisationstanz kommen, der besonders gut gelingt, wenn Sie in der spürenden Achtsamkeit bleiben. Dabei kommt es nicht selten zu einem meditativ-entspannten Miteinander, welches dem von Michály Csikszentmihályi beschriebenen Flow-Erlebnis (Csikszentmihályi 2010) oder eben einer Trance entspricht. Beim Chi Sao kann man erleben, wie sich ein hypnodialogisches Miteinander anfühlt. Sobald einer der Partner versucht, einseitig Einfluss zu nehmen und sich diesem wahrhaft dialogischen Spiel zu entziehen, wird das Fließen unterbrochen. Mit dieser Übung werden sehr unterschiedliche gemeinsame Bewegungsqualitäten spürbar. Welches gemeinsame Bewegungsspiel haben Sie gespielt? Kommandeur und befehlsempfangender Soldat? Dirigent und Orchestermusiker? Solomusiker in einer

Kapelle? Mitglied einer improvisierenden Jazzcombo? Mitglied eines Improvisationstheaters? Wenn Sie die Übung durchgeführt haben, geben Sie sich Auskunft darüber, was sich in Ihrem Empfinden und Denken verändert hat. Wie fühlte sich Ihr Körper vor der Übung an, und welche Unterschiede stellen Sie jetzt fest? Was hat Ihren Geist vor und nach der Übung beschäftigt? Welche Gefühle haben Sie jetzt, und welche hatten Sie vorher? Wie würden Sie Ihren seelischen Zustand nun nach der Übung im Vergleich zu vorher beschreiben? Geben Sie dem Mitspieler oder der Mitspielerin Feedback. Die hypnodialogische Qualität manifestiert sich in einer gemeinsamen Trance, die durch, Hingabe, Selbstvergessenheit, Präsenz und Flow geprägt ist.

Nietzsche hat irgendwo einmal geschrieben, man solle keinem Gedanken trauen, den man im Sitzen bekommen hat. Im Laufe der Jahre habe ich festgestellt, dass es mich immer weniger auf meinem Sitz hält. Während ich in den Anfangszeiten meines professionellen Daseins als Coach und Berater wie festgenagelt auf meinem Stuhl saß und nur die Gedanken sich zu bewegen schienen, habe ich mir mit der Zeit mehr und mehr erlaubt, aufzustehen, im Raum umherzugehen und eine andere Position einzunehmen, mich auf einen anderen Stuhl oder die Fensterbank zu setzen. Irgendwann fing ich an, meinen Klienten anzubieten, das Coaching im Freien stattfinden zu lassen. Spaziergänge im Wald und auf der Flur gewähren eine äußere Weite, die es erlaubt, leichter die innere Weite zu erlangen, die so hilfreich für Berater und Klient ist. Ich berichtete bereits von Jochen G., für den die Frage »Was nährt Ihre Seele?« so bedeutsam war. Als ich im Beratungsprozess feststellte, dass er als Bergsteiger und -kletterer ein sehr naturverbundener Mensch ist, kam ich auf die Idee, mit ihm eine ganze Sequenz »dialogischer Spaziergänge« in einem der schönsten Mittelgebirge Deutschlands zu vereinbaren. Diese Coachings gehören zu den feinsten, effektivsten und lebendigsten Beratungserfahrungen, die ich überhaupt erlebt habe. In ihnen kam alles zusammen, was für *Zen in der Kunst des Coachings* bedeutsam ist. Es war ein unverkrampftes dialogisches Miteinander im besten Sinne. Wir konnten Jochen G.s Fragen entspannt-assoziativ explorieren, ohne den roten Faden zu verlieren. In jedem Moment floss die Energie unserer Aufmerksamkeit an diejenigen Stellen, wo sie sinnvoll für den Klienten wirken konnte. Im Gefühl der äußeren und inneren Weite konnte Heikles leicht artikuliert werden. Minutenlange Stille konnten wir nicht nur aushalten, sondern als integrales Element des Coachings wertschätzen. Lösungen ergaben sich im Prozess des Explorierens, ohne dass wir angestrengt nach ihnen zu suchen brauchten. Nach zwei bis vier Stunden solcher Arbeit fühlten wir uns belebt, inspiriert und bereichert. Anhänger der Arbeitsleidtheorie[32] werden natürlich bestreiten, dass es sich bei solchen dialogischen Spaziergängen überhaupt um Arbeit handelt.

---

32 Volkswirtschaftliche Theorie, die die individuelle Mühsal betont, welche mit der Wertschöpfung durch den Produktionsfaktor Arbeit verbunden ist.

Ganz allgemein muss man sagen, es ist überhaupt nicht selbstverständlich, dass die besten Einfälle für einen Klienten nur im konventionellen Sitzungsmodus kommen. Es ist noch nicht einmal zwingend, dass Coach und Coachee physisch zusammenkommen. Assoziationen, Bilder und Lösungen tauchen nicht unbedingt in einer formalen Beratungssitzung mit dem jeweiligen Klienten auf. Nachdem die Verbindung zwischen Berater und Klient hergestellt ist, können wichtige Eingebungen jederzeit kommen, beim Duschen, beim Spazieren, während der Beratung eines anderen Klienten. Im formalen Sinne unpassende Situationen und Orte können sich als besonders ertragreich erweisen. Als Berater ist man gut beraten zu verstehen, welches für einen selber diese besonderen Tageszeiten und Orte sind. Ich habe zum Beispiel irgendwann erkannt, dass es bei mir der Halbschlaf in den frühen Morgenstunden ist. Das ist eine besonders gefährliche Situation für Lösungen, da sie manchmal das Bewusstsein nur kurz streifen und dann wieder verschwinden, ähnlich flüchtigen Traumbildern. Möchte man sich als Berater überhaupt von der »Arbeit« in gegebenenfalls private, intime Situationen »verfolgen« lassen? Dies wirft viele praktische Fragen auf, nicht zuletzt die der Honorierung. Was wird bezahlt und was nicht?

Lateral schauen

Um zu einer Lösung zu gelangen oder einen Fortschritt zu erzielen, versuchen wir in einer dialogischen und dem Zen gemäßen Coachinghaltung nicht so sehr, zielsicher »auf den Punkt« zu kommen. Vielmehr schauen wir auf die Situation, unseren Klienten und den Kontext mit einer Art entspanntem »Kalenderblick« (das heißt, einem Blick, der unfokussiert auf »fern« gestellt ist, jemanden anschauend und gleichzeitig durch ihn hindurch). Wir bemühen uns nicht, das Problem in den Fokus zu bekommen, sondern »umzingeln« es eher weiträumig mithilfe unserer Wahrnehmung und im Prozess des Dialogs. Dabei sind assoziative Exkurse nicht nur erlaubt, sondern zuträglich, solange unser Instinkt uns sagt, dass sie relevant sind. Denn wir wissen, dass ein Problem immer multifaktoriell verursacht wird und die entsprechenden Kundenanliegen entsprechend multidimensional behandelt werden müssen, damit wir zu tragfähigen Lösungen kommen. Wir versuchen, ein Problem nicht mit der Brechstange zu lösen, sondern »es« soll erkennen, dass Widerstand zwecklos ist, und sich freiwillig »ergeben«. Den entscheidenden Impuls dafür mag

ein Umstand geben, den wir wie zufällig oder beiläufig und nur halb
bewusst aus dem Augenwinkel wahrnehmen.

»[...] die Wahrheiten [...] waren laterale Wahrheiten; nicht mehr die unmittelbaren Wahrheiten der Wissenschaft, jene, auf welche die Disziplin
wies. Es handelte sich um die Art von Wahrheit, die man lateral sieht,
aus dem Augenwinkel« (Pirsig 1999, p. 121; Übers.: M. R.).[33]

Erkenntnis im Zusammenhang mit einer Fragestellung kann aus einer
vollkommen unerwarteten Richtung kommen. Eine Lösung kann sich
an einer Stelle zeigen, die wir gar nicht im Sinn gehabt haben. Sie
kann aufscheinen, ohne den Voraussetzungen zu genügen, die wir für
ihre Bedingung halten. Deshalb müssen wir unserer Aufmerksamkeit
immer wieder erlauben zu schweifen, auch wenn dieses Schweifen
keiner äußerlich erkennbaren Systematik folgt oder wenn es keiner
Methodik gehorcht. Die intuitiv schweifende Aufmerksamkeit, ohne
Logik, ohne Plan, scheinbar willkürlich, kann das sonst Unerkenn-
bare erkennen lassen, denn sie ist trotz aller Willkür ja doch an den
Kontext des Klientenanliegens gebunden. Es handelt sich um eine Art
»Breitbandwahrgebung«, die immer im Gewahrsein unserer eigenen
»Wahrgebungsfilter« stattfindet. Unsere Aufmerksamkeit hinsichtlich unserer Art, zu beobachten und Wirklichkeit zu erzeugen, darf
dabei nie erschlaffen. Wir organisieren unser »Sehen« so, dass wir
den Klienten und seine Situation in den Blick nehmen, ohne zu fokussieren. Wie in den asiatischen Kampfkünsten trainieren wir den
360°-Rundumblick, um so auch das vermeintlich Unsichtbare sehen
zu können. Beim Zuhören lauschen wir in die Tiefe der Worte des
Klienten. Wir sind aufmerksam für das, was das Schweigen zwischen
seinen Wörtern oder Sätzen zum Ausdruck bringt. Ist es ein beredtes
Schweigen? Ist es eine lärmende Ruhe? Oder ist es eine produktive
Stille? Wir gönnen uns auch einen lateralen Blick auf das, was sonst
noch in uns geschieht, was wir spüren und was wir, gegebenenfalls
im übertragenen Sinne, riechen oder schmecken. Wie schmeckt mir
das, was der Klient gerade sagt? Was rieche ich im Wortsinne und im
übertragenen Sinne? Wie fühlt sich das an? Wo sitzt die Empfindung?
Was sagt mir mein Gespür?

---

33 Orig.: »[...] the truths [...] were lateral truths; no longer the frontal truths of science,
those toward which the discipline pointed, but the kind of truth you see laterally, out of
the corner of your eye.«

Der Stille Raum geben

»Aus der Stille werden die wahrhaft großen Dinge geboren.«
Thomas Carlyle

Die Stille spielt in unserem Ansatz eine wichtige Rolle, weil die Wörter in ihrer Aneinanderreihung und ihrem Wortsinn nicht mehr das Wichtigste sind. Als Raum zwischen den Wörtern im sozialen System und als Raum zwischen den Gedanken im psychischen System ist die Stille nicht zu verwechseln mit einer Pause oder einem Vakuum. Deshalb sollte sie auch nicht als peinliche Ratlosigkeit gedeutet und erlebt werden. Die Stille ist der Raum, aus dem lebendigere Worte und frischere Gedanken hervortreten können. Aus diesem Grunde möchten wir der Stille in diesem Sinne den gleichen Rang einräumen wie dem Sprechen oder dem Denken. Sie gleicht einer starken Ausholbewegung für den gelingenden Speerwurf, Ballwurf oder Steinwurf. Für den großen Wurf ist das perfekte Ausholen eine notwendige Voraussetzung. Wenn Coach und Coachee sich miteinander im Gespräch befinden, sollten Phasen des Schweigens also nicht als Warten auf die nächsten Wörter, Worte und Sätze verstanden werden, sondern eher als ein vorbereitendes Sammeln für die nächste Phase des Sprechens. Wenn es nicht gelingt, einen sich abzeichnenden Gedanken wirklich in Worte zu fassen, können Stille und Schweigen sehr förderlich für das sein, was im Moment noch nicht ausdrückbar ist, was seinen Ausdruck noch sucht. Das gilt für Coach und Coachee gleichermaßen. Insbesondere der Berater sollte den Wunsch und den Drang überwinden, immer etwas zu sagen zu haben. Das Füllen von Gesprächsunterbrechungen mit Wörtern und Aussagen, die verzichtbar wären, bringt die Gefahr mit sich, dass der Aufmerksamkeitsfokus beim Klienten, beim Berater und im »Zwischen« sich dem weniger Relevanten zuwendet und dass das Gespräch nicht die hinreichende Tiefe erlangt. Wir sollten lernen, darauf zu vertrauen, dass das, was auszusprechen ist, seinen Weg in die Artikulation findet, wenn wir die richtige Haltung eingenommen und den entsprechenden Rahmen geschaffen haben. Es wird aus uns und unserem Klienten sprechen.

Die Herausforderung für alle Beteiligten ist dabei meistens, die Stille auszuhalten. Ich habe mir zunächst angewöhnt, Phasen des Schweigens immer etwas länger währen zu lassen, als es meinem Komfortempfinden entspricht. Auf diese Weise ist es mir gelungen, meine Komfortzone für die Stille nach und nach auszuweiten. Das war ein wichtiger Prozess der Selbstkultivierung. Der nächste Schritt ist, die Klienten immer öfter zu ermuntern, in sich zu gehen und die Stille wirken zu lassen, wenn es richtig erscheint. Ebenso wie die Stille im Gespräch sind die innere Freiheit von Gedanken, die Stille und Ruhe des Geistes eine gute Vorbereitung für den dann wieder einsetzenden freien Fluss und Flug der Gedanken. Freiheit von Gedanken ermöglicht Gedankenfreiheit. Die gesprochenen Wörter haben nicht die wichtigste Bedeutung im dialogischen Coaching, sondern die Hege und Pflege des »Zwischen«. Die Stille ist ein schönes und sehr wirksames Mittel dafür, das »Zwischen« anzureichern und zu stärken. Die Erfahrung zeigt übrigens, dass diese Stille viel leichter ihren Raum bekommt, wenn man draußen ist und sich bewegt, wie etwa bei den dialogischen Spaziergängen, von denen ich berichtete. Wir sind keine journalistischen Zeilenschinder und werden nicht in Wörtern pro Zeiteinheit bezahlt.

Der Situation ihren Willen lassen

Mir gefällt Schopenhauers Gedanke, dass jedem Ding ein Wille eigen ist, der das Wesentliche dieses Dinges repräsentiert:

> »Wenn wir den gewaltigen, unaufhaltsamen Drang sehen, mit dem die Gewässer der Tiefe zueilen, die Beharrlichkeit, mit welcher der Magnet sich immer wieder zum Nordpol wendet, die Sehnsucht, mit der das Eisen zu ihm fliegt, die Heftigkeit, mit welcher die Pole der Elektrizität zur Wiedervereinigung streben und welche, gerade wie die der menschlichen Wünsche, durch Hindernisse gesteigert wird [...], so wird es uns keine große Anstrengung der Einbildungskraft kosten, selbst aus so großer Entfernung unser eigenes Wesen wiederzuerkennen, jenes Nämliche, das beim Lichte der Erkenntnis seine Zwecke verfolgt« (Schopenhauer 1977, 163 f.).

Für den Autor von *Die Welt als Wille und Vorstellung* ist natürlich klar, dass dieses Nämliche

> »den Namen W i l l e führen muss, welcher das bezeichnet, was das Sein an sich jedes Dinges in der Welt und der alleinige Kern jeder Erscheinung ist« (ebd., S. 164; Hervorh. im Orig.).

Wenn dieses »Sein an sich«, unser Wille also, sich in uns entfalten darf, dann werden wir dies als unserem Wesen gemäß empfinden und das Gefühl haben, dass es unserem »Kern« entspricht. Schopenhauer bezieht diese Möglichkeit wesensgemäßer Entwicklung auf Dinge und Menschen gleichermaßen. So wie das Wasser seinem Wesen gemäß bergab fließt, kann sich für einen Menschen der Zweck seines Wesens erfüllen. Und wenn das der Fall ist, dürfte dieser Mensch einen vitalen Willen zum Leben haben. Die von Camus als der übrigen Philosophie vorausgehende Frage des Selbstmordes würde sich für ihn nicht mehr stellen. Für den Gedanken des Willens als wesensgemäßem Zweck von Dingen und Menschen im Schopenhauerschen Sinne möchte ich nun eine Erweiterung vorschlagen. Demnach können auch Situationen und soziale Konstellationen einen wesensgemäßen Zweck, also einen Willen im schopenhauerschen Sinne, haben. Auch Situationen tragen, wenn man so will, eine natürliche Tendenz in sich. Sie neigen sich in eine bestimmte Richtung. Was ist der Wille einer sozialen Konstellation? Was entspricht ihrem Wesen, und wie wird sie sich wesensgemäß entwickeln? Francois Jullien verwendet in seiner vergleichenden Studie zu westlichen und chinesischen Strategietraditionen hierfür den Begriff des »Situationspotenzials« (Jullien 1999). Der in der fernöstlich-chinesischen Tradition stehende Stratege bemüht sich, eine Situation ganzheitlich zu erfassen, um zu erkennen, welches ihre Neigung ist oder wie ihre »Rissigkeit« beschaffen ist. Diese Gegebenheiten sind dem Wesen der Situation eigen. Wer in dieser Art das Wesen einer Situation oder sozialen Konstellation begreift, kann sich auch ihr Potenzial zunutze machen. Die Neigung einer Situation zu verstehen, ihren »Willen« zu erkennen und diese Erkenntnis für die Beratung nutzbar zu machen ist ein wesentliches Element von *Zen in der Kunst des Coachings*. Klienten sind gelegentlich so in den Verflechtungen ihres Alltagsgeschehens gefangen, dass sie, wie man so sagt, den Wald vor lauter Bäumen nicht sehen. Das kann gleichbedeutend sein mit dem Umstand, dass sie die Neigung einer Situation nicht erkennen.

> Vor vielen Jahren nahm der Leiter eines Projektmanagementteams aus einer Großbank Kontakt mit mir auf. Aufgabe seiner Gruppe war es, ein neues IT-System zu implementieren. Wie es so mit IT-Projekten ist, erwies sich auch dieses als hochkomplex und voller Überraschungen. Nun, nach Monaten der intensiven Arbeit, wollte der Projektleiter mit seinem Team und meiner Unterstützung ein Review des Projektstandes durchführen. Ich erinnere mich noch,

dass die erste Überraschung, die ich aber gewissermaßen nur aus dem Augenwinkel wahrnahm, die Dauer des Workshops betraf. Es wurden nämlich zwei Tage geplant, was für eine Bestandsaufnahme dieser Art schon damals recht üppig schien. Auf der anderen Seite: Zu der Zeit ging es dem Bankensektor noch sehr gut, und das betreffende Kreditinstitut schwamm regelrecht im Geld. Den ersten Workshoptag verbrachten wir damit, die Teilprojekte und entsprechenden Arbeitspakete durchzugehen, Rollen und Verantwortungen zu klären, den Projektstruktur- und den Projektnetzplan »abzuklopfen« sowie alle sonstigen technisch-funktionalen Aspekte der Projektarbeit zu besprechen. Den Abschluss bildete eine umfangreiche Stakeholderanalyse. Der zweite Tag war der Kommunikation und Zusammenarbeit im Team gewidmet. Nicht alle Ampeln standen »auf Grün«, aber im Großen und Ganzen schien sich das Projekt im Zielkorridor zu befinden. Am schwierigsten wirkte, nicht unüblich oder überraschend, das Einflussgeflecht der verschiedenen Interessenträger. Außerdem hatte ich den Eindruck, dass der so weit anhand der Ziele festgestellte Projektfortschritt und das Energieniveau des Teams seltsam auseinanderklafften. Die Projektmitarbeiter wirkten auf mich irgendwie unangemessen unmotiviert. Wir wollten den ersten Tag eigentlich schon abschließen, als mir eine spontane Idee in den Sinn kam, die ich der Projekttruppe etwa folgendermaßen präsentierte: Wenn Sie die Situation des Projektes ganzheitlich erfassen wollten und Sie sollten dafür eine symbolische, bildliche oder narrative Darstellung finden, die diesen Status repräsentiert ... wie sähe das aus, was fiele Ihnen spontan dazu ein? Es dauerte nicht lange, bis eines der Teammitglieder eine erste Idee äußerte, und nach und nach beteiligten sich auch die anderen. Schließlich entstand auf dem Flipchart ein Bild mit folgenden Elementen: zwei Inseln in einem Gewässer, das von Haifischen nur so zu wimmeln schien, mehrere kleine Rettungsboote, die ruderlos waren, aber aufgeregte Menschen und jeweils einen Sprengsatz mit brennender Lunte an Bord hatten, und ein schwer bewaffnetes Kriegsschiff, welches sich am äußeren Bildrand aus der Region zu entfernen schien. Es stellte sich heraus, dass es sich bei dem Kriegsschiff um den bankinternen Auftraggeber des Projektteams handelte. Er war gleichzeitig das, was man in der Sprache des Veränderungsmanagements den »Change Champion« oder auch »Power Champion« nennt. Die aufgeregten Personen in den kleinen, von Explosionen bedrohten Beibooten im haifischvollen Gewässer sollten die Mitglieder des Projektteams darstellen. Und die Inseln sollten symbolisieren, dass es sich bei der zu implemtierenden IT um eine »Insellösung« mit wenig Aussicht auf nachhaltige Nutzung handelte.

Daraufhin beschlossen wir, das Gespräch beim Bier fortzusetzen. Es wurde schnell klar, dass die Projektgruppe seit geraumer Zeit bemüht war, die Implementierungsaufgabe richtig zu lösen, aber dass das Projekt als solches fehl am Platz war. Veränderungen in den Kontextbedingungen hatten es zwischenzeitlich ins Abseits manövriert. Nun erst wurde deutlich, dass der Auftraggeber bereits seit geraumer Zeit Absetzbewegungen vollzogen und das Risiko des Scheiterns auf die Teammitglieder überwälzt hatte. In der Konsequenz haben wir den zweiten Workshoptag nicht für die Kommunikation und Zusammenarbeit im Team, sondern für die Frage verwendet, wie man dieses Projekt würdig sterben lassen kann, was damit gleichbedeutend war, »der Situation ihren Willen zu lassen«. Dies war seit einiger Zeit die Neigung oder Rissigkeit der Situation, die der Projektleiter und sein Team vor lauter seriöser Implementierungsarbeit nicht erkannten. Den Ausschlag dafür, dass diese Erkenntnis erlangt werden konnte, gab nicht die systematische Stakeholderanalyse, sondern die laterale Wahrnehmung, dass die Teammitglieder etwas zu energielos wirkten, sowie die intuitive Idee, den Projektstatus einmal bildhaft-narrativ-symbolisch zu erfassen. Seither habe ich mir angewöhnt, Stakeholderanalysen stets durch eine bildliche, symbolische oder narrative Komponente zu ergänzen.

Dem Klienten einen gelegentlichen Stockschlag versetzen

Nein, keine Angst! Hierbei handelt es sich nicht um die Aufforderung zur Gewaltanwendung. In Zen-Klöstern ist es üblich, dass die Meister ihren Schülern bei der Meditation einen leichten Stockhieb auf die Schulter geben, wenn sie bemerken, dass ihre Gedanken abschweifen, sie einschlafen oder sonst wie abgelenkt sind.

> Erinnern Sie sich noch an die Geschichte mit Mahmud Z.? Nach Jahren der Funkstille vereinbarte er wieder einen Termin für ein Beratungsgespräch. Sofort war mir klar: Es handelt sich um den redseligen »Tsunamiklienten«, der jede Assoziation nutzt, um das Thema zu wechseln und alle Prioritäten bei nächster Gelegenheit über den Haufen zu werfen. Ich hatte bereits berichtet, dass ich mit einer Art Kajakpaddel-Gesprächstechnik recht zufriedenstellend durch die Irrungen und Wirrungen unseres letzten Coachinggespräches gekommen war. Insofern fühlte ich mich gut gewappnet, um den Anforderungen eines

weiteren Termins gerecht werden zu können. Tatsächlich hatte sich an seiner Art und Weise des Kommunizierens nichts geändert. Sein Redefluss schien unaufhaltsam, und er türmte sich zu immer höheren Wellen, die auf uns beide niederzustürzen drohten. Zwar konnte ich mich mit meinen »Paddelbewegungen« ganz gut durch die Fluten bewegen, aber ich hatte das Gefühl, dass Mahmut Z. von einem für ihn sehr wichtigen Thema immer wieder abkam und ich ihn diesmal zurücklenken musste. Da kam mir die Idee für einen »Stockschlag«. Als mein Klient gerade wieder »ausbüchsen« wollte, klatschte ich einmal laut in die Hände. Dies war keineswegs ein planvolles Vorgehen meinerseits, sondern geschah eher unwillkürlich und automatisch. Aber es hatte einen durchschlagenden Erfolg. Mahmud Z. wurde ganz still und machte ein Gesicht, als wäre er gerade aufgewacht. In diese Stille hinein sagte ich ganz ruhig: »Bitte bleiben Sie beim Thema.« Es wirkte so, als hätte dies seine Bereitschaft, sich auf ein Thema zu konzentrieren, erheblich gesteigert. Zumindest in jener Sitzung ist er am Ball geblieben.

Seit dieser Episode mit Mahmud Z. habe ich das Klatschen in vergleichbaren Situationen immer mal wieder, jedoch mit unterschiedlichem Erfolg eingesetzt.

Das Klatschen mit den Händen ist also keine Empfehlung meinerseits, sondern ein Beispiel für eine intuitive Intervention, die zu einer Musterunterbrechung geführt hat. Grundsätzlich geht es mir nicht darum, die Konzentration des Klienten auf ein Thema zu erhalten, wie in dieser speziellen Begebenheit mit Mahmud Z., denn Um- und Seitenwege zu beschreiten kann sehr hilfreich bei der Exploration einer Fragestellung sein. Vielmehr möchte ich darauf aufmerksam machen, dass Gespräche immer mal wieder selbst organisiert den »Pfad der Tugend« verlassen. Das kann die Relevanz des behandelten Themas betreffen oder auch die Verfassung der Beteiligten. Erinnern Sie sich an die Episode mit den beiden Vertretern einer großen gemeinnützigen Organisation? Mein Ego spielte mir einen Streich, und die anstehende Pause bot mir den willkommenen Raum, mich wieder »ins Lot« zu bringen. Es geht also darum, aufmerksam für alles zu sein, was vom Eigentlichen ablenkt. Das kann auch passieren, wenn wir uns zu sehr in ein Thema verbeißen und wieder lockerlassen sollten, um Fortschritte zu erzielen. Loslassen, Pause, Stille oder auch Klatschen können die richtigen Mittel sein. Der Fantasie sind keine Grenzen gesetzt.

Die Lösung sich ergeben lassen

Es wurde bereits deutlich, dass, wenn wir den systemtheoretisch-konstruktivistischen Grundannahmen folgen, mit messerscharfer Konsequenz Demut als beraterische Haltung angesagt ist. »Demut ist Wahrhaftigkeit gegenüber sich selber«, hat der inzwischen verstorbene ehemalige Jesuitenschüler Heiner Geißler, CDU-Generalsekretär der 1970er-Jahre, den Ordensgründer Ignatius von Loyola einmal in einem Fernsehinterview zitiert. Diesem Anspruch sollte ein seriöser Berater gerecht werden, und daran ist er für andere zu erkennen. Ständige Selbstreflexion ist des Beraters erste Pflicht. Die daraus resultierende Selbsterkenntnis führt notwendig zu einem illusionsfreien Selbstbild. Auch wir Berater sind nur Menschen. Die Einsicht in die Autopoiesis, Selbstreferenzialität und operative Geschlossenheit der am Beratungsprozess beteiligten psychischen (Personen) und sozialen (»Zwischen«, Organisation) Systeme, die daraus resultierende Unmöglichkeit eines zielgerichteten Vorgehens und Einwirkens in der Beratung und die weit verbreitete Zielillusion legen nahe, dass wir als Berater diese Wahrhaftigkeit vor uns selber pflegen. Beraterische Allmachtsfantasien sind da völlig fehl am Platz. Der seriöse Berater zeichnet sich durch Zurückhaltung bezüglich seiner Erfolgsversprechen aus. Die Schleier mancher Illusionen müssen erst gefallen sein, bevor Berater und Klienten wirklich klar genug sehen können, um Lösungen sich entwickeln zu lassen. Auf der Grundlage dieser Ernüchterung kann das oben beschriebene Spiel beginnen.

Ein Grundsatz des Coachings in der Haltung des Zen und des Dialogs ist: Keiner kann wissen, was wirkt. Stell dir vor, du intervenierst, und der Klient merkt nichts davon. Jeder Berater, der einigermaßen ehrlich mit sich ist, kennt diese Situation: Man überlegt sich eine tolle Intervention, man ist voller Erwartung im Hinblick auf die entsprechend tolle Wirkung, und dann – passiert nichts. Der Klient geht völlig ungerührt darüber hinweg. Es kann auch umgekehrt sein: Man macht als Berater eine aus eigener Sicht nicht besonders bedeutungsvolle Bemerkung. Schließlich kann ja nicht alles aus Beratermund Kommende genialisch sein. Erstaunlicherweise geschieht beim Klienten etwas Wichtiges, irgendetwas löst sich. Dann gibt es noch den »Das-werde-ich-nie-vergessen-Effekt«. Einige Monate oder auch Jahre nach der Beratung trifft man einen Klienten wieder, man kommt ins Plaudern, und dann sagt der: Ich werde nie vergessen, wie Sie damals zu mir gesagt haben ... Man selbst kann sich nicht mehr recht daran erinnern, geschweige denn, dass eine bestimmte eigene Äußerung so bedeutungsvoll gewesen sein soll. Etwas hat beim Klienten nachgewirkt, von dem man selbst kaum Notiz genommen hat. Man hört es wieder aus dem Mund des Kunden, und es klingt immer noch belanglos. Keiner der Beteiligten kann im Vorhinein wissen, was wirkt und wie es wirkt. Niemals hat der Coach Macht und Kontrolle über die Effekte seiner Interventionen. Und auch der Coachee kann sich nicht vornehmen: So, nun möchte ich aber mal einen tollen Effekt spüren.

Ergo sollen Lösungen sich ergeben. Sie werden nicht angestrebt, erreicht oder erzielt, sondern erscheinen gewissermaßen selbst organisiert auf der Bildfläche. Das gezielte Streben nach einer Lösung verengt den Blick, und man kann dann nicht mehr wissen, ob man auf dem richtigen Pfad ist. Eher wird die Lösung großräumig »umzingelt«, damit sie sich im doppelten Wortsinn »ergibt«. Wenn wir ein entsprechendes Verhalten praktizieren und eine hilfreiche Haltung einnehmen, fällt sie uns in den Schoß, so wie der Schnee sich vom Bambusblatt in der kleinen Geschichte von Eugen Herrigel löst, die ich in Teil 2 zitiert habe. Dann spüren wir: So ist es richtig! Die Lösung tritt dadurch in Erscheinung, dass sich etwas gelöst hat. Damit verbinden sich Gefühle und Empfindungen, wie zum Beispiel Gelöstheit, Freiheit, Beweglichkeit und Lockerheit. Es kann auch sein, dass der Atem freier und tiefer fließt. Nicht selten werden Tränen ausgelöst. Es könnte sich auch anfühlen wie nach einem »Power Nap«. Man sieht klarer, hat ein entspannteres Verhältnis zur Welt und spürt einen höheren Grad an Konzentrationsfähigkeit und Wirksamkeit. Solche Indizien geben Auskunft über die Qualität einer Lösung.

In einem tieferen Sinne bedeutet dies: Ich lasse mich finden von der Lösung, von meinem Weg und von meinem Wesen. Die Lösung, die sich ergibt, ist ein integrales Element einer Ganzheit, welcher auch ich angehöre, wenn ich sie sich ergeben lasse. Mein »Zulassen von« als Alternative zum »Hinwirken auf« ermöglicht, dass alle beteiligten Elemente sich so arrangieren und organisieren können, dass das Gewünschte, aber noch nicht Erkannte geschehen kann.

Manchmal fragen Klienten in einer Weise nach Rat, die mit dem Wunsch einhergeht, der Berater möge die Lösung doch bitte auf einem Silbertablett servieren. Ich finde, man darf als Coach seinen Rat in einem solchen Fall geben, wenn zwei Bedingungen erfüllt sind. Erstens muss sich der Rat bzw. die Lösung ergeben, das heißt die Lösung muss sich spontan-intuitiv einstellen und darf nicht vom Coach »erdacht« worden sein. Nur so kann sichergestellt werden, dass wir Anschluss an die organische Ganzheit rund um das Anliegen unseres Klienten haben. David Bohm stellt den Zusammenhang zwischen Geistesblitzen und Intelligenz her:

> »Um zu erkennen, ob bestimmte Gedanken relevant oder angemessen sind, muss eine Energie aufgebracht werden, die nicht mechanisch ist und die wir *Intelligenz* nennen wollen. Letztere ist fähig, eine neue Ordnung oder Struktur zu erkennen, wobei es sich nicht nur um eine Modifikation davon handelt, was uns bereits bekannt oder in unserem Gedächtnis bereits abgespeichert ist. Beispielsweise kann man schon lange an einem schwierigen Problem gearbeitet haben, und plötzlich erkennt man in einem Geistesblitz die Irrelevanz der eigenen Art und Weise, über das Problem nachzudenken, und sieht zugleich einen anderen Ansatz, bei dem alle Elemente in einer neuen Ordnung und Struktur zusammenpassen. Ein solcher Geistesblitz ist offensichtlich eher ein *Wahrnehmungs- und Erkenntnisvorgang* als ein Denkprozess [...], obgleich er später als Gedanke ausgedrückt werden kann« (Bohm 2018, S. 80 f.).

Um Missverständnissen vorzubeugen: Selbstverständlich können auch Lösungen hervorragend sein, die im Wege des Denkens und Ableitens erlangt wurden. Nur warne ich davor, dass der Berater einen auf diesem Wege von ihm selbst erdachten Rat erteilt. Die Denkleistung zur Ableitung einer Problemlösung sollte, wenn überhaupt, vom Klienten mit Unterstützung des Beraters erbracht werden.

Die zweite Bedingung, die erfüllt sein muss, ist, dass wir unseren Vorschlag sofort unter den Vorbehalt der eigenen unüberwindbaren Subjektivität stellen. Wir müssen »abklopfen«, ob der Klient sich diesen Rat zu eigen machen, ihn sich wahrhaft »aneignen« kann. Denn am Ende kann und muss unser Coachee sich nur selbst Rat erteilen. Unser Rat kann also lediglich die Vorstufe zu dem Rat sein, den der Klient sich selber gibt. In diesem Zusammenhang gehört es zu unseren Aufgaben, den Klienten immer wieder zu sich selbst zu bringen, ihm also zu helfen, präsent in der Beratungssituation zu sein und einen guten Zugriff auf seine Ressourcen zu haben.

Aber was ist, wenn die Lösung sich nicht zeigt?

> »Das Steckenbleiben sollte nicht vermieden werden. Es ist der psychische Vorläufer allen echten Verstehens. Egoloses Akzeptieren des

Steckenbleibens ist der Schlüssel des Verstehens aller Qualität in der mechanischen Arbeit ebenso wie in anderen Bemühungen« (Pirsig 1999, p. 286; Übers.: M. R.).[34]

Jeder erfahrene Berater weiß, dass es vollkommen natürlich ist, wenn er manchmal nicht weiterweiß. Die beste Haltung, dem zu begegnen, ist, sich ein bisschen in Geduld zu üben, an die Umzingelungstaktik zu denken und dann freudig in die »Wundertüte« zu greifen. Das soziale System Coach-Coachee-»Zwischen« muss im guten Sinne unberechenbar sein und bleiben. Keiner der Beteiligten kann wissen, was im nächsten Moment geschieht. Wüsste man, was passieren wird, würde das der Situation nicht nur ihren Zauber nehmen, sondern sie auch ihres Potenzials berauben. Es kann immer so oder anders kommen. Niemand weiß, was »drin ist« – wie bei einer Wundertüte. Stellen Sie sich vor, wie es wäre, eine Wundertüte zu haben und genau zu wissen, was sich in ihrem Inneren verbirgt. Der freudvolle Zauber des Wunders wäre dahin. Es dürfte deutlich geworden sein, dass ein Coach seine Sitzungen mit Klienten nicht wirklich planen kann. Die verengende Bahnung einer Planung bringt das Risiko mit sich, am eigentlichen Thema vorbeizuarbeiten. Er sollte lieber wie ein Kind mit naiver und freudiger Haltung in die Situation des Coachings gehen. Eigene Erwartungen sind nur hinderlich oder führen zu Enttäuschungen. Es kann Erwartungskonformes geschehen, es können Überraschungen auf uns warten, es kann Unbekanntes oder Unerhörtes auftauchen. Erinnern wir uns daran, wie dieses Gefühl war, eine Wundertüte in den Händen zu halten und sie zu öffnen. Die Lust des Entdeckens steht im Vordergrund, Unbestimmtheit und Freude bedingen sich gegenseitig. Auch im Coaching darf neben den systematischen Forschergeist gleichberechtig der abenteuerliche Entdeckergeist treten. Berater und Klient sollten darauf achten, immer wieder die »dialogische Kurve« zu kriegen, um nicht in die Falle vordergründiger Ergebnisse zu tappen. Wer zum Grund der Wundertüte gelangen will, darf freudig weitergraben. Dabei sollte man sich vor Augen führen, dass jede Anwendung eines Coachingtools bereits schwer widerrufliche Festlegungen und Engführungen des Beratungsprozesses mit sich bringt.

---

34 Orig.: »Stuckness shouldn't be avoided. It's the psychic predecessor of all real understanding. An egoless acceptance of stuckness is a key to an understanding of all quality, in mechanical work as in other endeavors.«

Sprache bewusst und sorgsam gestalten

Ist Ihnen eigentlich etwas Ungwöhnliches aufgefallen, oder haben Sie vielleicht sogar irritiert gestutzt, als ich ganz am Anfang im Zusammenhang mit den Überlegungen zu Sidney Lumets *Twelve Angry Men* über die Urteilsfindung der Jury berichtete? »Dadurch, dass die Geschworenen einen dialogischen Weg eingeschlagen haben, hat sich, fast nebenbei, mit dem Freispruch des jungen Puerto Ricaners ein gerechtes Urteil ergeben.«

Bewusst habe ich die Formulierung so gewählt, dass man den Eindruck bekommen kann, das Urteil habe sich gewissermaßen selbst organisiert eingestellt. Und tatsächlich ist es ja so, dass keiner der Beteiligten gezielt oder systematisch auf den Freispruch hingearbeitet hatte. Der von Henry Fonda dargestellte Geschworene begab sich mit begründeten Anfangszweifeln in die Sitzung und nicht mit der Überzeugung von des Angeklagten Unschuld. Selbst er hat sich erst im Laufe der Beratung davon überzeugt, dass der junge Mann zu Unrecht angeklagt worden war. Um zu diesem Punkt zu kommen, hat die Kommunikation im Geschworenenzimmer viele Schleifen gedreht und sich keineswegs linear oder in einem strukturierten Prozess auf die Lösung zubewegt. Das Urteil wurde nicht im eigentlichen Sinne erarbeitet oder gefunden, sondern es ergab sich aus einem gelungenen Dialog.

In einer Nachbemerkung zu *Elemente des Zwischenmenschlichen* zitiert Martin Buber aus Alexander Villers *Briefe eines Unbekannten*:

> »Ich habe einen Aberglauben an den Zwischenmenschen. Ich bin es nicht, auch du nicht, aber zwischen uns entsteht einer, der mir Du heißt, dem andern ich bin. [...] Der aber denkt, fühlt und spricht« (Buber 1999, S. 298).

Hier wird das Bild eines Wesens kreiert, welches den Raum zwischen Dialogpartnern bewohnt und belebt. Diese wirkmächtige Metapher erzeugt eine ganz andere Wirklichkeit als die Vorstellung, dass wir gewissermaßen direkt von Bewusstsein zu Bewusstsein miteinander kommunizieren. Die wirklichkeitskonstruierende Bedeutung von Metaphern für unser Leben allgemein kann gar nicht überschätzt werden (Lakoff u. Johnson 1998; Lakoff u. Wehling 2008). Auch für *Zen in der Kunst des Coachings* spielen Metaphern eine wichtige Rolle. Dabei denke ich zum Beispiel an das Kajakfahren auf einem Fluss mit lauter Stromschnellen und Strudeln, die an entsprechende Paddelbewegungen erinnernde Gesprächstechnik, das Gefühl, bei der Lektüre eines Luhmann-Artikels auf einen großen See hinauszuschwimmen, den Vergleich eines Problems mit einem scheuen Reh, das sich am Rand einer Waldlichtung befindet, und die Umzingelungstaktik zu dem Zweck, ein Problem dazu zu bringen, sich zu ergeben.

Nicht nur für Linguisten, sondern auch für Coachs und Berater ist es wichtig zu erkennen, dass die Sprache mehr Funktionen hat, als Beobachtetes oder Gedanken zum Ausdruck zu bringen oder zu beschreiben. Sprache hat auch eine mächtige Rückkoppelungswirkung auf das, was in unserem Bewusstsein oder im Sozialen geschieht. In dem Maße, als wir durch unsere Sprache suggerieren, dass wir als Macher im »Driver Seat« die Kontrolle haben, werden wir dieser Illusion Vorschub leisten. *Zen in der Kunst des Coachings* verknüpft sich mit einem metaphorischen Komplex, in welchem wir die Selbstorganisationskräfte von Systemen nicht nur als solche erkennen und anerkennen, sondern ihnen vielleicht sogar unser Vertrauen entgegenbringen. Damit erzeugen wir eine Wirklichkeit, die ganz andere Anschlusswirklichkeiten ermöglicht als die »Driver-Seat«-Haltung.

In dem Abschnitt über Authentizität stelle ich fest, dass es hilfreich sein kann, das »wahre Selbst« möglicherweise nicht so sehr als Wesenskern, sondern eher als einen Prozess zu verstehen. In der Konsequenz können wir es also auch nicht als irgendwo befindlich lokalisieren, sondern wir erleben es eher als etwas, das »stattfindet«. Auf diese Weise verflüssige ich sprachlich die Idee von Selbstkonzepten und verringere hoffentlich auch von der sprachlichen Seite her die Gefahr allzu starrer Identitätskorsetts. Im gleichen Zusammenhang berichte ich davon, dass Sigrun B. »sich davon überzeugte, dass das Festhalten an Identitäten keine nachhaltig kluge Strategie ist«. Ich war mir bewusst, dass meine Überzeugung nicht auf meine Klientin übertragen werden konnte. Ausschlaggebend war nicht meine Überzeugungskraft als ihr Berater, sondern der Bewusstseinsprozess meiner Klientin, für den mein eigenes Bewusstsein eine – hoffentlich relevante – Umwelt war. Also war nicht ich es, der sie überzeugte. Sie konnte es nur selber tun.

In meiner Reflexion über die Analogie zwischen dem traditionellen japanischen Bogenschießen und Problemlösungen im Coaching schreibe ich: »Wenn es darum geht, dass ein Problem eine Lösung braucht, so führen wir nicht die Lösung herbei, sondern wir tun das in unserer Macht Stehende, damit ›es sich lösen‹ kann.« In dieser Darstellung spielt das Problem eine aktive Rolle, indem es sich gewissermaßen an seiner eigenen Lösung beteiligt. Weder wir als Coachs noch unsere Klienten sind die »Trouble Shooter«. Unsere Aufgabe ist es, die Bedingungen für eine Problemlösung zu schaffen. Dabei ist es ratsam, das jeweilige Problem in einer Weise zu behandeln, die nicht seine Reaktanz, sondern seine Kooperation auslöst, falls wir ihm einen aktiven Part zugestehen.

In der Arbeit mit Jochen G. stelle ich die Frage, was seine Seele nähre. Wie bin ich auf diese Frage gekommen? Sie war weder Bestandteil eines systematischen Fragenkatalogs, noch habe ich sie mir ausgedacht, sondern es war eine Frage, die »sich [...] in meinem Bewusstsein formulierte.« Das ist also kein Schreib- bzw. Druckfehler, bei dem sich ein »s« vor das »ich« geschlichen hat. Nicht ich habe die Frage formuliert, sondern die Frage hat sich gewissermaßen selbstständig in mein Bewusstsein hinein formuliert.

In dem Abschnitt »Der Stille Raum geben« heißt es: »Wir sollten lernen, darauf zu vertrauen, dass das, was auszusprechen ist, seinen Weg in die Artikulation findet [...]. Es wird aus uns und unserem Klienten sprechen.« In dieser Formulierung hat auch das Auszusprechende einen aktiven Part. Es findet seinen Weg in das Kommunikationssystem und bedient sich unserer und unserer Klienten, um in die Artikulation zu kommen. Als Coachs sollten wir stets gewahr sein, dass die Wahrgebungsaktivitäten unseres Bewusstseins sich selbstverständlich auch in unserer Sprache manifestieren und über unsere Sprachpraxis erhebliche Bahnungswirkungen in der jeweiligen sozialen Wirklichkeit und für die möglichen Anschlusswirklichkeiten erzielen. Allzu oft geben wir in unserer Alltagssprache unbewusst dem Paradigma der Machbarkeit Raum, ist sie doch von ihm durch und durch geprägt. Je bewusster wir uns dessen werden, desto eher können wir auch die die Wirklichkeit umgestaltende Kraft des Sprechens kultivieren.

Schrittfolge des Vorgehens im »Zen-Coaching«

Im folgenden Abschnitt sollen aus den bisherigen Überlegungen Elemente einer möglichen Prozessgestaltung unseres Ansatzes abgeleitet und beschrieben werden. Dies ist nicht als Rezeptur zu verstehen, sondern eher im Sinne einer erfahrungsbasierten Orientierung im Hinblick auf die praktische Anwendung und Umsetzung. Auch hier gilt: Es könnte so, es könnte aber auch anders sein.

1. Schritt: Sich sammeln und logopsychosomatische Balance herstellen

Das Coaching beginnt, bevor es beginnt. Selbst wenn wir nur eine einzige Minute Zeit haben, bevor wir auf unseren Klienten treffen, diese eine Minute gilt es zu nutzen.

> »[...] innere Ruhe [...] hat keinen direkten Zusammenhang mit äußeren Umständen. Sie kann bei einem Mönch in der Meditation entstehen, aber auch bei einem Soldaten, der sich in einem schweren Gefecht befindet« (Pirsig 1999, p. 295; Übers.: M. R.).[35]

Wenn irgend möglich, sollten wir als Berater nicht nahtlos von einem Gespräch ins nächste hetzen. Stattdessen sollten wir uns sehr bewusst sein, dass die Verfassung, in welcher wir uns befinden, wenn wir uns in die Situation mit unserem Klienten begeben, erfolgskritisch ist. Dieser Zusammenhang kann gar nicht überschätzt werden. Unsere

---

[35] Orig.: »[...] *inner* peace of mind [...] has no direct relationship to external circumstances. It can occur to a monk in meditation, to a soldier in heavy combat.«

persönliche Disposition wirkt vom ersten Augenblick auf das Miteinander mit dem Coachee und auf die Entwicklung des dialogischen »Zwischen«. Insofern ist es gut investierte Zeit, wenn wir uns ein paar Minuten für unsere Einstellung auf das nächste Coaching nehmen. Allerdings geschieht dies anders als normalerweise. Wir schauen nicht in die Notizen, die wir in der letzten Sitzung gemacht haben, und wir überlegen nicht, welche Fragen vom letzten Mal noch offen sind. Denn in dem Maße, wie wir an das letzte Gespräch zu knüpfen versuchen, werden wir die Aktualität des Augenblicks verpassen. Selbstverständlich hat das konventionelle Vorgehen seinen eigenen Wert und kann sehr nützlich sein. Aber es führt zwingend zu einer anderen Bahnung des weiteren Geschehens, denn das Jetzt ist nicht auf dem Umweg über die Vergangenheit einholbar. Deshalb müssen wir uns auch von dem lösen, was uns möglicherweise gerade gefangen nimmt. Bei der Aufnahme eines Coachings im Geiste des Zen und des Dialogs kommt es darauf an, dass wir möglichst wenig von dem mit »hinein«nehmen, was uns in unserem Leben okkupiert. Die vorbehaltlose Zuwendung zu unserem Klienten und seinem Anliegen erfordert, dass wir »unser Gefäß« leeren, reinigen und durchlüften. Die aus fernöstlichen Kulturen stammende Metapher des leeren Gefäßes ist hier ganz und gar zutreffend. Das Sinnbild der Leere trifft den Nagel regelrecht auf den Kopf. Sie erlaubt uns, alles aufzunehmen, was sich in der Auseinandersetzung mit dem Kunden und seinen Fragestellungen einstellt. Wir müssen uns vor Augen führen, dass jedes Anliegen seine spezifischen, eigenen Bedarfe mit sich bringt. Sie mögen sich jedoch geschickt hinter Vordergründigem verbergen. Unsere Leere ist Voraussetzung für Fülle in dem Sinne, dass wir der gegebenenfalls hintergründigen Fülle eines Kundenbedarfs nur auf die Spur kommen können, wenn wir bereit sind, sie zu erfassen. Diese Bereitschaft stellt sich leichter ein, wenn wir unser Gefäß geleert, gereinigt und gut durchgelüftet haben.

Das folgende kleine Gedankenexperiment hat sich für mich als hilfreiche Fantasiereise erwiesen, wenn ich diesen Zustand erlangen will. Stellen Sie sich einen Raum vor, in dem alte, schwere Möbel stehen. Die Vorhänge sind zugezogen. Es dringt nur wenig Licht von außen herein. Überall liegen Sachen herum, Zeitungsstapel, Geschirr, Kleider und was immer Ihnen noch in den Sinn kommt. Eine feine Staubschicht hat sich auf alles gelegt. Nun ziehen Sie die Vorhänge zur Seite und öffnen alle Fenster. Mit magischer Geisteskraft befördern

Sie sämtliche Möbel nach draußen. Sie sehen, wie die Möbel samt Zeitungsstapeln, Klamotten und allem Krimskrams im Nu in einem hohen Bogen mit einem Schweif aus Staub durch die großen Fenster nach draußen fliegen. Herein kommt ein klares morgendliches Sonnenlicht, das den verbliebenen Staub im »Nullkommanix« in reinste Sauerstoffmoleküle verwandelt. Innerhalb kürzester Zeit blitzt und blinkt es in allen Ecken und an allen Enden unseres Raumes, der nun von klarer und sauberer Luft erfüllt ist. Als einziges Geräusch von draußen hören wir das Zwitschern der Vögel, welches uns an den aktuellen Augenblick, an das Hier und Jetzt erinnert. Wer es moderner mag, kann statt von Leere auch von einem »Reset« sprechen. Hatten wir gerade Ärger mit jemandem, der uns nahesteht? Davon müssen wir uns befreien. Kommen wir aus einem Termin, der sehr gut lief und uns in ein Hochgefühl versetzt hat? Dann müssen wir uns wieder runterregeln. Beschäftigt uns das am Abend stattfindende Champions-League-Finale? So gilt es, unseren Geist ins Jetzt zurückzuholen. Um dem Coachee bestmöglich dienen zu können, brauchen wir einen geistig, seelisch und körperlich balancierten Zustand, also eine logopsychosomatische Balance. Je näher wir ihr kommen, desto unverstellter und tiefer können wir in das Jetzt schauen. Sollte der Rücken zwicken, so mag es sinnvoll sein, ihm etwas Gutes zu tun. Ein kleiner Spaziergang im Grünen kann Wunder bewirken. Wenn der nächste Wald oder Park aber zu weit entfernt ist, müssen wir eben einen gedanklichen Spaziergang machen. Es gibt zahllose Möglichkeiten für die Herstellung der eigenen Balance. Jeder muss seinen individuell passenden Weg beschreiten: Atemmeditation, Singen, Tanzen, Qigong, was immer hilft und im Arbeitsalltag praktisch anwendbar ist, darf und sollte genutzt werden.

Für eine solche einstimmende Vorbereitung wird mit zunehmender Übung immer weniger Zeit benötigt werden. Eine vorbereitende Meditation kann sich im Verlauf der Praxis zur Blitzmeditation entwickeln, für die es dann nur noch wenige Minuten oder gar Sekunden braucht. Diese Art der Vorbereitung auf unsere Klienten hat die angenehme Nebenwirkung, dass sie wohltuend für unser eigenes Befinden ist. Wenn es uns gelingt, in einen einigermaßen logopsychosomatisch balancierten Zustand zu kommen, bevor wir mit dem Klienten zusammentreffen, wird dies unfehlbar positive Wirkungen auf Produktivität und Lebendigkeit des Coachings haben. Die Auswirkungen eines gelungenen »Sichsammelns« dürfen nicht unterschätzt werden.

»Innere Ruhe erzeugt die richtigen Werte, richtige Werte ziehen richtige
Gedanken nach sich. Richtige Gedanken führen zu richtigen Handlungen. Und richtige Handlungen münden in eine Arbeit, in der sich
für andere erkennbar die heitere Gelassenheit als Mitte des Ganzen
manifestiert« (Pirsig 1999, p. 297; Übers.: M. R.).[36]

Der Zustand einer gelungenen Balance als Einstellung auf das Coaching lässt sich tatsächlich zutreffend als heitere Gelassenheit beschreiben.

2. Schritt: Den Klienten zu sich kommen lassen und Augenhöhe herstellen

Wir wissen natürlich nicht, in welcher Verfassung sich unser Klient
befindet, wenn er zur Tür hereinkommt. Höchst unwahrscheinlich
ist aber, dass er oder sie in diesem Moment schon wirklich »bereit«
für das Coaching ist. Die Bereitschaft unseres Kunden müssen wir
wie unsere eigene auch in einem umfassenden Sinne verstehen. Sie
ist eine notwendige Voraussetzung dafür, möglichst großen Nutzen
aus der Beratung zu ziehen. Wenn er deprimiert ist, müssen wir ihn
darin unterstützen, sich aufzumuntern. Ist er in der euphorischen
Stimmung frischer Verliebtheit, ist es unsere Aufgabe, ihm die rosa-
rote Brille abzunehmen – so leid es uns tut. Ein Aufenthalt auf »Wolke
Sieben« ist alles andere als optimal für die Beratungssituation. Aber
auch äußere Umstände wirken sich auf die Verfassung des Klienten
aus. Tagesrandzeiten sind günstiger für ein Treffen, da der Rummel
des Tages entweder noch nicht in vollem Gange ist oder gerade wieder
abflaut. Aber grundsätzlich gilt, dass jeder Klient eine individuelle Ta-
geszeit hat, die für ihn eher günstig ist. Gleiches gilt für die Wahl des
richtigen Wochentages. Wenn bei der allseits grassierenden Termin-
not und -enge die Möglichkeit besteht, darauf Rücksicht zu nehmen,
lohnt es sich. Mancher braucht die Frische der beginnenden Woche,
um hinreichend zu sich zu kommen. Andere fühlen sich wohler und
bereiter, wenn sie das Gefühl haben, ihr Wochenpensum weitgehend
erfüllt zu haben.

Unsere eigene und des Klienten Präsenz im Jetzt und für die
Coachingsitzung ist ein echter Erfolgsfaktor. Eckard Tolle schlägt in

---

[36] Orig.: »Peace of mind produces right values, right values produce right thoughts. Right thoughts produce right actions and right actions produce work which will be a material reflection for others to see of the serenity at the center of it all.«

einem seiner Vorträge eine einfache, aber wirksame Übung vor, die meines Erachtens in unserer Praxis anwendbar und sehr wirksam ist. Schließen Sie die Augen, und bitten Sie Ihren Kunden, das Gleiche zu tun. Nun stellen Sie die folgende Frage: Wie können Sie sicher sein, dass Sie eine rechte Hand haben? Ein gedankliches Konstrukt, wie zum Beispiel, dass die Hand ja eben noch da war und deshalb sicher auch jetzt noch da ist, zählt nicht. Bringen Sie Ihren Klienten dazu, seine Aufmerksamkeit in Richtung der rechten Hand zu lenken und nach und nach in sie hineinzuspüren, also die Körperempfindung der Hand bewusst zu erleben. Gemäß dem bereits erwähnten Grundsatz »Energy flows where the attention goes« (»Die Energie folgt der Aufmerksamkeit«) wird er immer mehr »Handempfindung« entwickeln und dabei gleichzeitig mehr und mehr zu sich kommen, sich gewissermaßen im Hier und Jetzt erden. Mit anderen Worten: Er wird präsent. Eine andere, sicher auch sehr wirksame, aber wesentlich aufwendigere Achtsamkeitsübung ist der sogenannte »Bodyscan«, bei dem man systematisch einen Körperbereich nach dem anderen in den Fokus nimmt. Eine wesentliche einfachere, aber auch nicht zu verachtende Möglichkeit wäre, den gerade frisch gebrühten Kaffee, alle Regeln der Kunst zelebrierend, gemeinsam zu genießen. Wir schauen uns die Crema und die kräftige, dunkle Farbe an. Wir genießen den aromatischen Duft. Wir nippen sehr behutsam, mit Bedacht und vorsichtig von dem Getränk. Wir genießen die edle Bitterkeit oder die belebende Süße und so weiter und so fort.

Neben den äußeren Umständen in der inneren Verfassung des Klienten ist es wichtig, dass wir einen für die Beratung förderlichen Interaktionsmodus mit ihm anstreben. Von vornherein sollte alles vermieden werden, was dazu führen könnte, dass der Kunde sich in einem Arzt-Patienten-Setting wähnt. Häufig genug sind es gerade unsere Klienten, die sich diese Konstellation wünschen, um sich einer vermeintlichen Sicherheit anheimgeben und in ihrem Rahmen Verantwortung abgeben zu können. Wir wollen im Coaching aber nicht mit der Anmutung der Überlegenheit unseres Wissens, unserer Erfahrungen, unserer Fähigkeiten und Fertigkeiten oder gar unserer Persönlichkeit arbeiten. Alles, was wir mitbringen, stellen wir in den Dienst der dialogischen Begegnung zweier einzigartiger Individuen, die mit je einem eigenen Persönlichkeits- und Kompetenzprofil in die Beratungssituation einsteigen. Diese Begegnung kann nur auf Augenhöhe stattfinden, wenn sich ein im tieferen Sinne dialogisches

»Zwischen« entfalten soll. Der Klient sollte den Wunsch loslassen, dass wir ihm sein »Problem ›wegmachen‹« oder ihn durch Verabreichung einer geeigneten Medizin »heilen«. In keiner Weise dürfen wir auf ihn hinabschauen. Es versteht sich von selbst, dass das gelegentliche Phänomen der umgekehrten Asymmetrie, in welcher der Klient auf den Coach herabschaut, genauso dysfunktional wäre.

Bevor das Gespräch über Klientenanliegen beginnt, sollten wir also versuchen herauszufinden, inwieweit der Kunde »bei sich« ist. Was, wenn wir dem Coachee anmerken, dass er noch regelrecht »außer sich« ist? Wie können wir helfen, dass er wieder »zu sich« kommt und einen möglichst guten Zugriff auf seine Ressourcen hat? Fast alle Mittel sind dafür recht. Eines der einfachsten und wirkungsvollsten Mittel ist die Musik. Heutzutage hat praktisch jeder ein Smartphone bei sich und viele Menschen damit auch »ihre« Musik.

> Albrecht T. war, wann immer er zu mir kam, stets »auf 180«. Als Senior Manager eines Cateringunternehmens mit schmalen Margen hatte er über Jahre einen erheblichen Druck auszuhalten. Es war durchaus verführerisch, sich seinem Tempo anzupassen, um möglichst viele Themen im Coaching zu behandeln, aber es wurde schnell klar, dass die Beratungssituation sich dann zur Fortsetzung des Managementalltags mit anderen Mitteln gestaltet und nicht den eigentlich erwartbaren Nutzen erbracht hätte. Ich konnte widerstehen, aber unbefriedigend blieb, dass wir zwischen einem Drittel bis zur Hälfte der Zeit einer jeden Sitzung benötigten, bis er einigermaßen entschleunigt und dialogfähig war. Einmal fragte ich ihn, wie er nach der Arbeit entspannt. Seine Antwort: ein großes Glas Spätburgunder und Musik. Darauf fragte ich ihn, welche Musik ihm helfen würde »herunterzukommen«. Er erwiderte: die »Träumerei« von Schumann. Gerade wollte ich mein Handy zücken, um das Stück zu finden, da kam er mir zuvor und spielte es mir auf seinem Handy vor. Drei Minuten lauschten wir dem Klavierstück, eine hervorragende zeitliche Investition, die uns beide in exzellenter Weise für den Dialog disponierte.

Im Coaching mit Albrecht T. ist diese Musik als Einstimmungsritual zum festen Bestandteil der gemeinsamen Arbeit geworden. Wer weiß, was passiert wäre, wenn ich Spätburgunder im Büro gehabt hätte.

3. Schritt: Tiefenkontakt herstellen und in den Dialog kommen

Probieren Sie einmal folgende Übung mit einer Person Ihres Vertrauens aus. Sie stellen sich relativ nah gegenüber auf, sodass Sie sich mit angewinkelten Armen berühren können. Ihre rechte Handinnenfläche legen Sie auf das eigene Brustbein, während Sie Ihre linke Handinnenfläche auf das Brustbein des Partners legen. Der Partner platziert seine Handinnenflächen in der gleiche Weise: die rechte auf das eigene Brustbein, die linke auf Ihr Brustbein. Nun schließen Sie beide die Augen und atmen ruhig und bewusst, aber zwanglos in der folgenden Weise. Beginnen Sie am Anfang eines Atemzuges tief in den Bauch zu atmen, bis Sie etwa ein Drittel der Einatmung vollzogen haben. Lassen Sie das zweite Drittel der Einatmungsphase, ohne zu stocken, in Ihre Flanken fließen und das dritte Drittel in den oberen Brustbereich, der Handinnenfläche Ihres Partners entgegen. In dieser dritten Phase der Einatmung spürt Ihr Partner und spüren auch Sie, wie sich die Brustbeine der jeweiligen Handinnenfläche entgegenheben. Lassen Sie dann in der Ausatmungsphase die Luft langsam und sanft wieder entweichen. Versuchen Sie, nach und nach die Atemphasen mit Ihrem Partner so zu koordinieren, dass Sie gleichzeitig in den Bauch, in die Flanken und in den oberen Brustbereich atmen. Dann werden sich Ihr Brustbein und das Brustbein Ihres Partners gleichzeitig heben und senken. Für diese schrittweise Angleichung eignet sich die Ausatemphase gut, indem Sie sie in der Länge aneinander anpassen. Geben Sie sich ganz dem ruhig fließenden Atem und dem gemeinsamen Rhythmus hin. Atmen Sie nicht forciert, und nutzen Sie am besten nur 70 bis 80 % Ihrer vollen Atemkapazität, um sicherzustellen, dass der ganze Vorgang entspannt und in keiner Weise zwanghaft abläuft. Der Dialog hat begonnen.

Zugegeben: Diese Art, einen Tiefenkontakt herzustellen, ist nicht für jede Beratungskonstellation geeignet. Ausgeschlossen ist sie aber auch nicht. Ich habe die Erfahrung gemacht, dass insbesondere der gemeinsame Atemrhythmus sehr hilfreich dabei sein kann, die Kontaktqualität zu vertiefen. Der lässt sich auch herstellen, ohne dass man sich berührt. Mit viel Übung kann man ihn auch im Wege des Pacing und Leading[37] erreichen, aber das wäre eine nichtdialogische, instrumentelle Vorgehensweise. Das gemeinsame Tönen von Vokalen ist ebenfalls geeignet und für yoga-affine Menschen natürlich das Tönen des »Om«. Lassen Sie Ihrer Fantasie für situativ stimmige Formen freien

---

37 Beraterische und therapeutische Begleittechniken, die insbesondere durch das Neurolinguistische Programmieren Verbreitung erlangt haben. Dabei geht es darum, zunächst mit dem Klienten »Schritt zu halten«, um dann mithilfe des erzielten »Rapport« die Führung zu übernehmen.

Lauf. In der Arbeit mit Albrecht T. genügte es bereits, gemeinsam der »Träumerei« zu lauschen. Eine kurze, gemeinsame Stillephase kann ebenfalls hilfreich dafür sein, den Tiefenkontakt herzustellen.

4. Schritt: Mit allen Sinnen breitbandig wahrnehmen und Lateralität praktizieren

Nun kann es losgehen. Wenn das eigentliche Gespräch beginnt, gilt es vor allem zu beherzigen, dass alle unsere Sinne »scharf geschaltet« sein sollten. Unsere Wachheit ist genauso gefragt wie unsere Fähigkeit zu denken. Was hören wir – auch zwischen den Zeilen und Wörtern, auch und gerade in der Stille? Was sehen wir in der Mimik, der Gestik, der Haltung, aber auch in den Augen unseres Klienten? Und welche Bilder entstehen vor unserem inneren Auge? Was riechen und schmecken wir – im Wortsinn, aber auch im übertragenen Sinn? Was fühlen oder empfinden wir? Erinnern Sie sich an Jochen G., den ich seinerzeit fragte, was seine Seele nähre? Während diese Frage sich in meinem Bewusstsein materialisierte, stellte sich gleichzeitig ein ganz bestimmtes und sehr vertrautes Körperempfinden ein, nämlich der kalte Schauer über den Rücken. Wann immer ich dieses Empfinden habe, weiß ich, dass der Gedanke dazu für meinen Klienten wichtig ist. Die dialogische und dem Zen gemäße Haltung will nichts, sondern lässt uns in der maximalen Breite unserer Wahrnehmungsmöglichkeiten präsent sein. Wir spannen unsere Aufmerksamkeit weit auf, um wach und aufnahmebereit für das Spektrum aller Möglichkeiten zu sein und um der Lage in ihrer Ganzheitlichkeit gerecht werden zu können.

Eine Möglichkeit, dies zu praktizieren, ist die kontemplative Versenkung à la Schopenhauer, wie sie sich bei mir mit meiner Klientin Karin E. von selber einstellte. Dabei kann man den Coachee auch einbeziehen. Eine bewährte Möglichkeit ist, ihn zu bitten, sein Anliegen in einem Satz, einem Symbol oder einem Bild zusammenzufassen und entsprechend auf ein Flipchart zu schreiben, zu malen oder zu zeichnen. Alternativ kann man auch ein Artefakt, wie zum Beispiel eine Vase oder wie in alten Zeiten einen Aschenbecher, auswählen lassen. Wir wenden uns gemeinsam mit unserem Klienten dem Satz, dem Bild oder dem Gegenstand zu, schauen also in die gleiche Richtung und versenken uns nach schopenhauerscher Art. Wir lassen mithin die gewöhnliche Betrachtungsart fahren, fragen nicht mehr nach dem Wo, Wann, Warum und Wozu, sondern betrachten nur das Was. Keine Abstraktionen und Begriffe beherrschen unser Bewusstsein. Wir geben uns ganz der Anschauung hin und lassen unser Inneres mit dem nun gewärtigen Gegenstand des Klientenanliegens füllen. Wir geben auch unseren Willen und unsere Individualität auf und verlieren uns für die kurze Zeit dieser Übung in dem Anliegen. Wir werden zu einem klaren Spiegel dessen, was als Satz, Bild, Symbol oder Objekt das Anliegen des Kunden repräsentiert. Nach und nach werden wir als Anschauende nicht mehr von ihm zu unterscheiden, sondern tief mit ihm verwoben sein. Auf der stierlinschen Polarität zwischen Nähe und Distanz haben wir nun die Position der maximalen Nähe eingenommen. Es versteht sich von selbst, dass es nun wieder einer Distanzierung dafür bedarf, die Ideen für ein tieferes Verständnis erfassen zu können.

5. Schritt: Der Situation ihren Willen und Interventionen geschehen lassen

Wenn wir das Situationspotenzial sich entfalten und die Interventionen geschehen lassen, werden die Lösungen sich ergeben. Erinnern wir uns an die Kunst der Improvisation. In jedem Moment zeigt sich wie von selbst, was als Nächstes ansteht. Versuchen wir, unseren Willen zu suspendieren, und lassen wir der Situation ihren Willen! In dem Moment, wo wir uns fragen, was nun geschehen soll, haben wir uns schon ein wenig aus der Achtsamkeit und Präsenz im Jetzt entfernt. Wirklich erfahren werden wir das, was von Moment zu Moment geschehen soll, nur wenn wir nichts planen und alle Vorstellungen vom Gleich aufgeben. »Es geschieht«, indem wir uns dem »Zwischen« zuwenden und es sich entfalten lassen. Braucht die dialogische Situation mehr Worte oder eher das Schweigen? Sollten wir uns erheben und herumlaufen oder sitzen bleiben? Soll eine Intervention sprachlich, mithilfe eines Instrumentes oder auf der Körperebene geschehen? Welchen Punkt im Terrain einer Problemstellung gilt es noch zu besetzen, damit die Lösung sich ergeben kann? Unsere – idealerweise heitere – Gelassenheit im Hinblick auf das, was als Nächstes geschieht, ist die Voraussetzung für das Zulassen von Lösungen.

Manuela F. kam zu mir, um mehr Klarheit bezüglich ihrer beruflichen Entwicklung zu bekommen. Ihr stand möglicherweise eine Beförderung bevor, aber sie wusste nicht, ob sie sie tatsächlich wollte, wenn ein konkretes Angebot kommen würde. Selbstzweifel hinsichtlich ihrer Kompetenzen und ihrer professionellen Motivation hemmten sie. Mehrere Stunden haben wir die verschiedenen Dimensionen des Anliegens durchleuchtet und Für und Wider abgewogen. Es wurde klar, dass ihre Kompetenzen kein echtes Hindernis darstellten, und ihre berufliche Motivation schien ebenfalls keine Hürde zu sein. Dennoch löste sich der Knoten nicht. Also bat ich sie zu formulieren, welche Frage nach den Klärungen, die uns gelungen waren, nun als Nächstes zu beantworten wäre. Sie antwortete: »Verpasse ich etwas, verpasse ich eine Chance, wenn ich das mache?« Wir hatten nicht mehr viel Zeit, aber ich beschloss trotz meiner Zurückhaltung bei der Anwendung von Modellen und Instrumenten, ihr »inneres Team« zu dieser Frage zu versammeln. Diese Technik, von Friedemann Schulz von Thun entwickelt (Schulz von Thun 1998), braucht hier nicht im Detail erläutert zu werden. Es genügt zu wissen, dass die relevanten inneren Stimmen des Klienten zu einer Fragestellung sich in einer Art Konferenzarrangement zu Wort melden und artikulieren dürfen. Jede Stimme bekommt eine Position im Raum. Die Konferenz wird vom »Chairman«, einer Art höheren inneren Instanz, geleitet. Der Klient nimmt nacheinander die verschiedenen Positionen ein und spricht aus ihnen. Gegen Ende dieses Experimentes fragte ich Manuela F., die sich gerade in der Position des »Chairman« befand, welche der Stimmen möglicherweise noch etwas zu sagen hätte. Sie antwortete ziemlich erschöpft, dass alles gesagt worden sei. Dabei blieb sie in der Position des »Chairman«, für die sie einen bequemen Sessel ausgewählt hatte. Ich hatte von Anfang an gespürt, dass diese Vorgehensweise für meine Klientin ziemlich strapaziös war und sie an den Rand ihrer Komfortzone brachte. In dem »Chairman«sessel sitzend, schien sie etwas Pause gewissermaßen zum Durchatmen zu benötigen. Also ließ ich sie in Ruhe und schaute sie an. Sie schien zu leiden. Dann traten Tränen in ihre Augen, und sie sagte: »Ich mache mir Sorgen, dass ich nicht genug Zeit für das Wesentliche habe.« Dabei bemerkte sie auch, dass ihr Mann etwas älter war als sie.

Schnell wurde klar, dass die Frage der beruflichen Entwicklung zwar wichtig, aber eher vordergründig war. Die Frage hinter dieser Frage war, was meine Klientin mit ihrem weiteren Leben insgesamt anfangen wollte. Eine Entscheidung nur im Sinne der Karriere würde bedeuten, dafür zu kurz zu springen.

6. Schritt: Wirkungen überprüfen und verankern

Während die Schritte eins bis fünf in ihrem Charakter sehr vom Geist des Zen und des Dialogs geprägt sind, handelt es sich bei den letzten beiden Schritten um solche, die zum Standardrepertoire eines jeden Coachings gehören. Aber auch diese Schritte können in ihrer Ausgestaltung einen zen-artigen oder dialogischen Charakter erhalten.

In jedem Coaching sollte spätestens am Ende überprüft werden, inwieweit gefundene Problemlösungen und ihre Auswirkungen alltagstauglich und im sozialen Umfeld tragfähig sind. Eine, wenn man so will: »hypnodialogische«, Möglichkeit funktioniert folgendermaßen: Bitten Sie Ihren Klienten, sich in eine Situation zu versetzen, in welcher die zu überprüfende Lösung sich vermutlich bald zu bewähren hat. Die Auswahl der Situation sollte ohne langes Nachdenken spontan erfolgen. Das ganze Prozedere geschieht in aller Regel am besten mit geschlossenen Augen. Nun lassen Sie Ihren Coachee schildern, was geschieht und wem er begegnet. Gespräche kann er mit verteilten Rollen wiedergeben. Eine Alternative wäre, die Gespräche im Rollenspiel mit Ihnen »aufzuführen«. Nach diesem Experiment können Coach und Coachee gemeinsam schärfen und justieren, wie in dieser künftigen Situation verfahren werden soll.

> Konrad W. war ein gestandener Manager und Vertriebsleiter in einem globalen Industrieunternehmen. Der Wettbewerb im Markt und der Druck auf die Margen waren erheblich, und entsprechend angespannt war die Situation. Mein Klient hatte das ungute Gefühl, »auf die Abschussliste« zu geraten und seine Position zu verlieren. Eine wesentliche Facette der Problemlage war die Interaktion mit seinem Chef. Ihm fehlten weder Kompetenz noch Erfahrung für die Auseinandersetzung mit ihm, aber immer wieder hatte er das Gefühl, keinen kommunikativen Anschluss an dessen spezielle Rhetorik zu bekommen. Dann fühlte er sich »klein«, obwohl er ein Hühne von einem Mann war. Zur Flankierung unserer gemeinsamen Überlegungen, wie er sich künftig in der Interaktion mit seinem Chef verhalten wollte, beschloss ich, einen stärkenden Impuls in seinem Bewusstsein zu verankern. Also bat ich Konrad W., an ein Erlebnis zurückzudenken, welches für ihn ein »Moment of Glory« war, eine Begebenheit also, in welcher er sehr erfolgreich agiert hatte. Ihm kamen schnell drei solcher Erfahrungen in den Sinn, was sehr schön war, sodass er nun die tollste der tollen Erfahrungen auswählen durfte. Es stellte

sich heraus, dass er in jungen Jahren semiprofessionell Handball gespielt hatte und Torhüter war. In der letzten Sekunde des letzten Ligasaisonspiels erhielt die gegnerische Mannschaft einen Siebenmeter[38], welcher die letzte Aktion in dem Spiel sein sollte. Die Situation war äußerst dramatisch, da der Klassenerhalt von Konrad W.s Mannschaft von diesem Siebenmeter abhing. Wenn er ihn hielt, wäre der Klassenerhalt gesichert, ein Tor würde den Abstieg bedeuten. Er hielt!

Das war natürlich ein wahrhaftiger »Moment of Glory«. Nach allen hypnosystemischen Regeln der Kunst machten wir ihn für meinen Klienten verfüg- und abrufbar. Er konnte es kaum erwarten, mit einem entsprechenden Selbstgefühl die nächste Begegnung mit seinem Chef zu bestreiten. Ihr Verhältnis veränderte sich fortan, und es versteht sich von selbst, dass Konrad W. diese Möglichkeit der persönlichen Disposition in vielen anderen Situationen gebrauchen konnte.

7. Schritt: Ausstieg und Abschied

Die besondere Sphäre des »Zwischen« im tiefendialogischen Coaching mit Zen-Charakter kann sowohl den Coach als auch den Coachee in einen besonderen Zustand versetzen. Dadurch wird zwar nicht ihre Alltagstauglichkeit oder ihre Fähigkeit, Maschinen zu bedienen, beeinträchtigt. Dennoch ist zu beachten, dass beide Personen in spezieller Weise an dieses Gemeinsame des »Zwischen« gebunden oder in es verwickelt sind. Diese Bindung sollte zum Abschluss der Sitzung wieder sorgsam gelöst und eine mögliche Verwicklung entwickelt werden. Bildlich kann man sich das so vorstellen, dass ein allzu abruptes Auseinandergehen das Band der Verbundenheit arg strapazieren und reißen lassen könnte, dass noch etwas »nachhängt« oder gar eine Verstrickung entsteht. Es ist hilfreich, die Aufmerksamkeit des Klienten sich langsam von den Themen und Problemen des Coachings lösen und behutsam wieder auf anderes fokussieren zu lassen. Auf diese Weise entsteht eine Bewegung »hin zu« anstelle einer Bewegung »weg von«.

Bei Manuela F., von der ich gerade berichtete, war dies insofern ganz einfach, als sie sich aus meinem Frankfurter Büro zurück in ihre rheinische Heimatregion begab, wo mit »Weiberfastnacht« gerade der

---

38 Für Nichtkundige: Der »Siebenmeter« ist im Handball das, was der Strafstoß oder »Elfmeter« im Fußball ist.

Startschuss für die verschärfte Karnevalsphase gefallen war. Die Zugkraft dieses Ereignisses bewirkte so viel Freude bei ihr, dass sie sich frohgemut auf die Autobahn begeben konnte und nicht zu sehr den Fragen und Problemen unseres Gesprächs nachhing.

Jetzt ist Schluss!

Lieber Leser, unsere Reise neigt sich ihrem Ende zu, und ich möchte die letzten Zeilen dieses Textes dem Versuch widmen, die so weit dargelegten Gedanken in einen größeren, sinnstiftenden Zusammenhang zu stellen. Es ist ein Zusammenhang, der meiner Meinung nach dem Geist des Zen und des Dialogs ganz allgemein Vorschub leistet und deshalb über den Kontext unserer Coaching- und Beratungswelt hinausweist.

Unsere Erde ist weniger als ein Staubkorn im Universum, die Menschheit vielleicht ein Zufall der Evolution. Der Einzelne plagt sich mehr oder weniger für 70, 80 oder 90 Jahre durch sein Leben. Sorgen, Freuden und Schmerzen begleiten uns in unvorhersehbarer und unplanbarer Weise durch dieses Leben. Die von Albert Camus als allem anderen vorausgehende philosophische Frage nach dem Selbstmord könnte den einen oder anderen Menschen angesichts empfundener Absurdität irgendwann einmal in seinem Leben beschäftigen. Und dann braucht er eine gute Antwort. Die seit Jahrtausenden in allen Erdteilen dieses Planeten bewährte Antwort besteht in dem Verweis auf das Übersinnliche. Es ist die Antwort der Religion und der Spiritualität. Sie beinhaltet stets Aspekte, die nicht von dieser Welt sind – die Götter, Gott oder den Vater im Himmel, das Jenseits ganz allgemein, das Heilige. Religion und Spiritualität bedienen sich einer Kaste, der Priester und Gurus, die die personifizierte Korrektheit der Antwort symbolisieren. Sie interpretieren zum Beispiel das Wort Gottes oder eine heilige Schrift. Sie instruieren die Nichtkastenmitglieder, wie der Weg der Seligkeit zu beschreiten ist. Sie verfügen über Wissen, Einsichten und Weisheit, die dem Normalmenschen so nicht zugänglich sind. Deshalb kreieren sie Rituale, die einen Funken dieses Geheimwissens für Uneingeweihte aufscheinen lassen. Damit affirmieren sie ihre Position als Träger der »Wahrheit«. Die über eine Priesterkaste vermittelte Gewissheit von Seligkeit im Jenseits oder im Nirwana hat sich als Trostspender angesichts der Absurdität menschlichen Lebens im Diesseits über mehrere Menschheitsepochen mehr oder weniger bewährt.

Luthers Bemühen, einen direkteren Draht zwischen dem einfachen Menschen und dem Göttlichen herzustellen, hat dieses Konstrukt schon erheblich ins Wanken gebracht. Mit dem Auftritt des »tollen Menschen« in Nietzsches *Die fröhliche Wissenschaft* wird deutlich, dass es nicht mehr allgemein tragfähig ist:

»Habt ihr nicht von jenem tollen Menschen gehört, der am hellen Vormittage eine Laterne anzündete, auf den Markt lief und unaufhörlich schrie: ›Ich suche Gott! Ich suche Gott!‹– Da dort gerade viele von denen zusammenstanden, welche nicht an Gott glaubten, so erregte er ein großes Gelächter. Ist er denn verloren gegangen?, sagte der eine. Hat er sich verlaufen wie ein Kind?, sagte der andere. Oder hält er sich versteckt? Fürchtet er sich vor uns? Ist er zu Schiff gegangen? Ausgewandert? – so schrien und lachten sie durcheinander. Der tolle Mensch sprang mitten unter sie und durchbohrte sie mit seinen Blicken. ›Wohin ist Gott?‹, rief er, ›Ich will es euch sagen! W i r h a b e n i h n g e t ö t e t – ihr und ich! Wir alle sind seine Mörder! Aber wie haben wir dies gemacht? Wie vermochten wir das Meer auszutrinken? Wer gab uns den Schwamm, um den ganzen Horizont wegzuwischen? Was taten wir, als wir diese Erde von ihrer Sonne losketteten? Wohin bewegt sie sich nun? Wohin bewegen wir uns? Fort von allen Sonnen? Stürzen wir nicht fortwährend? Und rückwärts, seitwärts, vorwärts, nach allen Seiten? Gibt es noch ein Oben und ein Unten? Irren wir nicht wie durch ein unendliches Nichts?‹« (Nietzsche 1999a, S. 480 f.; Hervorh. im Orig.).

In diesem philosophischen Leckerbissen, der für mich zu den glänzendsten Texten der Weisheitsliebe gehört, schildert Nietzsche eindringlich die Komplizenschaft der menschlichen Gemeinschaft bei der Tötung Gottes, und er macht deutlich, was die Konsequenzen dieses Mordes sind. Er hebt die Welt aus ihren Angeln, löst sie aus ihrer Verankerung, stellt alles Vertraute auf den Kopf, »verrückt« alles Orientierende und lässt die Menschheit auf ihrem Planeten haltlos durch das kalte, unendliche Nichts fliegen. Es geht regelrecht drunter und drüber. Alle verankernde Rückbindung, *religio*, ist aufgehoben. Nun ist der Mensch ganz auf sich gestellt, und die Priesterkaste verliert ihren Status. Der Verweis auf das Übersinnliche taugt vielfach nicht mehr. Welche Strategie im Umgang mit dem Absurden unseres Daseins bietet sich nun an?

Tritt jetzt das Sinnliche, tritt der Genuss an die Stelle des Übersinnlichen? Die Trostspender könnten nun Maximierung von Freude und Lust sowie das Anhäufen von Geld und Gut sein. Die Devise hieße, den körperlichen, geistigen und seelischen Verdauungsapparaten all das zuzuführen, was den Sinnen Freude bereitet. Der Kühlschrank muss immer voll sein, damit der Konsumprozess nicht abreißen kann. Dazu können Drogen, Alkohol, Autos, Kleidung, Schokolade, Urlaub, Netflix, Amazon und Co., aber auch Bücher und das Theater gehören, wenn man eine konsumierende und objektivierende Ich-Es-Beziehung zu ihnen pflegt. Die Hohenpriester dieser Welt der Sinnlichkeit sind die Marketingmanager der großen Konsumgüterhersteller, die Modedesigner, die politischen Vertreter eines wirtschaftlichen Wachstumsfetischismus, die Datenkraken und die PR-Spezialisten der Pornoindustrie. Sie alle sorgen dafür, dass die Schornsteine ohne Unterlass rauchen, dass die Konsummaschinerie pausenlos wie geölt läuft und dass die »Verdauungsapparate« nie zur Ruhe kommen. Statt den Priestern wendet sich das Publikum nun ihnen zu und sagt: »Ja, ich glaube und bete die von dir in die Welt gesetzten Götter an.« Wie immer, wenn dem Genuss ohne Maß gefrönt wird, findet eine Überreizung der Sinne statt, die nach und nach in ihre Abstumpfung mündet. Das dritte Auto macht nicht mehr so viel Spaß wie das erste. Der besondere Geschmack exquisiter Speisen und Getränke wird sehr unbesonders, wenn sie jeden Tag genossen werden, und das drogeninduzierte, bewusstseinserweiternde Erlebnis kann von Mal zu Mal nur mit steigender Dosis wiederhergestellt werden. Die Ökonomen sprechen nüchtern von dem abnehmenden Grenznutzen einer zusätzlichen Konsumeinheit, die Soziologen und Historiker sprechen schon etwas plakativer von Dekadenz. Der Verweis auf die Sinnlichkeit als Strategie im Umgang mit dem Absurden führt konsequent zur Betäubung der Sinne und damit zu einer eingeschränkten Teilnahme an der Welt.

Zu den Strategien, die mit dem Verweis auf das Sinnliche oder Übersinnliche arbeiten, gibt es aber noch eine Alternative. Sie beruht darauf, die Konstruktion unserer Absonderung als Individuen zu modifizieren. Unsere Wahrnehmung der Welt ist stark geprägt von der Vorstellung, dass wir als von ihr getrennte Individuen lebenslang durch sie hindurchlaufen. Wenn wir dann irgendwann die Schwelle des Todes überschreiten und zu Staub werden, löst sich diese Identität auf, und wir sind »weg«. In dem Maße, wie wir uns mit unserer individuellen Identität auch tatsächlich identifizieren, also an ihr als Ausdruck unseres Seins hängen, wird der Tod eine Bedrohung für uns darstellen. In dem Maße, wie wir uns nicht als getrennt, sondern als zugehörig zum Rest der Welt, zur Menschheit und zum Universum empfinden, könnte der Tod vielleicht eher bedeuten, dass wir in die

Ganzheit, zu der wir ohnehin gehören, hinein- oder zurücksinken. Dieser gedankliche Zusammenhang hat Graf Dürckheim bewogen, das Wort aus dem Römerbrief zu strapazieren, dass der Tod der Sünde Sold sei. Sünde interpretiert Dürckheim als Sonderung oder Absonderung vom Ganzen. Stellen wir uns gedanklich-experimentell vor, wir wären vollkommen eins und verbunden mit allem. Dann wäre der Sold in Dürckheims Sinne gleich null, weil die Absonderung aufgehoben wäre. Das ist sicherlich ein extremes Gedankenexperiment, denn zum Wesen unseres menschlichen Lebens auf Erden gehören ja Individualität und Ich-Empfinden. Aber es markiert das eine Ende einer Polarität zwischen totalem Einssein und, wenn man so will, totalem Ego. Das ist eine Polarität mit vielen Grautönen zwischen Schwarz und Weiß. Die spannende Frage für die alltägliche Praxis unseres Lebens ist nun, wie wir den Regler zwischen den Extremen im Alltag einstellen. Neigen wir mehr zum Ego, oder neigen wir mehr zum Einssein? Was tun wir jeweils dafür?

Albert Camus legt uns angesichts der von ihm empfundenen Absurdität nahe, dem Jetzt und der Solidarität Raum zu geben. Weil wir als Menschen prinzipiell alle das gleiche Schicksal teilen, liegt es nahe, dass wir uns solidarisch miteinander verhalten. Und gemeinsam ist uns allen, dass wir diesen jetzigen Moment haben, in dem sich unser Leben abspielt. Allein der Gedanke der Solidarität ist ja schon ein erster Schritt der Aufhebung unseres Getrenntseins, ein Schritt in Richtung Gemeinschaft, Einheit und Verbundenheit. In der Zuwendung zum Jetzt, wie wir es zum Beispiel im Flow erleben, können wir uns regelrecht vergessen, vollkommen da sein und das Gefühl der Verbundenheit pflegen. Die Quantenphysik lehrt uns, dass, je tiefer wir in die subatomaren Bereiche schauen, desto mehr die Grenzen zwischen den Objekten sich verwischen. Neurowissenschaften und Sozialanthropologie zeigen, dass unser menschliches Bewusstsein sich nicht ausschließlich aus dem Gehirn generiert, sondern starke soziale Einspeisekomponenten hat. Aber auch alltagspraktische Plausibilitätsüberlegungen machen deutlich, dass das Ich eine Konstruktion ist. Wo verlaufen denn die exakten Grenzen zwischen Ich und Nicht-Ich? Wie lässt sich ein Ich denn objektiv lokalisieren? Als Körper, als Bewusstsein, als Geist oder Seele? Oder als Kombination aus diesen?

Die Idee individueller Identität hat zweifelsohne ihr Gutes, und vielleicht ist sie sogar bedingend für viele Errungenschaften unserer Zivilisation. Auf jeden Fall hat sie viel praktischen Wert. Aber ebenso sicher ist sie eine Konstruktion. Als freie Menschen können wir uns immer wieder fragen, ob wir die Welt weiterhin so wie bisher oder ob wir sie anders konstruieren wollen. Ist es sinnvoll, an dieser Wirklichkeitskonstruktion festzuhalten, wenn »Gott tot« ist? Oder können wir Nutzen daraus ziehen, uns als elementar für eine und gehörig zu einer universellen Ganzheit zu sehen? Angesichts drohender Klimakatastrophen und massenhaften Artensterbens, angesichts einer sich weiter öffnenden Wohlstandsschere und unvermeidlich wachsender Flüchtlingsströme stellt sich die Frage, welche Auswirkungen es hat, ob wir den Regler weiter in die eine oder in die andere Richtung schieben.

Priesterkasten und Gurus leben von der Asymmetrie zwischen ihnen und dem einfachen, uneingeweihten Volk. Wir hier oben, ihr da unten – das ist das elementare Bauprinzip für ihre Welt und, um es einmal ökonomisch auszudrücken, für die Rendite, die sie aus ihr ziehen. Der einfache Mensch war einst auf sie angewiesen, um seine Chance auf das Versprechen der Seligkeit zu wahren. Wenn Götter und Gurus ausgedient haben, muss der Mensch sich seinen eigenen Reim auf den Sinn seines Daseins und das Potenzial eines Jenseits machen. Die entsprechende Strategie ist, selbst und unvermittelt in Beziehung zur Welt, zum Ganzen, zum Universum zu treten, sich seines eigenen Verstandes zu bedienen, seine eigenen Erfahrungen mit Kopf, Herz, Bauch und Hand zu machen, seinen eigenen Empfindungen, Gefühlen und seelischen Regungen zu vertrauen. An der imaginären Schnittstelle zwischen Ich und All schaltet der Mensch nun sein Bewusstsein scharf. Er schaut bewusst, er lauscht aufmerksam, er riecht und schmeckt, er fühlt und empfindet ganz achtsam, was da zwischen ihm und dem Universum geschieht. Dazu mag er auch einen sechsten Sinn, wie vielleicht seine Intuition, benutzen, vielleicht einen siebten, was immer der ist. Der Mensch belebt alle verfügbaren Sinneskanäle zwischen sich und der Welt. Dies kann er in der Meditation oder im Gebet tun, er kann es in Achtsamkeitsübungen tun, er kann es in der bewussten Betrachtung einer Blume tun, er kann es in der Umarmung seiner Lieben tun. Jeweils stellt er den unmittelbaren Kontakt zwischen sich und jemandem oder etwas anderem, zwischen sich und der Natur, der Welt, dem Kosmos her. Wenn dieser Kontakt so recht gelingt, dann kommt es zum Fließen zwischen ihm und dem anderen, dann verfließen und verwischen die Grenzen zwischen Subjekt und Objekt, dann verliert sich die Ich-Es-Trennung. Das ist die tiefe dialogische Beziehung im Geiste des Zen. Dieses Fließen ist sinnlich erfahrbar, und mit ihm lösen sich die Grenzen der Individuation, der Trennung und Absonderung nach und nach auf. Dies kann als praktischer Ausstieg aus der Bedeutungslosigkeit des Einzelnen im All empfunden werden. Verbindung und Verbundenheit entstehen durch den Dialog zwischen vermeintlich individuierter Einzelidentität und dem Rest der Welt und lösen auf diese Weise ihre Trennung auf. An die Stelle des Gefühls einer getrennten Einzelidentität tritt nun das Empfinden, eine ganz spezielle Facette des Ganzen zu sein. Diese spezielle Facette hat ihre originär eigene Bedeutung als Ausdrucksform des Ganzen. Es ist ein einzigartiger Ausdruck, der nur durch das Zusammenwirken von dieser speziellen Person und dem Universum in die Welt gelangen kann. Insofern ist er einerseits höchst persönlich und andererseits universell eingebettet. Diesem Ausdruck Lebendigkeit zu verleihen kann als Sinn des Lebens empfunden werden.

Vieles spricht dafür, sich im Dialog zu bewegen.

Literatur

Aitken, R. (1997): Zen als Lebenspraxis. München (Diederichs).
Beck, C. J. (1995): Einfach Zen. München (Droemer Knaur).
Bohm, D. (1996): On dialogue. London (Routledge).
Bohm, D. (2018): Implizite Ordnung. Grundlagen eines ganzheitlichen Weltbildes. Amerang (Crotona).
Buber, M. (1923): Ich und Du: enthalten in Buber (1999).
Buber, M. (1929): Zwiesprache: enthalten in Buber (1999).
Buber, M. (1936): Die Frage an den Einzelnen: enthalten in Buber (1999).
Buber, M. (1953): Elemente des Zwischenmenschlichen: enthalten in Buber (1999).
Buber, M. (1999): Das dialogische Prinzip. Gütersloh (Gütersloher Verlagshaus), 9. Aufl. 2002.
Camus, A. (1996): Der Fremde. Reinbek bei Hamburg (Rowohlt), 66. Aufl. 2013.
Camus, A. (1998): Die Pest. Reinbek bei Hamburg, (Rowohlt), 81. Aufl. 2013.
Camus, A. (2000): Der Mythos des Sisyphos. Reinbek bei Hamburg (Rowohlt), 16. Aufl. 2013.
Čechov, A. P. (2013): Die Dame mit dem Hündchen. Berlin (Insel).
Csikszentmihályi, M. (2010): Das Flow-Erlebnis. Jenseits von Angst und Langeweile: im Tun aufgehen. Stuttgart (Klett-Cotta).
Drath, K. (2012): Coaching und seine Wurzeln. Freiburg im Br. (Haufe-Lexware).
Dürckheim, K. Graf (1962): Der Alltag als Übung. Vom Weg zur Verwandlung. Bern/Stuttgart/Toronto (Huber), 9. Aufl. 1987.
Dürckheim, K. Graf (1968): Durchbruch zum Wesen. Aufsätze und Vorträge. Bern (Huber), 11. Aufl. 2006.
Dürckheim, K. Graf (1996): Wunderbare Katze. Freiburg/Basel/Wien (Herder).
Dürckheim, K. Graf (2012): Hara. Die energetische Mitte des Menschen. München (Droemer).
Fischer, T. (1989): Wu wei. Die Lebenskunst des Tao. Reinbek bei Hamburg (Rowohlt).
Foerster, H. von (1993): KybernEthik. Berlin (Merve).
Glasersfeld, E. von (1990): Zuerst muss man zu zweit sein. Rationale Gedanken zur Liebe. *Systeme. Zeitschrift der österreichischen Arbeitsgemeinschaft für systemische Therapie* 2: 119–135.
Glasersfeld, E. von (1996): Radikaler Konstruktivismus, Frankfurt a. M. (Suhrkamp).

Hanson, R. (2010): Das Gehirn eines Buddha. Buddhas brain – die angewandte Neurowissenschaft von Glück, Liebe und Weisheit. Freiburg im Br. (Arbor), 3. Aufl. 2011.
Hasumi, T. (1986): Zen in der Kunst des Dichtens. Bern/München (Barth). (Limitierte Geschenkausg. 2000.)
Herrigel, E. (1951): Zen in der Kunst des Bogenschießens. Bern/München/Wien (Barth), 23. Aufl. 1984.
Herrigel E. (2002): Der Zen-Weg. (Aufzeichnungen aus dem Nachlaß.) München (Barth).
Hoover, T. (1978): Die Kultur des Zen. München (Diederichs), 5. Aufl. 1991.
Jullien, F. (1999): Über die Wirksamkeit. Berlin (Merve).
Kammer, R. (2007): Zen in der Kunst, das Schwert zu führen. Eine Einführung in die altjapanische Fechtkunst. Frankfurt a. M. (Barth).
Kazantzakis, N. (1995): Alexis Sorbas. Abenteuer auf Kreta. München (Rowohlt).
Kopp, S. B. (1992): Triffst Du Buddha unterwegs. Psychotherapie und Selbsterfahrung. Frankfurt a. M. (Fischer)
Kopp, Z. W. (2007): Die Freiheit des Zen. Das Zen-Buch, das alle Begrenzungen sprengt. Darmstadt (Schirner).
Kühn, M. (2020): Krisenerfahrungen und Erfahrungskrisen von Führungskräften. Perspektiven und Potenziale einer strukturhermeneutischen Betrachtung. Wiesbaden (Springer).
Lakoff, G. u. M. Johnson (1998): Leben in Metaphern. Konstruktion und Gebrauch von Sprachbildern. Heidelberg (Carl-Auer), 9. Aufl. 2018.
Lakoff, G. u. E. Wehling (2008): Auf leisen Sohlen ins Gehirn. Politische Sprache und ihre heimliche Macht. Heidelberg (Carl-Auer), 5. Aufl. 2020.
Lassalle, H. (1977): Kraft aus dem Schweigen. Einübung in die ZEN-Meditation. Zürich (Benziger)
Latour, B. (2014): Existenzweisen. Eine Anthropologie der Moderne. Berlin (Suhrkamp).
Lao Tse (1985): Tao-Te-King. Zürich (Diogenes).
Liesenfeld, S. (1999): Alles wirkliche Leben ist Begegnung. 100 Worte von Martin Buber. München (Neue Stadt).
Looss, W. (1997): Unter vier Augen. Coaching für Manager. Landsberg/Lech (Moderne Industrie).
Luhmann, N. (1984): Soziale Systeme. Grundriss einer allgemeinen Theorie. Frankfurt a. M. (Suhrkamp).
Luhmann, N. (1995): Die Soziologie und der Mensch. Opladen (Westdeutscher Verlag).
Luhmann, N. (2000): Organisation und Entscheidung. Opladen/Wiesbaden (Westdeutscher Verlag).

Merzel, D. G. (1994): Durchbruch zum Herzen des Zen. München (Diederichs).
Nietzsche, F. (1999a): Morgenröte. Idyllen aus Messina. Die fröhliche Wissenschaft. München (De Gruyter).
Nietzsche, F. (1999b): Nachgelassene Fragmente 1884–1885. München (De Gruyter).
Pigani, E. (2005): Zen oder die Kunst der Entschleunigung. Frankfurt a. M. (Barth).
Pirsig, R. M. (1999): Zen and the art of motorcycle maintenance. An inquiry into values. New York (Quill).
Rautenberg, M. (2010): Der Dialog in Management und Organisation – Illusion oder Perspektive? Eine systemtheoretische Zuspitzung. Heidelberg (Carl-Auer).
Rohr, D. (2016): Eine kleine Theorie-Einführung in Systemische und Humanistische Ansätze am Beispiel des Inneren Teams. Weinheim/Basel (Beltz Juventa).
Schein, E. H. (2017): Humble Consulting – Die Kunst des vorurteilslosen Beratens. Heidelberg (Carl-Auer).
Schmidt, E., J. Rosenberg a. A. Eagle (2019): Trillion dollar coach. London (John Murray).
Schopenhauer, A. (1977): Die Welt als Wille und Vorstellung I. Zürich (Diogenes).
Schulz von Thun, F. (1998): Miteinander reden 3. Das »innere Team« und situationsgerechte Kommunikation. Reinbek bei Hamburg (Rowohlt).
Sekida, K. (1993): Zen-Training. Das große Buch über Praxis, Methoden, Hintergründe. Freiburg/Basel/Wien (Herder).
Seneca (2005): Von der Kürze des Lebens. München (C. H. Beck).
Simon, F. B. (1990): Meine Psychose, mein Fahrrad und ich. Zur Selbstorganisation der Verrücktheit. Heidelberg (Carl-Auer), 14. Aufl. 2017.
Stierlin, H. (1971): Das Tun des Einen ist das Tun des Anderen. Eine Dynamik menschlicher Beziehungen. Frankfurt a. M. (Suhrkamp).
Sun, W. (1998): Sunzi. Die Kunst des Krieges. München (Droemer).
Suzuki, D. T. (2003): Leben aus Zen: Wege zur Wahrheit. (Mit einer Einführung in die Zen-Lehre des Wei-Lang (Hui-Neng). Frankfurt a. M./Leipzig (Insel).
Tolle, E: (2000): Jetzt! Die Kraft der Gegenwart. Ein Leitfaden zum spirituellen Erwachen. Bielefeld (J. Kamphausen).
Wallace, D. F. (2009): This is water. Some thoughts, delivered on a significant occasion, about living a compassionate life. New York (Little, Brown and Co.).
Watts, A. (1983): Der Lauf des Wassers. Eine Einführung in den Taoismus. Frankfurt a. M. (Suhrkamp).
Watts, A. (1986): Vom Geist des Zen. Frankfurt a. M. (Suhrkamp).

Watts, A. (2002): Zen Zen – Die Weisheit des Nichtstuns. Freiburg im Br. (Herder).
Watts, A. (2003): Weisheit des ungesicherten Lebens. München (Droemer).
Watzlawik, P. (1976): Wie wirklich ist die Wirklichkeit? Wahn, Täuschung, Verstehen. München (Piper), 23. Aufl. 1997.
Watzlawik, P., J. H. Weakland u. R. Fisch (1974): Lösungen. Zur Theorie und Praxis menschlichen Wandels. Bern (Huber), 5. Aufl. 1992.
Wetering, J. van de (1981): Der Leere Spiegel. Erfahrungen in einem japanischen Zen-Kloster. Reinbek bei Hamburg (Rowohlt), 126. Aufl. 1996.
Wilhelm, R. (1973): I Ging – Text und Materialien. Düsseldorf/Köln (Diederichs).
Wimmer, R. (2004): Organisation und Beratung. Systemtheoretische Perspektiven für die Praxis. Heidelberg (Carl-Auer), 2., erw. Aufl. 2012.

Über den Autor

Michael Rautenberg, Dr. rer. pol., Dipl.-Volkswirt; langjährige Managementerfahrung bei Lufthansa und Deutscher Bank sowie als Geschäftsführer in der Deininger Unternehmensberatung; Coach und Managementberater; Lehrbeauftragter an der Universität Witten/ Herdecke. Arbeitsgebiete und Schwerpunkte: Führungs- und Organisationskultur, organisationaler Wandel, Kommunikation, Dialog sowie heikle und diplomatische Missionen. Veröffentlichung u. a.: *Der Dialog in Management und Organisation – Illusion oder Perspektive?* (2010).
Kontakt: *www.pelargos.net*